CB139319

QUESTÕES POLÊMICAS DAS MEDIDAS TRABALHISTAS NA PANDEMIA DO NOVO CORONAVÍRUS

ARIANE JOICE DOS SANTOS
EDSON BUENO DE SOUZA
PAULO SÉRGIO JOÃO
PEDRO PAULO TEIXEIRA MANUS
COORDENADORES

QUESTÕES POLÊMICAS DAS MEDIDAS TRABALHISTAS NA PANDEMIA DO NOVO CORONAVÍRUS

LTr®

LTr®

LTr Editora Ltda.

© Todos os direitos reservados

Rua Jaguaribe, 571
CEP 01224-003
São Paulo, SP — Brasil
Fone (11) 2167-1101
www.ltr.com.br
Dezembro, 2020

Produção Gráfica e Editoração Eletrônica: R. P. TIEZZI
Projeto de Capa: DANILO REBELLO
Impressão: DOCUPRINT

Versão impressa — LTr 6308.2 — ISBN 978-65-5883-015-3
Versão digital — LTr 9764.1 — ISBN 978-65-5883-016-0

Dados Internacionais de Catalogação na Publicação (CIP)
(Câmara Brasileira do Livro, SP, Brasil)

Questões polêmicas das medidas trabalhistas na pandemia do novo coronavírus / coordenadores Ariane Joice dos Santos ... [et al.] — 1. ed. — São Paulo : LTr, 2020.

Outros coordenadores: Edson Bueno de Souza, Paulo Sérgio João, Pedro Paulo Teixeira Manus.

Vários autores

Vários colaboradores

ISBN 978-65-5883-015-3

1. Direito do trabalho 2. Direito do trabalho — Brasil 3. Coronavírus (COVID-19) 4. Coronavírus (COVID-19) — Aspectos jurídicos 5. Pandemias I. Santos, Ariane Joice dos. II. Souza, Edson Bueno de. III. João, Paulo Sérgio. IV. Manus, Pedro Paulo Teixeira.

20-51216 CDU-34:331.613

Índice para catálogo sistemático:

1. Coronavírus : COVID-19 : Pandemia: Direito do trabalho 34:331.613

Maria Alice Ferreira — Bibliotecária — CRB-8/7964

Colaboradores

Adalberto Martins

Ariane Joice dos Santos

Aldo Augusto Martinez Neto

Bianca Bastos

Cristiane de Mattos Carreira

Edson Bueno de Souza

Fabíola Marques

Iratelma Cristiane Martins Mendes

Leonel Maschietto

Luan Pedro Lima da Conceição

Mario Luiz Ribeiro

Nathalia Carolini Mendes dos Santos

Paulo Sérgio João

Pedro Paulo Teixeira Manus

Raphael Lima Lemes Cornélio

Suely Ester Gitelman

Coordenadores

Ariane Joice dos Santos

Mestre e doutoranda em Direito do Trabalho pela PUC-SP. Professora de Direito do Trabalho. Advogada. Autora de livros jurídicos pela LTr Editora.

Edson Bueno de Souza

Doutorando em Direito do Trabalho pela PUC-SP. Desembargador aposentado do Tribunal Regional do Trabalho da 23ª Região (Cuiabá-Mato Grosso).

Paulo Sérgio João

Doutor em Direito das Relações Sociais pela PUC/SP, Mestre em Direito Social pela Universidade Católica de Louvain — Bélgica e em Direito do Trabalho pela USP e Professor de Direito do Trabalho da PUC-SP e FGV Direito SP.

Pedro Paulo Teixeira Manus

Vice-Reitor, Diretor da Faculdade de Direito e Professor Titular de Direito do Trabalho da PUC-SP; Ministro aposentado do Tribunal Superior do Trabalho — TST.

Obra organizada por Ariane Joice dos Santos

Agradecimentos

A Profa. Dra. Carla Teresa Martins Romar pelas aulas presenciais e virtuais durante o estado de calamidade do novo coronavírus.

Aos Profs. Drs. Paulo Sérgio João e Pedro Paulo Teixeira Manus pela parceria nos projetos acadêmicos sobre a análise e interpretação das medidas trabalhistas adotadas na pandemia da Covid-19.

Ao demais docentes do doutorado em Direito do Trabalho da PUC-SP, Dr. Adalberto Martins, Dra. Fabíola Marques, e Dra. Suely Ester Gitelman pela contribuição na elaboração dos artigos da presente obra.

Dedicamos esta obra ao doutorando em Direito do Trabalho da PUC-SP

Felipe Prata Mendes, em solidariedade às perdas de entes queridos vítimas do novo coronavírus.

Sumário

APRESENTAÇÃO

Esta obra é fruto dos projetos acadêmicos sobre a análise e interpretação das medidas trabalhistas adotadas na pandemia da Covid-19, dos professores e doutorandos em Direito do Trabalho da Pontifícia Universidade Católica de São Paulo — PUC-SP, 1º semestre de 2020.

As ações sobre o tema surgiram na sala de aula virtual do Prof. Paulo Sérgio João, na disciplina de Direito Coletivo do Trabalho, as quais, de modo orgânico, foram tomando corpo com o entusiasmo, participação e dedicação daqueles que entenderam a importância de contribuir com a sociedade acadêmica face ao Direito Emergencial do Trabalho na pandemia do novo coronavírus, cujo impacto se revela não só na área jurídica, mas também no âmbito social e econômico.

O primeiro projeto, intitulado 1º Simpósio *On-Line* de Direito do Trabalho Pós-Pandemia, contou com temas relevantes sobre a temática e palestrantes de renome, além da participação de internautas de todo o país e do exterior.

O segundo projeto que ora se apresenta, é a obra coletiva *Questões Polêmicas das Medidas Trabalhistas na Pandemia do Novo Coronavírus*, desenvolvida com base em temas de complexidade e profundidade que somente a ciência bem como a experiência acadêmica e profissional de cada um dos autores são capazes de propor reflexões e soluções no enfrentamento das matérias propostas.

O presente trabalho tem como premissa a Lei n. 13.979, de 6 de fevereiro de 2020, regulamentada pela Portaria n. 356/2020, que dispõe sobre as medidas de enfrentamento da emergência, o decreto de calamidade pública da Organização Mundial da Saúde — OMS de 11 de março de 2020, a Medida Provisória n. 927 de para enfrentamento da emergência de saúde pública de importância internacional decorrente do coronavírus, (com vigência de 22/03/2020 à 19/07/2020), a Medida Provisória n. 936, convertida na Lei n. 14.020, em 6 de julho de 2020 que institui o Programa Emergencial de Manutenção do Emprego e da Renda e trata sobre medidas trabalhistas para enfrentamento da crise, bem como o Decreto n. 10.422, de 13 de julho de 2020 que a regulamentou, prorrogando os prazos para celebrar os acordos de redução proporcional de jornada e de salário e de suspensão temporária do contrato de trabalho dentre outras normas trabalhistas editadas no atual cenário pandêmico.

Aqueles que se interessam pelo objeto do estudo posto terão em mãos uma obra que contempla os principais efeitos jurídicos e econômicos da pandemia Covid-19, a despedida coletiva de trabalhadores no referido período, as funções dos sindicatos após a edição de sucessivas Medidas Provisórias permitindo acordos individuais para o enfrentamento das questões emergenciais, a homologação de acordos extrajudiciais em tempos de pandemia, o trabalho em atividades essenciais, a determinação de paralisação do trabalho motivada por ato de autoridade, audiência trabalhista por videoconferência, concessão de férias no período de isolamento social, o teletrabalho, bem como a validade dos acordos individuais firmados no referido período.

Boa leitura.

Ariane Joice dos Santos

Prefácio

A vida acadêmica nos brinda frequentemente com momentos inesquecíveis. É especial, por exemplo, sentir a realização apaixonada de alunos que marcam sua passagem pelos cursos, aliados à crítica séria e científica na mais pura busca de um equilíbrio jurídico sustentável entre a realidade e a lei.

Esta obra que tenho a elevada honra de prefaciar surgiu como marco histórico nos cursos de pós-graduação da PUCSP e não poderia de forma alguma passar em branco pelas razões que passo a expor.

O primeiro aspecto é que o programa se propunha a enfrentar debates sobre a Reforma Trabalhista de 2017, nos planos do Direito Material e Coletivo, ambos ainda em processo de amadurecimento e de consolidação, com interpretações desafiadoras entre o novo que se apresentava e o modelo antigo, tão apegado à tradição do Direito do Trabalho no Brasil.

O curso de Pós-graduação em Doutorado iniciou em fevereiro de 2020 tendo como responsáveis dois professores (Professora Carla Teresa Romar e Paulo Sergio João). Dada a normalidade do momento, as aulas iniciais foram presenciais com os primeiros contatos visuais com o grupo de alunos.

Surgiu então o segundo aspecto marcante! No mês de março todos foram surpreendidos pela pandemia do novo Coronavírus.

A Universidade fechou suas portas para atender as medidas de saúde pública e de prevenção contra a expansão da COVID19. Não houve pânico, mas expectativa de como a Universidade atenderia às incertezas do momento.

A Reitoria da PUCSP deu resposta imediata às dificuldades e, sem qualquer interrupção de aulas, em todos os cursos, inclusive o Programa de Pós, Mestrado e Doutorado, proporcionou os meios técnicos necessários para dar continuidade às atividades acadêmicas por meio telepresencial, contando, de forma responsável, com a solidariedade dos alunos.

No nosso curso de Doutorado além imatura da Reforma Trabalhista o grupo, tomado pelas novas circunstâncias, foi levado a repensar também o enfrentamento das disposições de caráter urgente com medidas provisórias e calamidade pública que poderiam dificultar o olhar científico de construção do futuro do Direito do Trabalho, que já vinha tomando corpo na doutrina e questionando o modelo tradicional.

Então, esta obra surgiu de modo orgânico entre os doutorandos do primeiro semestre de 2020 e foi organizada pela Professora Ariane Joice dos Santos, coordenadora com os demais professores Edson Bueno de Souza, Pedro Paulo Teixeira Manus e também por mim.

Os artigos trazidos representam o retrato do momento histórico que, assim como grandes eventos, não poderia deixar de ser fotografado e, no caso, por meio de artigos que reproduzem, como diz o título as "Questões polêmicas das medidas trabalhistas na Pandemia do novo coronavírus".

Deste modo, o fio condutor da obra é o regime de exceção a que fomos levados nestes tempos de pandemia e que colocou em alerta a necessidade de preservação de empregos e da manutenção de renda das empresas de tal forma que os efeitos da crise econômica afetassem de modo menos agressivo a rotina das relações trabalhistas.

Esta obra representa um momento histórico de extrema relevância acadêmica e reproduz, pela profundidade dos articulistas, a sustentação inexorável do Direito do Trabalho como instrumento de equilíbrio ainda que em águas turvas.

Parabéns a todos pela iniciativa da obra que está destinada a ocupar com destaque a biblioteca de todos que se dedicam aos estudos do Direito do Trabalho.

Professor Doutor Paulo Sergio João

Professor Associado da PUCSP.
Coordenador do Núcleo de Pesquisa em Direito do Trabalho.

Quais os Principais Efeitos Jurídicos e Econômicos da Pandemia de Covid-19 nos Contratos de Emprego?

Adalberto Martins[(1)]
Edson Bueno de Souza[(2)]

1. *Considerações iniciais*

O surto pandêmico, em escala internacional, mexeu com todas as pessoas e em todos os lugares. Está no centro dos estudos e das pesquisas científicas, nos debates jurídicos, no mundo dos negócios, na política, nas ruas, nos lares e não há noticiário que não o envolva.

Este estudo também envolve a pandemia de Covid-19, objetivando a abordagem de alguns efeitos jurídico-trabalhistas nos contratos de emprego em curso e nas rescisões contratuais, haja vista o impacto na vida dos trabalhadores e nas atividades de muitos empregadores.

A escolha do tema levou em consideração a necessidade de reflexão sobre a situação dos contratos de emprego em curso nas empresas que, por decisões governamentais, não estão incluídas no rol das atividades essenciais, e por conta disso tiveram de cessar temporariamente as suas atividades, notadamente quando as dispensas são consideradas inevitáveis. Além disso, reputamos necessário refletir acerca da adequada aplicação

---

(1) Professor Doutor da Faculdade de Direito da PUC/SP, Desembargador do Trabalho do TRT da 2ª Região, autor de obras e artigos jurídicos.
(2) Advogado, Desembargador do Trabalho aposentado, professor, mestre e doutorando em direito do trabalho pela PUC/SP.

dos efeitos jurídicos e econômicos decorrentes do motivo de força maior que foi expressamente reconhecido pelo legislador e, finalmente, se às dispensas inevitáveis aplicam-se os efeitos do fato do príncipe, nos termos do art. 486 da Consolidação das Leis do Trabalho.

Sobre essas e assemelhadas questões, os estudiosos do direito já se debruçaram e produziram diversos textos científicos e são frequentes as discussões praticamente diárias por meio das mais diversas formas de comunicação a distância, inclusive via plataformas eletrônicas, o que é reconhecidamente salutar para melhor compreensão e interpretação jurídica das normas que regulam essas matérias, em especial quanto aos diversos textos normativos produzidos recentemente. Mas também reconhecemos que ainda não há uma corrente majoritária formada que possa servir de norte, nem jurisprudência formada a esse respeito até porque não se tem notícia da ocorrência de crise sanitária de tal magnitude, desde a promulgação da Consolidação das Leis do Trabalho.

A dinâmica dos fatos que acontecem no dia a dia obrigou as empresas e empregados a encaminhar pedidos à Justiça do Trabalho contendo pretensões iguais ou assemelhadas aos questionamentos que nos foram dirigidos, e diversas decisões já foram proferidas com rejeição ou acolhimento parcial ou total adotando-se, para tanto, fundamentos nem sempre no mesmo sentido e até mesmo díspares.

Este trabalho tem como objetivo contribuir com o debate e fornecer elementos jurídicos que permitam extrair respostas plausíveis aos questionamentos, e para tanto adotaremos como ponto de partida duas premissas: a) não estamos atravessando crise financeira nem crise nas empresas como causa, e sim como efeito ou reflexo da crise sanitária, ainda assim limitada a alguns segmentos empresariais ou em razão de seus domicílios; e b) os enfoques serão feitos com base nas Medidas Provisórias ns. 927, de 22 de março de 2020 e 936, de 1º de abril de 2020, esta última convolada na Lei n. 14.020/2020, que são os principais atos normativos produzidos para regular o mundo do trabalho em tempo de pandemia.

Não temos a pretensão de dar resposta única ou ter a palavra final, e sim de lançar luzes para deixar mais claros quais são os caminhos jurídicos que podem ser trilhados pelos profissionais da área trabalhista, pois tanto o direito do trabalho quanto o direito processual do trabalho são ramos novos da grande árvore jurídica e não faz muito tempo que adquiriram autonomia científica e reconhecimento dos princípios que lhes são peculiares.

2. A crise sanitária e seu impacto na vida dos trabalhadores e das empresas

No dia 31 de dezembro de 2019 a China comunicou à Organização Mundial da Saúde (doravante OMS) o surgimento do novo coronavírus (a Covid-19), de veloz propagação e voraz interferência na saúde humana. Esta notícia bombástica foi manchete dos principais noticiários nacionais e internacionais, e àquela altura já advertiam que a rapidez na sua transmissão poderia traduzir-se em surto de escala internacional.

Esse prenúncio se concretizou bem antes do esperado, o que levou a OMS a reconhecer e declarar situação de emergência de saúde pública de importância internacional, exatamente um mês depois, em decorrência do surto de transmissão do vírus Sars-Cov-2, causador da Covid-19. Não demorou muito para que se verificassem testagens positivas desse inimigo oculto em todos os continentes, o que obrigou a referida entidade internacional a declarar, no dia 11 de março de 2020, situação de pandemia.

As autoridades brasileiras — assim como fizeram as estrangeiras — editaram vários atos normativos visando à prevenção da população e estabelecendo estratégia para minorar a sua propagação, por ser impossível contê-lo, a exemplo: a) da Portaria n. 188, de 3 de fevereiro de 2020, baixada pelo Ministro de Estado da Saúde, que, em atenção à declaração da OMS, de 30 de janeiro de 2020, determinou a declaração de Emergência em Saúde Pública de Importância Nacional (ESPI); b) da Lei n. 13.979, de 6 de fevereiro de 2020, dispondo sobre "medidas para enfrentamento da emergência de saúde pública de importância internacional decorrente do coronavírus responsável pelo surto de 2019"; c) do Decreto Legislativo n. 6, de 20 de março de 2020, que reconheceu o quadro grave de calamidade pública em razão da emergência relativa à Covid-19, e, a partir daí, diversas outros atos normativos foram editados e Portarias foram baixadas no âmbito de outros Ministérios de Estados e Interministeriais, bem assim a edição do Decreto n. 10.282, de 20 de março de 2020, regulamentador da Lei n. 13.979/2020, estabelecendo diretrizes de isolamento social e quarentena, fixando quais eram as atividades essenciais naquele momento e impondo fechamento temporário dos estabelecimentos que não exploravam atividades essenciais. Enfim, estabeleceram medidas para o resguardo, a sobrevivência, a saúde e a segurança das pessoas, e depois foram criadas linhas de crédito para socorrer empresas e prestadores de serviços.

No que toca especificamente à área trabalhista, que é o tema deste estudo, foram editadas as Medidas Provisórias ns. 927, de 22 de março de

2020 e 936, de 1º de abril de 2020 dispondo sobre medidas trabalhistas para enfrentamento do estado de calamidade pública reconhecida pelo Dec. Legislativo n. 6, de 20 de março de 2020, de emergência de saúde pública de importância internacional decorrente da pandemia do novo coronavírus (Covid-19), e também com o intuito de manter empregos e renda. Não se fez alusão, aqui, sobre a Medida Provisória n. 928, de 23 de março de 2020, porque, no âmbito do direito do trabalho, restringiu-se à revogação do art. 18 da Medida Provisória n. 927/2020, em razão das contundentes críticas recebidas pela comunidade jurídica, empresarial e laboral.

Referidos instrumentos normativos e outros tantos posteriormente editados pelas autoridades das três esferas governamentais, foram necessários porque o Brasil se comprometeu a cumprir as deliberações tomadas pela Organização Mundial da Saúde, em sua 58ª Assembleia Mundial de Saúde (15.6.2005), a qual promoveu uma revisão do Regulamento Sanitário Internacional. As normas referidas no parágrafo anterior, totalmente voltadas à área da saúde pública, visam à proteção de vidas humanas mediante emprego de estratégias que objetivam conter ou reduzir a propagação da Covid-19, e também de estabelecer medidas para evitar desemprego e queda abrupta na renda das empresas e dos trabalhadores.

Essas providências foram adotadas em razão da crise sanitária, e não em virtude de crise financeira ou de crise nas empresas. Exatamente por essa razão, afirmamos que estamos passando por uma severa crise sanitária que mexeu com a vida humana, o seu modo de se relacionar e de atuar. Robustece essa conclusão se sopesarmos os seguintes fatos: a) nem todas as empresas foram atingidas pela crise sanitária. Alguns segmentos tiveram ganhos superiores àqueles que auferiam antes da pandemia, a exemplo do setor bancário, das casas lotéricas, dos empreendimentos que comercializam insumos necessários à sobrevivência humana e de animais domésticos, farmácias e drogarias, o setor do agronegócio, as transportadoras de mercadorias, postos de combustíveis e tantas outras que exploram atividades que, desde o primeiro ato normativo, estavam inseridas no rol das atividades essenciais; b) as empresas que vendem produtos próprios e de outras empresas parceiras via plataformas eletrônicas (conhecidas como indústria 4.0) lucraram ainda mais que os segmentos mencionados no item anterior.

Contudo, os segmentos empresariais que não estavam inseridos no rol de atividades essenciais e aquelas empresas que, embora estivessem no rol de atividades essenciais, tiveram de suspender temporariamente as suas atividades, pois localizadas onde a mobilidade urbana foi restringida ou completamente proibida, a exemplo de centros comerciais onde sempre há aglomeração e forte circulação de pessoas, *shopping centers* etc., evidentemente foram atingidas em suas finanças e até mesmo nas suas economias.

A conclusão que se tira de tudo isso é a de que há crise em alguns segmentos empresariais e naqueles estabelecimentos em que a suspensão das atividades foi imposta pela administração pública. Trata-se, portanto, de crise sanitária[(3)] como causa, e a crise financeira dessas empresas como efeito daquela.

Com relação especificamente ao mundo do trabalho, que é o eixo central deste estudo, não é razoável perder de vista outros dados. Antes da pandemia o índice de desemprego no Brasil já era preocupante, pois ultrapassava a casa dos 11 milhões de trabalhadores, sem contar a multidão inserida na informalidade e os milhares de desalentados. Em recente pesquisa feita pelo IBGE, observa-se que, nos primeiros três meses, a crise da Covid-19 causou sérios impactos no mundo do trabalho, a saber: a) queda de 2,5 milhões de empregos com carteira assinada; b) queda de 2,4 milhões de empregos sem carteira assinada; c) queda de 2,1 milhões de trabalhadores por conta própria.

Segundo essa mesma pesquisa, é a primeira vez, desde que começaram as pesquisas, que menos da metade da população em idade de trabalhar está ocupada: i) 37% está na informalidade; ii) há 5,4 milhões de desalentados (aqueles trabalhadores que desistiram de procurar emprego); e iii) 30,4 milhões de pessoas estão subutilizadas. A população ocupada, em idade de trabalhar, caiu para 85,9 milhões de pessoas, registrando uma queda apenas nesses 3 meses de pandemia de 8,3% (que corresponde a 7,8 milhões de pessoas)[(4)].

Não bastasse isso, a reforma trabalhista implementada pela Lei n. 13.467, de 13 de julho de 2017, frustrou a todos porque o argumento principal à sua aprovação foi a geração de milhares de empregos formais e aumento da renda dos trabalhadores informais, o que não se confirmou.

(3) A evolução legislativa nacional dispondo sobre as medidas para enfrentamento da situação de emergência em saúde pública em razão da doença provocada pelo Covid-19 com os seus efeitos são, dentre outras, aquelas mencionadas no início deste item 2.

(4) Disponível me: <https://g1.globo.com/economia/noticia/2020/06/30/desemprego-sobe-para-129percent-em-maio.ghtml>. Acesso em: 1º.7.2020, às 20h40.

Além de nada disso ter ocorrido, a reforma ampliou a flexibilização das normas trabalhistas e nesse ponto estendeu a terceirização à atividade-fim e, ao mesmo tempo, remeteu para a negociação coletiva a regulação de diversos direitos sociais previstos na Lei Maior que estavam regulados pela CLT e outras leis ordinárias ou que ainda não tinham sido implementados por ausência de leis regulamentadoras e, simultaneamente, enfraqueceu a atuação sindical ao tornar facultativo o pagamento da contribuição sindical anual a que se refere o art. 8º, inciso IV, da Constituição, sem estabelecer prazo razoável para que os sindicatos profissionais pudessem adaptar-se a essa nova realidade[(5)].

---

(5) Pedimos licença ao leitor para elucidarmos o que entendemos como enfraquecimento da atuação sindical profissional provocado pela reforma trabalhista, até porque essa afirmação é matéria alheia ao objetivo deste estudo, mas se fez necessária a dita referência. Esclarecemos, desde logo, que sempre nos posicionamos contra a contribuição sindical obrigatória e outros ranços do autoritarismo — que ainda reinam tanto na nossa Constituição atual, chamada de "cidadã", como em leis ordinárias — importados da *Carta del Lavoro* italiana na década de 40 do século passado, a exemplo da unicidade sindical, da segmentação de trabalhadores e empresas pela chamada "categoria" e do poder normativo da Justiça do Trabalho, porque além de incompatíveis com a democracia impedem a ratificação da Convenção n. 87 da Organização Internacional do Trabalho pelo Brasil e de implantarmos o pluralismo sindical. Sugerimos a extinção de tais ranços, mas reconhecemos que isso só pode ser feito por emenda constitucional. Contudo, desde a ascensão de Getúlio Vargas ao governo até a reforma trabalhista tornou-se se "costumeira" a contribuição sindical anual impositiva, por isso os entes sindicais profissionais não estavam preparados para a perda substancial dessa fonte de receita de forma abrupta (de uma hora para outra) como fez a reforma trabalhista de 2017. Simultaneamente a isso, a reforma trabalhista extinguiu valiosas conquistas dos trabalhadores até então contidas em dispositivos da CLT ou em precedentes do TST que foram revogados e transferiu-as à negociação coletiva para mantê-las ou não mediante instrumentos negociais (convenção coletiva ou acordo coletivo de trabalho). Em respeito a esse "costume" é que os autores deste estudo entendem que deveria ter sido estipulado um prazo razoável para que os entes sindicais profissionais pudessem readequar seu caixa, que despencou em mais de 90% em razão das publicidades midiáticas feitas. Com caixa seco, esses entes não podem contratar as melhores assessorias jurídicas que pudessem colocá-los em igualdade de condição material para negociar com os sindicatos patronais ou diretamente com as empresas. Somente com a ideia de proporcionar a indispensável isonomia material — com paridade de armas — para que as negociações coletivas possam atingir a real finalidade constitucional de preservação da dignidade humana dos trabalhadores, colocar no mesmo plano os valores sociais do trabalho e da livre-iniciativa (art. 1º, incisos III e IV, da Constituição Federal) e com isso contribuir para "erradicar a pobreza e a marginalização e reduzir as desigualdades sociais e regionais" (como prescreve o inciso III do art. 3º da Constituição Federal). Neste momento não há ambiente para consumar esses almejados avanços sociais e democráticos.

2.1. A força maior e seus efeitos nos contratos de trabalho e na rescisão contratual

Antes de tudo, é preciso reafirmar que, por opção política do legislador, a crise sanitária de envergadura pandêmica pela qual estamos passando foi por ele tida — para fins trabalhistas — como motivo de força maior, como está expresso no art. 1º, parágrafo único, da Medida Provisória n. 927, de 22 de março de 2020, que contém a seguinte redação:

> "O disposto nesta Medida Provisória se aplica durante o estado de calamidade pública reconhecido pelo Decreto Legislativo n. 6, de 2020, e, **para fins trabalhistas**, constitui hipótese da força maior, nos termos do disposto no art. 501 da Consolidação das Leis do Trabalho, aprovada pelo Decreto-Lei n. 5.452, de 1º de maio de 1943." (sem destaque no original)

A partir do texto normativo supramencionado, podemos extrair as seguintes conclusões: a) a pandemia foi considerada pelo legislador infraconstitucional, por opção política, como hipótese (leia-se: motivo) de força maior, para fins trabalhistas; b) a força maior reconhecida é aquela disciplinada no art. 501 da CLT[(6)]; e c) que o seu termo inicial, para fins trabalhistas, é o dia 20 de março de 2020, data do Decreto Legislativo n. 6, de 2020, e perdurará até o final da pandemia, exceto se houver modificação quanto ao termo final por outra norma de igual peso jurídico.

O art. 501 da CLT, adotado pelo legislador como norma de reenvio dada pelo art. 1º, parágrafo único, da Medida Provisória n. 927, contém o seguinte texto:

> "Entende-se como força maior todo acontecimento inevitável, em relação à vontade do empregador, e para a realização do qual este não concorreu, direta ou indiretamente."

O motivo de força maior, contido no texto do art. 501 da CLT pode ser conceituado como sendo: "todo e qualquer evento imprevisível e inevitável proveniente da natureza ou das mãos do homem que cause a

---

(6) Art. 501. Entende-se como força maior todo acontecimento inevitável, em relação à vontade do empregador, e para a realização do qual este não concorreu, direta ou indiretamente.

§ 1º A imprevidência do empregador exclui a razão de força maior.

§ 2º À ocorrência do motivo de força maior que não afetar substancialmente, nem for suscetível de afetar, em tais condições, a situação econômica e financeira da empresa não se aplicam as restrições desta Lei referentes ao disposto neste Capítulo.

paralisação temporária ou definitiva da empresa, sem que esta tenha concorrido direta ou indiretamente à sua ocorrência".

A partir do diálogo entre o texto do art. 1º, parágrafo único, da MP n. 927/2000 e o texto do art. 501 da CLT, conclui-se que: os efeitos jurídicos e econômicos aos contratos de emprego em curso e às rescisões contratuais inevitáveis não se aplicam a todas as empresas, mas apenas àquelas que atendam a todas as exigências constantes no art. 501, *caput* e parágrafos, da CLT, por se tratar de texto legal de reenvio, ou seja, o art. 1º, parágrafo único, da MP n. 927/2000 reconheceu o motivo de força maior, mas reenviou o reconhecimento de sua incidência ao preenchimento de todas as exigências (ou condições) contidas no art. 501 da CLT. E, também, pela mesma razão de não poder generalizar, é necessário que seja examinado caso a caso, isto é, se naquele caso concreto a ser apreciado estão preenchidas todas as exigências legais já mencionadas e também exigências e exclusões tratadas nos próximos parágrafos deste estudo.

Essas conclusões estão reforçadas no princípio de que o risco do negócio é ônus exclusivo da empresa. Quem se dispõe a empreender sabe de antemão que o seu negócio visa ao lucro, mas também precisa estar disposto a assumir os riscos por eventuais prejuízos. Aliás, atenta a isso, a Consolidação das Leis do Trabalho prescreve, no *caput* de seu art. 2º[7], com clareza solar, que cabe exclusivamente à empresa o ônus de todos os riscos do negócio.

A imprevidência da empresa é causa suficiente para afastar a ocorrência da força maior, consoante o art. 501, § 1º, da CLT, e, por esta razão, a proíbe de valer-se das restrições obrigacionais previstas em lei. Nessa hipótese, a empresa continua sendo a responsável única por todas as obrigações legais exigidas à manutenção dos contratos de emprego e pela quitação integral do acerto final de cada empregado que dispensar.

Além disso, mesmo que constatada a ocorrência de motivo classificado como força maior em determinado caso concreto, se ficar evidenciado que o evento imprevisível e inevitável (de que trata o *caput* do art. 501 da CLT) não foi suficiente ou o fator determinante para afetar substancialmente a situação econômico-financeira da empresa, esta está automaticamente excluída do benefício da redução de suas obrigações legais, como dispõe o art. 501, § 3º, da CLT.

---

(7) Art. 2º Considera-se empregador a empresa, individual ou coletiva, que, assumindo os **riscos** da atividade econômica, admite, assalaria e dirige a prestação pessoal de serviço.

Nesse sentido, concluímos que a empresa só pode se utilizar do benefício da limitação de suas obrigações legais quando o evento inevitável e imprevisível classificado como força maior for, também, a causa determinante de seu abalo econômico-financeiro substancial, isto é, de que o dano financeiro ou prejuízo seja significativo.

A utilização do adjetivo "substancial" contido no art. 501, § 3º, da CLT para qualificar o substantivo "prejuízo", por ser tratar de conceito vago — ou aberto — é mais uma camada de argumento que atesta a nossa tese de que deva ser aferida a ocorrência do instituto da força maior para gerar os efeitos jurídicos e financeiros previstos na CLT. Porque para preencher esse conceito aberto, é preciso que se examine naquele caso concreto o que deva ser considerado como prejuízo **substancial**, porque o valor "X" apurado a título de prejuízo pode ser insignificante para uma empresa, significante para a segunda empresa e **substancialmente** significante para a terceira, tudo isso a depender do tamanho da empresa e de seu fluxo de caixa.

Concluímos, portanto, ser imperiosa a análise de cada caso concreto para, somente depois de constatada a ocorrência de força maior e que esta foi a causa determinante do abalo financeiro substancial da empresa empregadora, conferir-lhe o direito de fruir do benefício da redução dos efeitos jurídicos e financeiros aos contratos de emprego em curso e que serão mantidos e também quanto às deduções permitidas de serem feitas nas rescisões dos empregados que foram inevitavelmente dispensados.

2.1.1. *Efeitos jurídicos e econômicos da força maior nos contratos de trabalho em curso*

A Consolidação das Leis do Trabalho regula os efeitos jurídicos e econômicos decorrentes do motivo de força maior aos contratos em curso, e que serão mantidos, dividindo-os em duas hipóteses: (i) quando o evento interferir exclusivamente na duração da jornada, aplicam-se as regras contidas no art. 61 da CLT; e (ii) quando houver a necessidade de redução de salários de todos os empregados, seriam invocadas diretrizes fixadas pelo art. 503 da CLT, cuja recepção pela atual Constituição da República está longe de ser pacífica na doutrina.

A) Efeitos exclusivos sobre a jornada de trabalho

Havendo motivo de força maior — e aqui há outro elemento de igual importância: a imperiosa necessidade de concluir serviços inadiáveis ou que a sua inexecução acarretar prejuízo manifesto ao empregador — é lícita a execução de horas extras em número superior ao permitido em lei, consoante dispõe o art. 61, § 1º, da CLT[(8)]. É interessante o texto desse § 1º do art. 61, porque nele está expresso, que "...pode ser exigido independentemente de convenção ou acordo coletivo". O verbo "exigir" exprime a ideia, numa primeira leitura, de que se trata de ato patronal, portanto apenas unilateral e praticado pelo empregador dentro dos limites de seu poder potestativo.

Contudo, ao interpretá-lo no contexto da frase, concluímos que o acréscimo da jornada não é uma faculdade do empregador. Exige-se a formalização de acordo individual com o empregado, apenas não se exigindo convenção ou acordo coletivo de trabalho, notadamente porque as condições de trabalho dependem de prévia pactuação e o empregado pode não dispor da possibilidade de labor além da jornada ordinária.

Feito esse registro, e retomando o raciocínio, verificamos que o art. 59, *caput*, da CLT só considera legal a execução de 2 (duas) horas extras ao dia, enquanto o art. 61, § 2º, da CLT abre uma exceção para autorizar a celebração de acordo individual prevendo jornada de trabalho de até 12 (doze) horas[(9)] na hipótese referida. Se considerarmos que a jornada é,

---

(8) Art. 61. Ocorrendo necessidade imperiosa, poderá a duração do trabalho exceder do limite legal ou convencionado, seja para fazer face a motivo de força maior, seja para atender à realização ou conclusão de serviços inadiáveis ou cuja inexecução possa acarretar prejuízo manifesto.

§ 1º O excesso, nos casos deste artigo, pode ser exigido independentemente de convenção coletiva ou acordo coletivo de trabalho.

§ 2º Nos casos de excesso de horário por motivo de força maior, a remuneração da hora excedente não será inferior à da hora normal. Nos demais casos de excesso previstos neste artigo, a remuneração será, pelo menos, 25% (vinte e cinco por cento) superior à da hora normal, e o trabalho não poderá exceder de 12 (doze) horas, desde que a lei não fixe expressamente outro limite.

§ 3º Sempre que ocorrer interrupção do trabalho, resultante de causas acidentais, ou de força maior, que determinem a impossibilidade de sua realização, a duração do trabalho poderá ser prorrogada pelo tempo necessário até o máximo de 2 (duas) horas, durante o número de dias indispensáveis à recuperação do tempo perdido, desde que não exceda de 10 (dez) horas diárias, em período não superior a 45 (quarenta e cinco) dias por ano, sujeita essa recuperação à prévia autorização da autoridade competente.

(9) Ressalvada a previsão de outra jornada inferior a 8 (oito) horas prevista em lei, como está disposto na última parte do § 2º do art. 61 da CLT. Assim, se a lei exige a jornada de 6 (seis) para a categoria do empregado, ou se for tal jornada livremente convencionada pelas partes no contrato individual de trabalho, o número máximo de horas extras/dia continua a ser de 4 (quatro).

em regra, de 8 (oito) horas de trabalho, como prescreve o art. 58, *caput*, da CLT — exceto para determinadas profissões que a norma prevê carga de trabalho inferior ou haja tal estipulação no contrato individual de trabalho —, é razoável concluirmos que, nessa situação, a execução de 4 (quatro) horas extras/dia, a serem remuneradas com o acréscimo mínimo de 50%, deixou de ser ilícita para tornar-se lícita.

A limitação do acréscimo da jornada de trabalho para, no máximo, 12 horas é compatível com a exigência de que entre duas jornadas é obrigatório o cumprimento do intervalo mínimo de 11 (onze) horas consecutivas para descanso (art. 66 da CLT). E referida transformação, de ilícita para lícita, da execução de até 4 (quatro) horas extras diárias é, sem dúvidas, um dos efeitos jurídicos e econômicos reais advindos da aplicação da força maior aos contratos de emprego.

Como a CLT não fixa o espaço de tempo que pode durar essa elevação da carga de trabalho diário (de 12 horas), a doutrina adota, por analogia, o parâmetro fixado no art. 61, § 3º, da CLT, que é de 45 (quarenta e cinco) dias por cada ano. Esse marco temporal está fixado para a segunda situação de força maior aplicada aos contratos de emprego e que se refere à reposição dos dias perdidos por causa da interrupção das atividades da empresa por evento acidental ou de força maior, que será objeto de apreciação a partir do próximo tópico, e esta é também a posição dos autores deste texto.

A segunda possibilidade de reflexo da força maior, sobre a duração da jornada, está disciplinada no art. 61, § 3º, da CLT, segundo o qual:

> "Art. 61. Ocorrendo necessidade imperiosa, poderá a duração do trabalho exceder do limite legal ou convencionado, seja para fazer face a motivo de força maior, seja para atender à realização ou conclusão de serviços inadiáveis ou cuja inexecução possa acarretar prejuízo manifesto.
>
> (...)
>
> § 3º Sempre que ocorrer interrupção do trabalho, resultante de causas acidentais, ou de força maior, que determinem a impossibilidade de sua realização, a duração do trabalho poderá ser prorrogada pelo tempo necessário até o máximo de 2 (duas) horas, durante o número de dias indispensáveis à recuperação do tempo perdido, desde que não exceda de 10 (dez) horas diárias, em período não superior a 45 (quarenta e cinco) dias por ano, sujeita essa recuperação à prévia autorização da autoridade competente."

Segundo a disposição legal supratranscrita, quando a paralisação do trabalho decorrer de força maior, em razão do evento imprevisível e inevitável, a ponto de interromper todas as atividades da empresa, por ocasião da retomada destas e visando à recuperação do tempo perdido, podem ser acrescidas até 2 (duas) horas de trabalho à jornada, de maneira que o módulo diário de trabalho atinja, no máximo, 10 (dez) horas de trabalho. E esse acréscimo nunca pode ser superior a 45 (quarenta e cinco) dias por ano e depende de prévia autorização da autoridade competente, em especial se no estabelecimento da empresa ou no local de trabalho existam atividades classificadas como insalubres e/ou perigosas. Essa exigência prévia refere-se à fiscalização realizada por auditores fiscais do trabalho, e referidos acréscimos diários devem ser pagos, também, a título de horas extras, portanto com o adicional mínimo de 50%.

Na visão dos autores deste estudo, as modificações na duração do trabalho, em ambas as hipóteses, podem ser convencionadas também com as trabalhadoras mulheres e os menores de 18 (dezoito) anos.

Em linha de síntese deste tópico, são duas as formas de restrição das obrigações trabalhistas previstas em lei para o caso de força maior que geram reflexos na duração do trabalho (jornada ou módulo diário): aumento da jornada por até 12 horas, em caso de força maior (tal como se dá quanto aos serviços inadiáveis ou para concluir atividades que não podem ser paralisadas sob pena de prejuízo) e para compensação dos dias de trabalho perdidos em razão de paralisação das atividades por motivos acidentais e de força maior, quando se permite o aumento da jornada de até 2 horas em tantos dias quantos forem necessários para compensar as horas dos dias de paralisação, respeitado o limite de 45 dias por ano, observando sempre a remuneração a título de horas extras, com o adicional mínimo de 50%.

B) Efeitos quanto à redução de salários

Esta segunda implicação jurídica e financeira do motivo de força maior ao contrato de emprego em curso, refere-se à permissão de reduzir os salários de todos os empregados em até 25%, nos termos do art. 503 da Consolidação das Leis do Trabalho.

Referida norma consolidada dispõe que, comprovada a ocorrência do motivo de força maior na forma prescrita no art. 501 da CLT, seria facultado ao empregador manter os contratos de emprego com a redução geral de salários de seus empregados em até 25%, sem a obrigação de reduzir suas jornadas, desde que o valor a ser pago a cada empregado nunca fique abaixo do salário mínimo, independentemente de negociação coletiva ou de acordo individual.

Contudo, não se pode desprezar a doutrina majoritária, cujo entendimento está no sentido de que o art. 503 da CLT não foi recepcionado pela atual Constituição da República, porque esta estabeleceu a possibilidade de redução de salários somente por convenção ou acordo coletivo de trabalho (art. 7º, VI)[(10)], e que se harmoniza com nossa própria compreensão em relação ao tema.

A discussão acerca da possibilidade de redução salarial, sem a tutela sindical, voltou à pauta de discussões com a edição das Medidas Provisórias ns. 927 e 936, tendo o Supremo Tribunal Federal[(11)], na data de 17.4.2020, por maioria de votos, entendido — em caráter liminar — que se deveria dar interpretação conforme a Constituição Federal para reputar válidos os acordos individuais para redução de salários, com redução proporcional da jornada. Trata-se da ADI n. 6.363/DF ajuizada pela Rede Sustentabilidade.

Referidas medidas provisórias objetivaram a preservação de empregos e renda como sendo o eixo principal, pois nelas contém previsões de redução de jornada e salários, e com a estipulação de três percentuais possíveis — 25%, 50% e 70%. Não é outra a razão de haver o expresso reconhecimento da ocorrência de força maior no parágrafo único do art. 1º da Medida Provisória n. 927, e o percentual fixado no art. 7º da Medida Provisória n. 936, posteriormente convolada na Lei n. 14.020, publicada em 7 de julho de 2020.

Entendemos que as hipóteses de redução salarial por acordo individual, autorizadas pela Medida Provisória n. 936, não importam em violação ao art. 7º, VI, da Constituição da República pelo simples motivo de que só podem ser empreendidas com redução proporcional da jornada. Vale dizer, a medida provisória contempla hipóteses de alteração contratual que, em tese, importariam em violação do art. 468 da CLT, mas não representa propriamente a redução salarial que depende exclusivamente

(10) DELGADO, Mauricio Godinho. *Curso de direito do trabalho*. 15. ed. São Paulo: LTr, 2016. p. 865; NASCIMENTO, Amauri Mascaro. *Curso de direito do trabalho*. 8. ed. atual. São Paulo: Saraiva, 1989. p. 206; SÜSSEKIND, Arnaldo; MARANHÃO, Délio; VIANNA, Segadas. *Instituições de direito do trabalho*. 11. ed. rev. e ampl. São Paulo: LTr, 1991.p. 431-432, v.1; e muitos outros.

(11) Decisão limitar concedida na ADI n. 6.363 pelo relator ministro Ricardo Lewandowski.

do êxito em negociação coletiva, pois matematicamente não se trata de redução salarial, notadamente porque resta preservado o salário-hora de trabalho (art. 7º, I, MP n. 936).

Em verdade, as medidas governamentais implementadas visaram em primeiro lugar à manutenção ou preservação de empregos e renda, e nessa perspectiva é que foi possível construir mecanismos que pudessem equalizar esses dois importantes valores, para evitar o aumento do cinturão da pobreza e o crescimento da multidão dos desempregados.

Mesmo assim, diversas empresas encerraram suas atividades. Algumas delas porque não dispunham de capital de giro suficiente ou de reserva financeira que permitissem arcar com as despesas durante a cessação ou limitação de suas atividades em tempo de pandemia; outas tantas porque não foram previdentes para as surpresas do amanhã; e, por fim, outro conjunto de empresas porque já não estavam com adequada saúde financeira antes da pandemia e, com o agravamento de sua situação, não conseguiram permanecer no mercado.

2.1.2. *Efeitos jurídicos e econômicos da força maior nas rescisões contratuais*

Presentes os requisitos do art. 501 da CLT[(12)], e sendo inevitável a dispensa de empregado em razão da extinção da empresa ou do estabelecimento, a empresa continua com a obrigação de pagamento de todas as parcelas que compõem a rescisão contratual: a) saldo de salário; b) férias anuais acrescidas de 1/3 integrais, quando não fruídas, e proporcionais quando complementado o período aquisitivo; c) 13º salário proporcional, atinente ao período de 1º de janeiro de 2020 até o dia da efetivação da dispensa; d) horas extras, se executadas e ainda não pagas; e) outras parcelas devidas em razão das atribuições, a exemplo de gorjetas, participação nos lucros e resultados, adicionais por tempo de serviço se previsto no contrato individual do trabalho ou em outra fonte de direito a ele integrante.

---

(12) Art. 501 da CLT: "Entende-se como força maior todo acontecimento inevitável, em relação à vontade do empregador, e para a realização do qual este não concorreu, direta ou indiretamente.

§ 1º A imprevidência do empregador exclui a razão de força maior.

§ 2º À ocorrência do motivo de força maior que não afetar substancialmente, nem for suscetível de afetar, em tais condições, a situação econômica e financeira da empresa não se aplicam as restrições desta Lei referentes ao disposto neste capítulo."

As únicas obrigações que o empregador pode restringir em caso de dispensa de seu empregado por motivo de força maior são aquelas consideradas de natureza indenizatória para o acerto final. A quitação integral das demais parcelas trabalhistas originárias quer do contrato de emprego em si, quer do acerto final, continuam sob responsabilidade do empregador, repise-se.

Essa diretriz está traçada no art. 502 da CLT, cujo texto é o seguinte:

> Art. 502. Ocorrendo motivo de força maior que determine a extinção da empresa, ou de um dos estabelecimentos em que trabalhe o empregado, é assegurada a este, quando despedido, uma indenização na forma seguinte:
>
> I — sendo estável, nos termos dos arts. 477 e 478;
>
> II — não tendo direito à estabilidade, metade da que seria devida em caso de rescisão sem justa causa;
>
> III — havendo contrato por prazo determinado, aquela a que se refere o art. 479 desta Lei, reduzida igualmente à metade.

Considerando que a estabilidade decenal prevista nos arts. 477 e 478 da CLT deixou de existir a partir da promulgação da atual Constituição da República, que a substituiu pela imposição do FGTS como direito de todos os empregados urbanos e rurais (art. 7º, III), a leitura que deva ser feita do inciso I do art. 502 da CLT é a de que atualmente incide, a título de indenização, o valor correspondente a 20% (vinte por cento) de todos os valores atualizados e acrescidos de juros das contribuições mensais obrigatórias devidas ao programa do FGTS quando se tratar de contrato por prazo determinado, ou metade da indenização prevista no art. 479 da CLT na hipótese de contrato a termo. Em síntese, a força maior não exime o empregador das obrigações do contrato de trabalho, mas mitiga sua responsabilidade[(13)].

A discussão doutrinária acerca do direito ao aviso prévio pela metade não está pacificada. Nas lições de Mozart Victor Russomano[(14)], considerando que não se trata de dispensa sem justa causa, e sim motivada, não

(13) RUSSOMANO, Mozart Victor. *Comentários à CLT*. 13. ed. Rio de Janeiro: Forense, 1990. v. I, p. 612; CARRION, Valentin. *Comentários à Consolidação das Leis do Trabalho*. 25. ed. atual. e ampl. São Paulo: Saraiva, 2000. p. 393.

(14) *Curso de direito do trabalho*. 4. ed. rev. e ampl. à luz da Nova Constituição. Curitiba: Juruá, 1991. p. 165.

seria devido o aviso prévio nem sequer pela metade. Isto porque, a teor do *caput* do art. 487 da CLT, o aviso-prévio deve ser concedido pela "parte que, sem justo motivo, quiser rescindir o contrato", hipótese não contemplada na situação de força maior, cuja rescisão contratual não decorreria de vontade das partes, e sim de uma consequência do evento incerto (imprevisível) e inevitável. Além disso, não se aplicaria o verbete da Súmula n. 44 do TST, que disciplina situações alheias àquelas tidas como motivadoras da força maior.

Não custa reafirmar que as empresas só podem se beneficiar da redução de suas obrigações legais — nos patamares referidos — se a força maior reconhecida no parágrafo único do art. 1º da Medida Provisória n. 927 preencher todos os requisitos anteriormente referidos e a dispensa do empregado tiver como fator determinante o fechamento da empresa ou de seu estabelecimento, e concomitantemente que essa dispensa tenha ocorrido a partir do dia 20 de março de 2020, data considerada como início da pandemia para fins trabalhistas. Não havendo a conjugação de todos esses elementos determinantes, a empresa está obrigada a pagar ao empregado todas as indenizações previstas em lei inerentes à modalidade de dispensa sem justa causa.

Por fim, porém não menos importante, constitui ônus da empresa a prova da ocorrência dos motivos da força maior para encerramento de suas atividades ou de algum estabelecimento. Os atos normativos emanados das autoridades governamentais competentes e os atos constitutivos são um bom meio de prova para considerá-la como atividade essencial ou não e, também, quanto ao seu domicílio para saber se foi afetado ou não pelas medidas restritivas de funcionamento e de circulação de pessoas; os balanços dos anos anteriores e os balancetes dos primeiros meses no ano de 2020 também constituem adequado indicador para demonstrar se houve oscilação ou não de sua movimentação financeira, e cópia das notas fiscais — quando for o caso — servem para atestar a redução das operações negociais ou até mesmo a interrupção por determinado lapso de tempo. E para quem adota o sistema de fluxo de caixa, a comprovação mediante juntada dos documentos correspondentes pode ser de grande valor jurídico. Esses são alguns dos exemplos de meios de prova não só do evento imprevisível e inevitável como também da interferência na situação econômico-financeira da empresa, para saber se houve abalo substancial ou não.

Por fim, caso a afirmação feita seja inverídica ou não seja robustamente comprovada, o motivo de força maior será afastado em demanda trabalhista e ficará a empresa obrigada a complementar a indenização na forma legal, e se houver empregado estável será obrigada a reintegrá-lo, e só na impossibilidade de fazer essa reintegração é que a estabilidade pode ser convertida (ou convolada) em indenização simples ou em dobro a depender da situação concreta.

2.2. Por que as rescisões contratuais motivadas pela pandemia não podem ser consideradas fato do príncipe?

José Cretella Júnior[(15)] nos diz que se considera "*factum principis* ou fato do príncipe ou ainda fato da Administração, *lato sensu,* toda e qualquer providência da iniciativa dos poderes públicos que torna mais onerosa a situação daquele que contrata com a Administração". Ele nos diz que o reconhecimento da teoria do fato do príncipe no direito administrativo — ramo do direito onde foi criada — supõe três condições para que se verifique: 1ª) um contrato em que a Administração seja parte; 2ª) medida de poder público (lei, regulamento, decisão executória especial), cujo efeito rompe o equilíbrio do contrato; e 3ª) o elemento imprevisão, entendido no sentido seguinte: se a medida de poder público intercorrente estivesse nas previsões das partes, no ato de contratar, não há possibilidades de indenização, no momento em que se realiza".

Em outras palavras, o reconhecimento da teoria do fato do príncipe exige a comprovação do nexo de causalidade entre a medida tomada pela administração pública e a lesão causada na economia daquele que com ela contratou, a ponto de tornar-se impossível cumprir o que se pactuou.

A Consolidação das Leis do Trabalho adotou essas bases fundamentais da teoria do fato do príncipe do direito administrativo e a disciplinou no *caput* de seu art. 486, com as devidas adaptações, ao dispor que:

> "No caso de paralisação temporária ou definitiva do trabalho, motivada por ato de autoridade municipal, estadual ou federal, ou pela promulgação de lei ou resolução que impossibilite a continuação da atividade, prevalecerá o pagamento da indenização, que ficará a cargo do governo responsável."

O ato governamental (de autoridade) que, uma vez realizado, ocasionar por si só a paralisação temporária ou definitiva de determinada empresa ou de determinado segmento negocial, ou ainda, em razão do

---

(15) CRETELLA Júnior, José. *Teoria do 'Fato do Príncipe*. Disponível em: <http://biblioteca-digital.fgv.br/ojs/index.php/rda/article/view/25735>. Acesso em: 2.7.2020, às 16h20.

local onde a(s) empresa(s) está (estão) instalada(s), para ser considerado como "fato do príncipe" na esfera do direito do trabalho, e, nessa qualidade, transferir a responsabilidade indenizatória das rescisões contratuais de seus empregados, é aquele ato praticado pela administração pública, fundado nos limites de sua discricionariedade, em atendimento à conveniência e à oportunidade. Assim, não se considera fato do príncipe quando a autoridade pública se vê compelida à prática do ato para o resguardo do interesse maior da população, a exemplo do direito à vida e à saúde[16].

Todos os instrumentos normativos e de gestão baixados — alguns citados no início deste estudo — demonstram que foram atos administrativos obrigatórios, pois visaram ao atendimento das determinações e diretrizes internacionais vindas da Organização Mundial da Saúde, entidade integrante da Organização das Nações Unidas, de maneira que, no plano nacional, as medidas restritivas excepcionais e temporárias foram tomadas com base em recomendação técnica e fundamentada, vinda da Agência de Vigilância Sanitária. Em síntese, foram atos obrigatórios visando ao resguardo do direito fundamental à vida e à saúde da população.

E na área trabalhista propriamente dita, os instrumentos normativos objetivaram minimizar os efeitos perversos derivados das medidas restritivas excepcionais e temporárias tomadas na área da saúde, sempre na busca de manter empregos e renda — ainda que não integrais — para não aumentar, ainda mais, a multidão de trabalhadores desempregados que compõe o grande cinturão da pobreza.

Entendemos, pois, que os atos praticados pelas administrações, nas três esferas, não podem ser tidos como atos discricionários. Foram medidas obrigatórias visando, em primeiro lugar, à saúde humana e, como efeitos daí decorrentes, tentar manter empregos e renda daqueles que têm emprego formal mas tiveram de reduzir suas jornadas e salários, e também aos desempregados e desamparados.

Numa entrevista concedida no dia 23 de maio de 2020, o ministro do TST, Alexandre Agra Belmonte, numa síntese perfeita, afirmou que:

> "Os governos estaduais e municipais que determinaram paralisação de atividade diante do risco de contaminação não agiram de forma discricionária com base em critérios de conveniência ou oportunidade

(16) "Não há que se falar em *factum principis* quando a ação do poder público visa resguardar o interesse maior da população, atingida pelo inadimplemento da empresa" (TST-RR. 5931/86.8, Norberto Silveira, Ac. 3ª T. 2610/87). Cf. CARRION, Valentin. *Comentários à Consolidação das Leis do Trabalho*. 25. ed. atual. e ampl. São Paulo: Saraiva, 2000. p. 371.

para benefício do interesse público. Fizeram isso por motivos de saúde pública com base em uma ocorrência da natureza que é o vírus. Isso descaracteriza o uso do argumento do fato do príncipe. A meu ver o art. 486 na CLT é absolutamente inaplicável em relação ao contexto da Covid-19."[17]

Conclui-se que as medidas tomadas na área trabalhista, e que implicaram no fechamento das empresas que não constaram ou não constam no rol — móvel — das atividades essenciais assim consideradas pelas autoridades municipais, estaduais e federais não se encaixam como fato do príncipe, porque foram adotadas fora dos limites da chamada discricionariedade administrativa. Foram atos impositivos, decorrentes das medidas tomadas na área da saúde para evitar a propagação mais intensa do Covid-19, e evitar que mais vidas pudessem ser perdidas, e para além disso foram tomadas outras medidas para evitar maiores consequências no mundo do trabalho, que atravessa momentos delicados nos últimos tempos.

3. *Considerações finais*

A pandemia de Covid-19, que mobilizou os governos nos níveis federal, estadual e municipal, suscitou diversas políticas públicas com o objetivo de minimizar os efeitos deletérios para os trabalhadores, para as empresas e para a população em geral, por meio de instrumentos normativos, com destaque para as Medidas Provisórias ns. 927 e 936.

Infelizmente, a concentração de esforços não teve o condão de preservar todos os empregos nem de impedir que várias empresas sucumbissem, notadamente aquelas que tiveram as atividades suspensas, em face de não enquadramento nas chamadas atividades essenciais, desencadeando discussões, no âmbito jurídico trabalhista, acerca da responsabilidade patronal pelas verbas decorrentes da rescisão contratual.

Se, por um lado, não se ignora que o risco da atividade econômica não pode ser transferido aos trabalhadores (art. 2º da CLT), também não se pode desconsiderar que houve reconhecimento do estado de calamidade pública pelo Decreto Legislativo n. 6, de 6 de março de 2020, da hipótese de força maior, para fins trabalhistas (art. 501 da CLT), nos termos da Medida Provisória n. 927, de 22 de março de 2020, e ampliação da possibilidade do

(17) Disponível em: <https://www.conjur.com.br/2020-mai-23/fato-principe-nao-prosperar-argumento-justica-trabalho>. Acesso em: 24.6.2020.

acordo individual para regular as condições de trabalho até 31 de dezembro de 2020, nos termos da Lei n. 14.020/2020, fruto de convolação Medida Provisória n. 936, de 1º de abril de 2020.

Não defendemos que todas as rescisões contratuais, por iniciativa patronal, verificadas no período de 20 de março a 31 de dezembro de 2020 sejam compreendidas como motivo de força maior, pois sabemos que muitas atividades empresariais se viram tolhidas no período de pandemia. A propósito, não é difícil imaginar algumas atividades que, talvez, tenham sido alavancadas no período mencionado, pois consideradas essenciais pelo Decreto n. 10.282, de 20 de março de 2020 ou decretos estaduais.

Igualmente, não vislumbramos mácula de inconstitucionalidade na Medida Provisória n. 936, de 1º de abril de 2020, que objetivou a preservação do emprego e da renda dos trabalhadores que, mediante acordo individual com os empregadores, tiveram os contratos suspensos por 60 (sessenta) dias ou a redução proporcional de salário e jornada no período máximo de 90 (noventa) dias e compensação financeira a cargo do governo federal, com valor máximo indexado ao do seguro-desemprego, para reduzir o impacto no orçamento doméstico.

Em verdade, a possibilidade de redução salarial disciplinada na Medida Provisória n. 936 não afronta o art.7º, VI, da Constituição da República pelo fato de que assegura a preservação do valor do salário -hora de trabalho, e faculta a redução do salário (em 25%, 50% ou 70%) mediante redução proporcional da jornada; vale dizer, não há propriamente a redução salarial que demanda a necessidade de convenção ou acordo coletivo, mas sim uma alteração contratual que seria considerada lesiva e violadora do art. 468 da CLT se não existisse o amparo da medida provisória para atender exatamente às peculiaridades do tempo de pandemia.

É importante destacar que o acordo individual para redução de salário proporcionalmente à redução da jornada, nos exatos termos da Lei n. 14.020/2020 só alcança os empregados que possuem a jornada de trabalho controlada pelo empregador. Vale dizer, a redução salarial daqueles que estão sob a égide do art. 62 da CLT pressupõe a convenção ou acordo coletivo de trabalho, nos exatos termos do dispositivo constitucional (art. 7º, VI).

Em suma, procuramos destacar alguns aspectos que norteiam a vida laboral, na vigência do contrato de trabalho, e a responsabilidade do empregador na hipótese de rescisão do contrato de trabalho motivada pela situação de dificuldade decorrente da paralisação ou encerramento de suas atividades no período de pandemia, sem a pretensão de estabelecer soluções definitivas para todos os impasses que certamente surgirão a partir da realidade prática que poderá desaguar nas demandas trabalhistas.

4. *Referências*

CARRION, Valentin. *Comentários à Consolidação das Leis do Trabalho*. 25. ed. atual. e ampl. São Paulo: Saraiva, 2000.

CRETELLA JÚNIOR, José. *Teoria do "fato do príncipe"*. Disponível em: <http://bibliotecadigital.fgv.br/ojs/index.php/rda/article/view/25735>. Acesso em: 2.7.2020, às 16h20.

DELGADO, Mauricio Godinho. *Curso de direito do trabalho*. 15. ed. São Paulo: LTr, 2016.

NASCIMENTO, Amauri Mascaro. *Curso de direito do trabalho*. 8. ed. atual. São Paulo: Saraiva, 1989.

RUSSOMANO, Mozart Victor. *Curso de direito do trabalho*. 4. ed. rev. e ampl. à luz da Nova Constituição. Curitiba: Juruá, 1991.

______. *Comentários à Consolidação das Leis do Trabalho*. 13. ed. rev. e atual. Rio de Janeiro: Forense, 1990. v. I.

SÜSSEKIND, Arnaldo; MARANHÃO, Délio; VIANNA, Segadas. *Instituições de direito do trabalho*. 11. ed. rev. e ampl. São Paulo: LTr, 1991. v. I.

Qual a Importância da Função Social do Contrato de Trabalho em Tempos de Pandemia?

Bianca Bastos[1]

1. *Introdução*

A grave crise sanitária decorrente da pandemia do Covid-19 trouxe novos problemas às relações de trabalho. Estava em curso a transformação das relações trabalhistas por período de transição ocorrida após a vigência da Lei n. 13.467/2017, vigente a partir de 11.11.2017 (Reforma Trabalhista), com alteração em muitos dispositivos da CLT (Consolidação das Leis do Trabalho) e uma forte crítica às restrições nela trazidas, a crise sanitária subverteu completamente as relações contratuais, impondo novos ritmos e modelos na forma de trabalho.

A questão que se coloca é refletir se os vetores que orientam a interpretação dos contratos de trabalho antes da crise prevalecem, especialmente a interpretação dos contratos segundo o princípio da proteção.

Um dos pilares na construção do Direito do Trabalho, o princípio protetivo é orientador da interpretação dos contratos de trabalho. Justamente porque houve desequilíbrio de forças na formalização do contrato, a partir da Revolução Industrial (século XVIII), a conquista dos direitos trabalhistas se impôs a partir da intervenção e garantia do Estado e, entre nós, foi constitucionalizada.

E é assim que a incidência do princípio que estabelece a inalterabilidade das condições objetivas do contrato de trabalho passou a ser aplicado com

(1) Desembargadora federal do trabalho no Tribunal Regional do Trabalho da Segunda Região e doutoranda pela PUC/SP.

base em previsões constitucionais, estampadas no art. 7º da CF. A alteração lesiva do contrato de trabalho para o empregado gera nulidade, mesmo que o trabalhador concorde expressamente com o quanto modificado (art. 468 da CLT) e se aplica em relação a todos os direitos trabalhistas (de ordem constitucional, infraconstitucional ou convencional).

Ao Poder Judiciário compete a aplicação da lei e diante de seus termos e das diferenças sociais existentes no Brasil, o pensamento jurídico sedimenta a interpretação estrita da Constituição Federal, segundo os primados de que os direitos nela previstos são essenciais e representam para o trabalhador a tutela da dignidade humana, um dos pilares da federação (art. 1º, inciso III, da CF).

No momento em que a globalização da economia impôs restrições ao custo do trabalho e que o Direito do Trabalho já se via diante deste enorme desafio que é o de flexibilizar direitos conquistados e readequá-los a uma leitura que importe em avanço sem trilhar a precarização, a pandemia se instala, numa crise sanitária sem precedentes. Já não é um desafio, mas um obstáculo à continuidade do mundo do trabalho como ele era, antes de fevereiro de 2020. Depois que 6 (seis) meses, a situação é caótica, porque a relação jurídica que existia não é mais a mesma e, tampouco se sustentam as disposições constitucionais na velha ordem contratual.

É preciso entender que o primado da Constituição precisa ser preservado e que novas interpretações virão, adequando situações e problemas e lançando um olhar desafiador sobre a continuidade das relações contratuais e da manutenção do emprego.

Este artigo tem por objetivo analisar a função social do contrato de trabalho, as garantias fundamentais da proteção à dignidade humana e o princípio da preservação da empresa.

A interpretação do Direito do Trabalho a partir de novas intervenções estatais a favor da coletividade deve ser feita à luz dos princípios clássicos, mas diante de uma nova realidade em que fatores externos indicam que apenas no trato da cláusula geral da função social dos contratos e na valoração da atuação discricionária do Estado é possível estabelecer uma ponte para se passar do velho ao novo mundo pós-pandemia.

2. *Os reflexos da Pandemia Covid 19 sobre os perfis da empresa*

A doutrina do Estado Social defende a intervenção do Estado na medida necessária à efetivação dos princípios formadores da justiça social e à preservação da dignidade humana, se contrapondo ao Estado Liberal que advoga a desregulamentação do Direito do Trabalho com a finalidade de que as condições de emprego e trabalho sejam ditadas pelas leis do mercado[(2)].

O constitucionalismo social pelos fundamentos da República, disposto no art. 1º, inciso III (dignidade da pessoa humana) e IV (os valores sociais do trabalho e da livre-iniciativa também está acentuado na atual Constituição pela disposição de direitos e deveres individuais e coletivos (art. 5º da CF a art. 11 da CF), e se orienta pelas disposições inseridas no seu título VIII, que trata [...] "Da ordem social", dispondo no art. 193 que [...] *A ordem social tem como base o primado do trabalho, e como objetivo o bem-estar e justiça sociais.*

Ao relacionar os princípios gerais da atividade econômica, o art. 170 da Constituição Federal cita que seu fundamento é a busca pela *justiça social*, a *valorização do trabalho humano* e a *livre-iniciativa*, com base nos princípios da *função social da propriedade* (inciso III) e da *busca do pleno emprego* (inciso VIII).

Como são as empresas as maiores contratantes, delas depende a preservação dos empregos. Se a empresa, como categoria jurídica, resulta de diversos fatores (objetivos e subjetivos) não pode ser vista de modo unitário. É a empresa um fenômeno complexo, que deve ser considerada em diversos aspectos.

Requião[(3)], citando Asquini[(4)], focaliza na empresa o "perfil subjetivo", que a vê como "empresário", o perfil "funcional", que vê a empresa como "atividade empreendedora"; o perfil "patrimonial ou objetivo", que vê a empresa como estabelecimento"; e o perfil "corporativo", que vê a empresa como "instituição".

---

(2) SÜSSEKIND, Arnaldo. *Direito constitucional do trabalho*. Rio de Janeiro: Renovar, 1999. p. 44.

(3) REQUIÃO, Rubens. *Curso de direito comercial*. 26. ed. 2 tir. Atualizada por Rubens Edmundo Requião. São Paulo: Saraiva, 2006. v. 1, p. 55.

(4) A citação a Alberto Asquini contribui para criação de uma teoria para definir a empresa a partir das disposições dos arts. 2.082 e 2.555 do Código civil italiano de 1942 que trouxe uma qualificação jurídica para a empresa. Todavia, deve ser ressaltado que o autor se deteve na análise do fenômeno sobre uma situação emergente de um plano ideológico, ajustando a noção jurídica de empresa ao aspecto político-econômico existente na Itália de 1942.

A tentativa de definição da empresa sempre foi um desafio que se julgou indispensável porque é ela representativa de um fato não só econômico, mas social e político[5].

A *teoria da empresa* de Asquini foi incorporada pelo art. 966 do Código Civil de 2002 e orienta o intérprete a se deter em três conceitos básicos quando tratar desta categoria jurídica: "empresário", "estabelecimento" e "atividade". A organização desses três elementos voltados ao o exercício da atividade econômica, definem a empresa.

A delimitação conceitual da empresa no campo teórico é necessária para estabelecer o reflexo da calamidade pública sobre o fenômeno social e político que é a "empresa". O fenômeno empresarial se foca em um diálogo de fontes disciplinares, já que o Direito Econômico a situa como organismo de produção, o Direito Empresarial a considera ante a figura do empresário, e o Direito do Trabalho a considera antes as relações individuais e coletivas que se formam entre empregados e empregadores.

Se a atividade econômica está direcionada ao setor privado, nos termos da previsão do art. 173 da Constituição Federal[6], o princípio da livre-iniciativa previsto no inciso IV do art. 170 assenta entre nós a finalidade social decorrente da empresarialidade. E, portanto, a empresa passa a deter um certo caráter público.

Esse caráter público foi realçado durante a calamidade pública. Na tensão estabelecida no cenário atual, o conceito de empresa foi subvertido e a situação de caos sanitário desorganizou a atividade econômica, atingindo todos os elementos que constituem a categoria jurídica da empresa. Além disto, o interesse público passou a controlar os rumos da iniciativa privada.

Podemos considerar que outro ramo do Direito passou a ter forte incidência na atividade econômica, o Direito Administrativo. O empresário, definido no âmbito jurídico como aquele que exerce profissionalmente a atividade econômica (art. 966 do CCB) passou a interagir com uma forte

(5) E, por isto, adverte Evaristo de Moraes Filho para seu relativismo conceitual, já que é arriscado confundir a definição construída para explicá-la, em determinado regime político, com sua noção geral. MORAIS FILHO, Evaristo de. *Sucessão nas obrigações e teoria da empresa*. Rio de Janeiro: Forense, 1960. v. 1, p. 13.

(6) Art. 173 da CF: "Ressalvados os casos previstos nesta Constituição, a exploração direta de atividade econômica pelo Estado só será permitida quando necessária aos imperativos da segurança nacional ou de relevante interesse coletivo, conforme definidos em lei (...)".

regulação estatal, que priorizou a questão da saúde como interesse público primário, a que submeteram as demais decisões.

Atuando com seu poder discricionário, a administração pública utiliza-se da faculdade de se orientar por critérios de *oportunidade e conveniência*, que não podem ser apreciados pelo Judiciário. Como diz Medauar(7), citando Cretella Júnior:

> (...) no exercício do poder discricionário 'o agente orienta-se de maneira livre no que diz respeito ao binômio 'conveniência-oportunidade'.

Assim, há poder discricionário quando, ante determinada circunstância, a autoridade administrativa é livre de escolher a conduta a adotar, apreciando a oportunidade e conveniência ao atendimento do interesse público, pois sua atuação não é ditada previamente por norma legal.

Assim, através do exercício de seu poder discricionário, a União, os Estados e Municípios passaram a designar os rumos dos empresários, diante da necessidade de "isolamento social" e de "quarentena", estados de convivência impostos a partir da grande capacidade de contaminação pelo Covid-19.

Não se pode negar que houve exercício de competência normativa e reguladora de modo amplo no sistema federativo e que a *livre-iniciativa* e a *valorização do trabalho humano* foram ajustadas ao valor primário de proteção e a inviolabilidade do direito à vida, direito que se encerra dentre as garantias individuais(8).

Questões relacionadas, por exemplo, à flexibilização das medidas de isolamento foram resolvidas segundo o poder discricionário do Poder Executivo e sem possibilidade de revisão por parte do Poder Judiciário quanto a juízos de *oportunidade* e *conveniência*, já que não se admite a substituição do administrador pelo juiz. Ao Judiciário coube atuar apenas para aferir questões de competência e de congruência da motivação, mas sem interferir na decisão dos valores cuja discricionariedade é própria ao Poder Executivo.

---

(7) MEDAUAR, Odete. Poder discricionário da administração. *Doutrinas Essenciais de Direito Administrativo*, Revista dos Tribunais *online*, v. 2, p. 1175 a 1187, nov. 2012.

(8) Art. 5º da CF. Todos são iguais, perante a lei, sem distinção de qualquer natureza, garantindo-se aos brasileiros e aos estrangeiros residentes no País, a inviolabilidade do direito à vida, a liberdade, à igualdade, à segurança e à propriedade, nos termos seguintes: (...) (grifei).

Na ponderação dos valores constitucionais, a pandemia Covid-19 inverteu a escala de prioridade e a atividade econômica desorganizou-se para que se pudesse conjugar valores oriundos dos fundamentos do Estado, como a dignidade da pessoa humana, o valor social do trabalho e da livre-iniciativa (art. 1º, incisos III e IV, da CF) com a preservação da vida de brasileiros e estrangeiros, atacada por uma pandemia que evoluiu na crise sanitária mundial.

Essa crise atingiu a todos os elementos conceituais da empresa. O empresário não foi profissionalizado para sua gestão e deixou o papel principal do desenvolvedor da empresa. Houve interrupção da atividade econômica em larga escala. E grande parte dos contratos de trabalho foram suspensos. Se é o empregador que assume o risco da atividade econômica e o trabalhador, que coloca o trabalho sob a subordinação jurídica, para a construção de riquezas, na livre-iniciativa, como disposto no art. 2º da CLT, fato é que a pandemia subverteu todos os papéis.

O princípio da proteção, classicamente defendido no Direito do Trabalho, cedeu à proteção da atividade econômica e do próprio trabalho, porque não há se falar em prejuízo apenas para atividade econômica, já que a crise sanitária oriunda do Covid-19 pulveriza prejuízos em toda a sociedade.

3. *Contrato de trabalho. Cláusulas gerais. A função social do contrato*

O contrato individual do trabalho vem regulado pelos arts. 442 a 456 da CLT, com forte intervenção da intervenção estatal na preservação da condição do trabalhador, diante da histórica aplicação do princípio da proteção. E tanto é assim que o art. 468 da CLT, ao disciplinar o princípio da inalterabilidade das condições objetivas do contrato do trabalho estabelece que somente é lícita a alteração das condições desse contrato por mútuo consentimento e desde que não haja prejuízo ao trabalhador.

Essa diretriz legal é antiga e remonta à origem da Consolidação das Leis do Trabalho (1943, muito antes da explicitação dos direitos fundamentais sociais, pelo art. 7º da CF). A partir da Constituição Federal de 1988, em que foi constituído o Estado Democrático de Direito, as interpretações dos ajustes trabalhistas tiveram o pressuposto da *dignidade da pessoa humana,* e *os valores sociais do trabalho* e da *livre-iniciativa* dispostos como fundamento da Republica (art. 1º, incisos III e IV). E, em acréscimo, houve a valorização dos direitos trabalhistas dispostos no art. 7º da CF, cuja discussão elevou-se ao patamar constitucional. O rol de direitos. O Direito

Individual do Trabalho na Constituição Federal de 1988 trouxe um rol de disposições constituídas por direitos fundamentais que condicionou a atividade empresarial à realização da justiça social, e o projeto do Estado passou a ser a redução das desigualdades sociais. Portanto, a função social estampada na CF por todos os princípios citados no item anterior revestia por si só a condição de *cláusula geral* na interpretação do contrato de trabalho.

Essa importância não possuía disciplina explícita no Direito Civil, pois o Código Civil de 1916 tratava o direito obrigacional com priorização da autonomia privada individual, em descompasso com a ordem constitucional vigente. Muito embora a teoria geral das obrigações estivesse disciplinada neste ramo do direito, não havia referência ou aplicação das normas civilistas na interpretação do contrato do trabalho, porque as normas civilistas estavam dissociadas dos princípios da formação do Direito do Trabalho e de sua própria previsão constitucional, incisiva no que atine à proteção e extinção do contrato de trabalho. A partir da edição do Código Civil de 2002, com a regulamentação das cláusulas gerais dos contratos nos arts. 421, 422 e 478, a situação se modificou e a teoria geral das obrigações retomou seu lugar no diálogo das fontes com o Direito do Trabalho.

A doutrina aponta como cláusulas gerais do contrato três novos princípios inseridos no Código Civil: (a) o da função social do contrato; (b) da boa-fé objetiva; (c) e o do equilíbrio econômico do contrato[(9)].

As cláusulas gerais do contrato se apresentam como cláusulas abertas, permitindo a aplicação de moderna técnica apta a (...) *recolher os casos que a experiência social contínua e inovadoramente propõe a uma adequada regulação, com vistas a ensejar a formação de modelos jurídicos inovadores, abertos e flexíveis*[(10)].

Como visto, a cláusula geral dos contratos, quando prevista na legislação infraconstitucional já era emergente da ordem constitucional. A função social do contrato possui sua origem na função social da propriedade, estabelecida como garantia individual na Constituição Federal, nos termos da previsão do art. 5º, incisos XXII e XXIII que, após garantir o

(9) THEODORO JÚNIOR, Humberto. *O contrato e sua função social*. 4. ed. rev. atual. e ampl. Rio de Janeiro: Forense, 2014. p. 21.

(10) CARVALHO FILHO, Milton Paulo de. *Indenização por equidade no novo Código Civil*. São Paulo: Atlas, 2003. n. 3.2, p. 49. *Apud* THEODORO JÚNIOR, Humberto. *Op. cit.*, p. 137.

direito de propriedade dispõe no sentido de que (...) *a propriedade atenderá sua função social.*

A partir do momento em que o direito constitucional brasileiro considerou que a propriedade tinha função social (art. 5º, XXIII da CF), o conceito amplo da expressão "propriedade" se estendeu aos direitos de crédito, ou seja, às obrigações, e consequentemente aos contratos. Ao lado da função social da empresa

Essa cláusula geral vem agora disposta no art. 421 do Código Civil, segundo o qual:

> Art. 421. A liberdade de contratar será exercida em razão e nos limites da função social do contrato.

Superando os antigos princípios que regiam as relações contratuais no âmbito privado, a disposição legal que estabelece como limite ao direito de contratar a função social, traz para o contrato a ideia de colaboração e solidariedade e também a projeção dos contratos no interesse coletivo.

A antiga concepção de autonomia contratual, princípio que vigorava no Código Civil anterior, foi superada. Assim, foi fortemente atingido o princípio da relatividade contratual, segundo o qual terceiros não poderiam se imiscuir nas cláusulas contratuais, porque o contrato estaria restrito na órbita dos direitos pessoais, gerando apenas efeitos *inter partes*.

A adoção da função social do contrato como cláusula geral moderniza e flexibiliza o princípio da relatividade, já que os contratantes devem respeitar as repercussões produzidas pelo contrato na sociedade, existindo uma subordinação do interesse dos contratantes aos interesses sociais. A partir da consideração de que as estipulações contratuais devam observar o interesse social, o contrato foi qualificado com sensibilidade social.

A consideração de que o contrato tenha função social abre campo interpretativo para que se coloque como premissa que os efeitos do contrato não se limitam àquilo que as partes expressamente pactuaram. E a partir daí, pode o intérprete detectar uma esfera social no campo do contrato, que seja afetada pelos ajustes contratuais, visando o alcance da justiça concreta.

Como observa Salomão Filho, (...) *sempre que o contrato puder afetar de alguma forma interesses institucionais externos a ele,* que podem ser *difusos* ou *coletivos* ou aqueles identificados como *interesses de terceiros dignos de tutela e passíveis de serem afetados pelas relações contratuais,* é pertinente a aplicação do princípio da função social do contrato. Prevalecem os interesses institucionais ao interesse individual, realizando-se nas garantias institucionais em jogo, cuja fonte primária é a própria Constituição Federal, a possibilidade de se compatibilizar à previsão contratual o interesse social em jogo.(11)

Além das obrigações estabelecidas entre as partes pelo vínculo negocial, têm as partes uma obrigação mais abrangente em relação à sociedade: a atenção se volta para os efeitos sociais do contrato. E os efeitos sociais são externos à relação contratual. Pela aplicação da função social do contrato, a teoria contratual permite a interpretação das cláusulas contratuais levem em conta as repercussões do negócio jurídico (contrato) no campo das relações sociais.

Assim, a disposição do art. 421 do Código Civil de 2002 funciona como cláusula geral que autoriza o Judiciário a limitar a liberdade contratual. E, este dispositivo encontra ressonância no art. 2.035, parágrafo único do mesmo Código que dispõe que [...] *Nenhuma convenção prevalecerá se contrariar preceitos de ordem pública, tais como os estabelecidos por este código para assegurar a função social da propriedade e dos contratos.*

Como se vê, o art. 2.035 do CCB trata a um tempo de duas situações, a função social do contrato e da empresa (considerada como propriedade).

E neste sentido conjuga-se o que está expresso no art. 8º, parágrafo único da CLT, com a redação dada pela Lei n. 13.467/2017:

> "(...) As autoridades administrativas e a Justiça do Trabalho, na falta de disposições legais ou contratuais decidirão, conforme o caso, pela jurisprudência, analogia, por equidade e outros princípios e normas gerais de direito, principalmente de direito do trabalho, e, ainda, de acordo com os usos e costumes, o direito comparado, mas sempre de maneira que nenhum interesse de classe ou particular prevaleça sobre o interesse público. (grifei).

Portanto, durante uma situação que traga excepcionalidades como é a da pandemia pelo Covid-19, a interpretação dos ajustes contratuais individuais no âmbito do Poder Judiciário deve considerar que todo contrato de trabalho possui uma cláusula geral que abriga sua função social. E a função social é alimentada pela solidariedade, porque as relações contratuais ganham *status* de interdependência com as consequências que gerem

(11) SALOMÃO FILHO, Calixto. Função social do contrato: primeiras anotações. *Revista de Direito Mercantil*, São Paulo: Malheiros, v. 132, out./dez. 2003.

no campo social, e é este que determina os rumos dos contraentes. Como diz Frazão[(12)]:

> (...)
>
> Como se pode observar, apesar da grande preocupação com a justiça social, a redução de desigualdades e a proteção do trabalhador, a multiplicidade de princípios da ordem econômica, nem sempre de fácil conciliação, fazem com que surjam grandes dúvidas sobre como compatibilizar as referidas normas. Especialmente no que diz respeito à proteção do trabalho, emergem do texto constitucional inúmeras controvérsias sobre a sua repercussão sobre a livre-iniciativa e o modo como a atividade empresarial deve ser exercida.
>
> (...)
>
> Daí porque a função social da empresa e a justiça social não deixam de ser uma tentativa de inserir a solidariedade nas relações horizontais entre os indivíduos, transformando-os em corresponsáveis, ao lado do Estado, pela efetiva realização do projeto de uma sociedade de membros livres e iguais. Não deve haver, portanto, oposição entre a liberdade de iniciativa e as responsabilidades inerentes à dignidade e à autonomia privada.

Desse modo, os efeitos externos do contrato passam a ter relevância para determinar novas possibilidades interpretativas e ajustar as expectativas dos contratantes quanto a estipulações que devem levar em conta o interesse público, que na situação vivida a partir do reconhecimento de calamidade pública passou a ser regente das relações privadas.

4. Calamidade pública. Força maior. Boa-fé objetiva

O reconhecimento da calamidade pública pelo Decreto Legislativo n. 6, de 2020 anunciou não apenas a possibilidade de o chefe do Executivo deixar de cumprir a meta fiscal preestabelecida e a possibilidade de realizar gastos fora do orçamento da União, sem a incidência prevista no art. 65 da Lei de Responsabilidade Fiscal (LRF).

---

(12) FRAZÃO, Ana de Oliveira. A ordem econômica constitucional e os contornos da proteção do trabalhador. In: SARLET, Ingo Wolfgang; MELLO FILHO, Luiz Philippe Vieira de; FRAZÃO, Ana de Oliveira (coords.). *Diálogos entre o direito do trabalho e o direito constitucional:* estudos em homenagem a Rosa Maria Weber. São Paulo: Saraiva, 2014. p. 530.

A calamidade pública, antecipando a catástrofe sanitária que atingiria a sociedade brasileira com danos imprevistos à coletividade e à saúde, aos serviços públicos e à iniciativa privada, teve sua decretação sucessivamente reproduzida nas demais esferas da federação brasileira (Estados e Municípios) pelos gestores locais impondo restrições de caráter social e individual para dar suporte ao enfrentamento da Covid-19.

A Lei n. 13.979(13), de 6 de fevereiro de 2020 personificou o reconhecimento da situação de força maior não apenas quando definiu a submissão população à autoridade estatal no enfrentamento da denominada "emergência de saúde pública" pelo *isolamento* (art. 2º, inciso I) *quarentena (art. 2º, inciso II)* e indicou a extensão da crise ao prever medidas que vão da determinação e realização compulsória de exames médicos e tratamentos, ao estudo epidemiológico, com adoção de exumação, necropsia, cremação e manejo de cadáver, além de restrição temporária das entrada e saída do País, bem como da locomoção interestadual e intermunicipal.

Foram baixadas, dentre outras, duas Medidas Provisórias que incidiram em grande proporção nas relações trabalhistas. A Medida Provisória n. 927, de 22.3.2020(14) dispôs sobre as alternativas trabalhistas para enfrentamento do estado de calamidade, tratando das consequências imediatas e de formas para o afastamento do ambiente de trabalho. No art. 3º da MP n. 927 foram previstos o (I) teletrabalho; a (II) antecipação de férias individuais; a (III) concessão de férias coletivas; o (IV) aproveitamento e a antecipação de feriados; o (V) banco de horas; a (VI) suspensão de exigências administrativas em segurança e saúde no trabalho: o (VII) direcionamento do trabalhador para a qualificação; e (VIII) o diferimento do recolhimento do Fundo de Garantia do Tempo de Serviço — FGTS.

No combate à crise, sobreveio a Medida Provisória n. 936, de 1º de abril de 2020(15) que instituiu o Programa Emergencial de Manutenção de

---

(13) A Lei n. 13.979, de 6.2.2020 sofreu alterações por leis posteriores. Até 18.8.2020, houve alteração dessa lei por outras 4 (quatro) leis. A Lei n. 14.006, de 28.5.2020, que reduziu o prazo de autorizações a serem dadas pela Anvisa. A Lei n. 14.019, de 2.7.2020, que dispôs sobre a obrigatoriedade de uso de máscaras de proteção individual em locais e transportes públicos, sobre adoção de medidas de assepsia, e sobre a disponibilização de produtos saneantes aos usuários durante a vigência das medidas de emergência de saúde pública. A Lei n. 14.023, de 8.7.2020 estabeleceu a lista de profissionais essenciais ao controle de doenças e preservação da ordem pública, e estabeleceu-lhes medidas de proteção. A Lei n. 14.035, de 11.8.2020 que converteu a Medida Provisória n. 926, de 20.3.2020.

(14) A Medida Provisória n. 927, de 22.3.2020 teve sua vigência encerrada em 19.7.2020, conforme Ato Declaratório do Presidente da Mesas do Congresso Nacional n. 92, de 2020.

(15) A Medida Provisória n. 936, de 1º.4.2020, foi convertida na Lei n. 14.020, de 6.7.2020.

Emprego e Renda e dispôs sobre medidas trabalhistas complementares para enfrentamento do estado de calamidade pública, e da emergência de saúde pública de importância internacional decorrente do coronavírus (Covid-19), de que trata a Lei n. 13.979, de 6 de fevereiro de 2020.

O quadro resultante da pandemia, configurador da calamidade, trouxe à baila disposições legais antigas, praticamente em desuso como a da *força maior*. E num primeiro momento, diante da ausência de previsão legal em que se pretendeu enquadrar as consequências da situação emergencial nas disposições legais já existentes. GOMES afirma que [...] *A força maior no seu rigoroso significado de* 'vis fatale cui resistit non potest" *é, portanto, um fato exterior que reage violentamente sobre a empresa, impedindo-lhe o funcionamento"*[(16)]. A advertência do autor, ao tratar da previsão da força maior na CLT (arts. 502 e 503) é de que o Direito Civil dispensava tratamento de integral liberação de obrigações a ambos os contratantes como dispunha o art. 393 do CCB de 1916, pouco modificado no art. 1.058 do CCB de 2002.

Já a CLT previa pagamento de indenização, em tempos em que a rescisão importava em indenização por tempo de serviço, para aqueles que não fossem optantes do FGTS (arts. 477 e 478).

Aquele modelo, de outros tempos, não foi capaz de inspirar solução para a época em que os direitos trabalhistas foram alçados em direitos fundamentais no art. 7º da CF, em conjugação com tantos princípios, especialmente com o da função social da empresa, a proteção do trabalho e uma nova visão do trabalhador. O enraizado conceito do princípio protetor que considera a condição de desigualdade do trabalhador não satisfaz mais uma sociedade em que o próprio trabalho está em crise. Muito menos num panorama de calamidade pública.

Entretanto, a Medida Provisória n. 936, de 1º de abril de 2020 foi imediatamente questionada pela ADIn n. 6.363, porque estabeleceu durante o período de força maior, a redução de jornada com redução proporcional de salário. João[(17)], escrevendo sobre a polêmica redução de direitos trabalhistas, enfatizou que a solução dada pelos Ministros do Supremo Tribunal Federal, dando prevalência para o voto do Ministro Revisor Alexandre de

(16) GOMES, Orlando; GOTTSCHALK, Elson. *Curso de direito do trabalho.* 11. ed. Rio de Janeiro: Forense, 1990. v. I e II, p. 435.

(17) JOÃO, Paulo Sergio. Os acordos individuais durante a pandemia poderão ter seus efeitos ser questionados? *Consultor Jurídico*, 1º de maio de 2020, Coluna: Reflexões Trabalhistas. Disponível em: <https://www.conjur.com.br/2020-mai-01/reflexoes-trabalhistas-acordos-individuais-durante-pandemia-efeitos-questionados>. Acesso em: 1º.5.2020.

Moraes, *decidiram que os acordos individuais em época de pandemia não agridem a CF, e ao caso, não se aplicaria a garantia disposta no art. 7º*, inciso VI, da Carta Maior. O Professor assim se posicionou:

> (...) O ponto de partida de todos os questionamentos deve levar em consideração as circunstâncias da vida, o valor protegido, e do momento em que se torna aplicável. A pandemia é temporária. (...) Enfim, até que ponto o coronavírus pode influenciar nas relações trabalhistas a ponto de que se proíba a dispensa de trabalhadores sob seu pretexto ou que se atribua validade a acordo individuais que, na análise superficial, estariam trazendo prejuízo ao trabalhador e que este não teria outra opção que a da aceitação da redução temporária de salários.

Há uma irracionalidade na exceção gerada pela pandemia que impõe regras e condutas que não teriam sido previstas ordinariamente pelo legislador. Assim, a consensualidade não se colocaria em razão de uma imposição de natureza geral aos contratantes que, em situações normais, teriam restrições para aceitar nem mesmo motivação para sua prática.

O tratamento excepcional, no caso das relações trabalhistas, é que permitiria o equilíbrio social econômico sem o qual teríamos empresas fadadas à insolvência e empregados condenados ao desemprego. A MP n. 936/20 pode não ser a proposta ideal neste período, mas é o que se apresentou como forma de salvação das empresas e da economia.

A pandemia do Covid-19 trouxe para as relações contratuais uma situação imponderável em que a boa-fé objetiva, como cláusula geral do contrato, prevista no art. 422 da CLT está presente como fundamento para firmar uma interpretação contratual durante o período da pandemia. Essa interpretação diz respeito a atitude dos contratantes entre si, no vínculo jurídico que decorre do contrato do trabalho.

É a boa-fé objetiva uma exigência aos contratantes da adoção de um padrão de comportamento negocial, correspondente a uma conduta objetivamente honesta. Em tempos de crise solidária em que a solidariedade deve permear as relações sociais, exige-se no campo das obrigações contratuais a melhor lealdade de comportamento, tanto quanto a disposições contratuais provisórias como nas extravagantes. A confiança que se extrai do conceito da boa-fé objetiva deve estar presente e ser valorizada na execução dos contratos do trabalho, evocando um comportamento colaborativo. Se no âmbito da relação individual existir a melhor lealdade de comportamento na execução das disposições contratuais provisórias e extravagantes durante a pandemia, sendo a exigência momentânea, o contrato individual cumprirá com sua função social, inserindo (...) *a solidariedade nas relações horizontais entre os indivíduos, transformando-os em corresponsáveis, ao lado do Estado, pela efetiva realização do projeto de uma sociedade de membros livres e iguais*[(18)], ideia que não pode ser abandonada nem mesmo numa crise de calamidade pública como é a pandemia pela Covid-19.

5. *Crise financeira do empregador. A solução prevista na legislação. Medidas governamentais*

A crise da pandemia pelo Covid-19 vem atingindo profundamente as empresas, cuja função social é a garantia do pleno emprego. A ajuda econômica para as empresas veio inicialmente através de medidas do Ministério da Economia voltadas para a redução dos efeitos da Covid-19, que foram anunciadas a partir de 16.3.2020[(19)] e em 18.3.2020[(20)]. Em 1º de abril de 2020 foi sancionado o projeto de Lei que estabeleceu o *auxílio emergencial* para trabalhadores informais desempregados, Microempreendedores Individuais (MEIs), famílias de baixa renda e trabalhadores intermitentes inativos, assim como mães que fossem únicas responsáveis pelo sustento de sua família.

As Medidas Provisórias ns. 935[(21)] e 936/2020 (convertida na Lei n. 14.020, de 6.7.2020) garantiram, inicialmente, a complementação de salários para trabalhadores que reduzissem carga horária, pelo período de três meses, o que foi denominado como *benefício emergencial de preservação do emprego e de renda.* Entretanto, o art. 10 da MP n. 936/2020 (Lei n. 14.020, de 6.7.2020), assim dispôs:

---

(18) FRAZÃO, Ana de Oliveira. *Op. cit.*, p. 530.

(19) Disponível em: <www.gob.br/economia/pt-br>. Acesso em: 5.7.2020. Na página do Ministério da Economia foi anunciada a destinação de R$. 83,4 bilhões para a população mais idosa e mais R$. 60 bilhões para a manutenção de empregos, bem como a suspensão por três meses do prazo para empresas pagarem o FGTS, destinação de 5 bilhões de crédito para as micro e pequenas empresas com recursos do FAT, redução de 50% por três meses das contribuições devidas ao sistema S, antecipação da segunda parcela do 13º salário de aposentados e pensionistas do INSS em maio e pagamento em junho do abono salarial.

(20) Ampliados valores destinados às medidas emergenciais de R$ 147,3 bilhões para R$. 169,6 bilhões a pedido do Congresso Nacional; redução a zero das alíquotas de importação de produtos médicos-hospitalares e suspensão de recadastramento anual de aposentados por cento e vinte dias, criação de auxílio emergencial e de programa para evitar demissões.

(21) A MP n. 935, de 1º.4.2020 teve sua vigência encerrada em 29.7.2020, conforme Ato Declaratório do Presidente da Mesa do Congresso Nacional n. 95, de 2020.

> Art. 10. Fica reconhecida a garantia provisória no emprego ao empregado que receber o Benefício Emergencial de Preservação do Emprego e da Renda, de que trata o art. 5º, em decorrência da redução da jornada de trabalho e de salário ou da suspensão temporária do contrato de trabalho de que trata esta Medida Provisória, nos seguintes termos:
>
> I — durante o período acordado de redução da jornada de trabalho e de salário ou de suspensão temporária do contrato de trabalho; e
>
> II — após o restabelecimento da jornada de trabalho e de salário ou do encerramento da suspensão temporária do contrato de trabalho, por período equivalente ao acordado para a redução ou a suspensão.
>
> § 1º A dispensa sem justa causa que ocorrer durante o período de garantia provisória no emprego previsto no *caput* sujeitará o empregador ao pagamento, além das parcelas rescisórias previstas na legislação em vigor, de indenização no valor de:
>
> I — cinquenta por cento do salário a que o empregado teria direito no período de garantia provisória no emprego, na hipótese de redução de jornada de trabalho e de salário igual ou superior a vinte e cinco por cento e inferior a cinquenta por cento;
>
> II — setenta e cinco por cento do salário a que o empregado teria direito no período de garantia provisória no emprego, na hipótese de redução de jornada de trabalho e de salário igual ou superior a cinquenta por cento e inferior a setenta por cento; ou
>
> III — cem por cento do salário a que o empregado teria direito no período de garantia provisória no emprego, nas hipóteses de redução de jornada de trabalho e de salário em percentual superior a setenta por cento ou de suspensão temporária do contrato de trabalho.
>
> § 2º O disposto neste artigo não se aplica às hipóteses de dispensa a pedido ou por justa causa do empregado.

Assim, as medidas governamentais inicialmente adotadas representam pouco diante de todo o prejuízo financeiro suportado pelas empresas, especialmente porque preveem benefícios temporários às empresas e estabelecem contrapartidas, com as quais a grande maioria não pode se comprometer, diante das incertezas que permeiam a situação pandêmica no país. E ainda estão em curso as alterações na Economia, que demandam constantes ajustes nas medidas de preservação de renda e empregos.

Como resultado dessa crise, houve diminuição de empregos e de postos de trabalho. A retração no saldo de empregos no país entre os meses de janeiro a maio de 2020 foi de -1.144.875 (um milhão, cento e quarenta e quatro mil, oitocentos e setenta e cinco) vagas de empregos, conforme dados publicados e o Novo Cadastro Geral de Empregadores e Desempregados (Novo Caged) em 29.6.2020[(22)] . Houve queda de admissões na ordem de -48% em relação a maio de 2019, sendo que o saldo negativo se refere às cincos regiões do país, e o pior resultado foi registrado no Sul. Considerados os setores de atividade econômica a redução apresentou-se com maior redução de postos no setor de serviços (-143.479), seguida pela indústria geral (-96.912 postos); comércio (-88.739 postos) e construção (-18.758 postos), havendo resultado positivo apenas no grupamento da agricultura, pecuária, produção florestal, pesca e aquicultura, com 15.993 novos postos de trabalho e um saldo positivo no ano de 24.430 vagas de trabalho.

Como se vê, a crise sanitária desencadeou uma crise econômica de grandes proporções e o empresário foi diretamente afetado. Essa afetação transcende o campo empresarial e incide diretamente nos trabalhadores e na própria sociedade.

Manter a atividade econômica, mesmo com as medidas de ajuste previstas nas medidas governamentais, passou a ser desafio do Estado e não mais ônus do exercício profissional de atividade economicamente organizada, como dispõe o conceito de empresário.

No Direito do Trabalho, a situação de dificuldades financeiras do empresário frente à pandemia não conta com previsão legal que valorize os efeitos da força maior a favor do empresário. Até porque a força maior foi vista até agora entre nós como a situação particular de uma determinada empresa, e não do empresário como coletividade.

Não obstante, já se propagam pedidos de suspensão de execuções trabalhistas, sob a alegação de que há dificuldades financeiras para cumprir obrigações contratuais bem como decorrentes de processos judiciais. Para esta situação, não há na legislação qualquer previsão legal. Sendo assim, as soluções decorrerão das decisões judiciais, esperando-se que seja criada jurisprudência que atente à função social da empresa e aos princípios constitucionais expostos neste artigo, para o período de calamidade pública.

(22) Disponível em: <www.gov.br/economia/pt-br/assuntos/noticias/2020/junho/maio -registra-saldo negativo-de-331.901 -postos de trabalho>. Acesso em: 5.7.2020.

Porém, essa solução demanda uma construção de entendimentos em primeira instância, sua revisão em segunda instância e possível sedimentação em Tribunais superiores, o que demanda o transcurso de muito tempo. A solução emergencial é dada através de liminares, nas quais os fundamentos são sempre cláusulas gerais do contrato ou o embasamento constitucional, à falta de qualquer previsão legislativa.

No campo empresarial, a situação não é diversa. O Direito de Empresa se fundamenta *no princípio da preservação da empresa*, que inspirou a Lei de Recuperação Judicial e Falências (Lei n. 11.101/2005). Esse princípio decorre da previsão do art. 170 da CF, e esta Lei deveria favorecer as sociedades empresariais em dificuldades econômicas.

A Lei n. 11.101/2005 prevê um plano de recuperação judicial e extrajudicial para empresas que estejam em dificuldades econômicas, com o estabelecimento de um quadro geral de credores, e a moratória das dívidas. A recuperação judicial é um instrumento que visa manter a atividade empresarial, e seu deferimento impede ações de cobrança e execuções por 180 dias.

Infelizmente, a doutrina e a jurisprudência orientam o intérprete a reconhecer que na maioria dos casos, ao formular o pedido de recuperação, a saúde financeira das empresas não permite o ajuste necessário para a continuidade da atividade econômica, e a falência ocorre na maior parte dos pedidos. Até porque, como reconhecem os estudiosos, a Lei n. 11.101/2005 privilegia instituições financeiras, em detrimento dos demais envolvidos, não representando, verdadeiramente, um pacto dos credores com o fim de reabilitar a empresa.

Como diz Dantas[(23)] [...] *Falar em preservação da empresa é caminhar pelos fundamentos de sua função social ao mesmo tempo em que a própria função social revela-se inócua se não desaguar no imperativo da preservação da atividade empresarial.*

De toda sorte, embora existam indícios claros quanto ao aumento de pedidos de recuperação judicial no país, não houve ainda registro desse aumento. Segundo Mestre Medeiros em notícia veiculada em 5.6.2020[(24)],

(23) DANTAS, Renata Marques. Princípio da preservação da função social da empresa no contexto da lei de falências e recuperação de empresas. *Revista dos Tribunais Nordeste*, Revista dos Tribunais *online*, v. 2/2013, p. 71-98, nov./dez. 2013.

(24) MESTRE MEDEIROS, Marco Aurélio. Volume de recuperações judiciais deve crescer muito no país após a Covid-19. *Consultor Jurídico*. Disponível em: <conjur.com.br/2020-jun-05/mestre-medeiros-recuperações-judiciais-pos-covid19>. Acesso em: 5.7.2020.

> (...) a quantidade de empresas recorrendo ao instituto da recuperação judicial está dentro da média registrada em anos anteriores. Conforme o indicador Serasa Experian de Falência e Recuperações Judiciais, no primeiro quadrimestre deste ano foram 377 pedidos de recuperação judicial protocolados no Brasil. Em 2019, no mesmo período, de janeiro a abril, as varas que processam e julgam ações de recuperação receberam 371 pedidos em todo o país.

Conquanto o reflexo da pandemia pelo Covid-19 no aumento de pedidos de recuperação judicial não se faça ainda presentes, o articulista ressalta que isto se deve ao tempo necessário para organização dos documentos e certidões necessários à entrada do pedido. Mas a previsão desse consultor é de que os pedidos de recuperação judicial dobrem em número neste ano.

No âmbito da legislação trabalhista, de outra parte, vigora o entendimento de que o empregador, por definição (art. 2º da CLT) deve arcar com o ônus da atividade econômica. De fato, a assunção do risco da atividade econômica é elemento característico do empregador e serve como fundamento para sua responsabilidade patrimonial. Todavia, esse elemento caracterizador do empregador, que é o risco diante do contrato, deve ser reinterpretado na calamidade pública.

Não se negue que embora o risco seja inerente à atividade econômica, sua imputação ao empregador é elemento importante, já que mesmo aqueles empregadores que não são empresários o suportam na relação contratual trabalhista. Enfim, no contrato de trabalho, o risco é inerente à posição do sujeito contratual do empregador.

Acentua-se, portanto, o risco da atividade econômica àqueles contratantes que possuam finalidade lucrativa. Todavia, no próprio conceito de empregador contido no art. 2º da CLT[(25)] o termo *atividade* se relaciona com *exercício,* o qual, por definição, pressupõe a continuidade. Para bem entender a *atividade econômica,* deve se considerar que o termo "econômica" refere-se a uma "atividade criadora de riqueza" e, assim, criadora de bens, entendidos em sua plena acepção jurídica, incluídos os serviços.

A atividade econômica produz bens e serviços destinados ao mercado sempre tendo o lucro como seu objetivo e o risco considerados numa situação de normalidade, quando é incluído como elemento de custo do

---

(25) Art. 2º. Considera-se empregador a empresa, individual ou coletiva, que, assumindo os riscos da atividade econômica, admite, assalaria e dirige a prestação pessoal de serviço. (...)

empresário. Se o risco é característica daquele empregador que seja empresário, é na característica da *alteridade* do contrato de trabalho que se justifica a imputação de risco ao empregador que não exerça atividade econômica, como empregadores domésticos, associações e fundações.

Toda essa estrutura jurídica, ao elaborar modelos e conceitos de sujeitos e do próprio contrato do trabalho, atuou em condições de normalidade das relações de trabalho. Em tempos em que o ônus decorra de regular atividade empresarial, é justo aplicar a previsão legal. Mas na hipótese em que a atividade das empresas sofre ameaça externa decorrente de uma pandemia a realização de todo o risco na figura do empresário, vai além de prejudicar a própria empresa porque ao inviabilizar o empreendimento elimina a garantia de pleno emprego, atingindo a massa de trabalhadores e a sociedade como um todo. Repita-se que a característica citada pelo art. 2º da CLT, quanto ao ônus da atividade econômica, não possui ressonância em situação extravagante.

Nesse contexto, as situações e as dificuldades que se colocarem no âmbito dos contratos de trabalho a partir de agora e como efeitos da crise provocada pela pandemia do Covid-19 serão analisadas à luz das cláusulas gerais dos contratos, especialmente da função social do contrato no que atine aos efeitos externos ao contrato e da boa-fé objetiva, no que respeita a seus efeitos internos.

Espera-se que a solução legal hoje existente, que é a recuperação judicial de empresas em dificuldades financeiras, não seja a regra de solução das dificuldades que vão se estabelecer como efeitos desta pandemia.

6. Conclusão

A crise sanitária instalada pela pandemia Covid-19 estabeleceu um período de completa anormalidade, em que os valores essenciais a serem preservados foram a vida e a saúde de todos, como valores essenciais garantido pela Constituição Federal.

Neste panorama, o ordenamento jurídico vem cumprindo com sua função, priorizando a proteção à sociedade e possibilitando a atuação do Estado para conter a calamidade pública. Antigos preceitos têm sim sido preservados e o princípio protetivo do trabalhador está presente na entabulação e execução do contrato do trabalho. Entretanto, já havia em curso uma transformação da visão de "proteção", com seu alinhamento de preservação do trabalho, segundo os princípios constitucionais emergentes do trabalho humano como um dos pilares do Estado brasileiro.

Essa diretriz se apresentou como a única solução possível durante esse período, porque a preservação da atividade econômica e das empresas se apresentam em sua essencialidade, para preservação da livre-iniciativa, a redução das desigualdades sociais e busca pela solidariedade, na realização da função social da empresa.

As interpretações que se possam fazer sobre as cláusulas do contrato devem considerar, na relação interna entre os contratantes, a boa-fé no cumprimento de seu conteúdo originariamente estabelecido, bem como a função social do contrato, quanto a suas externalidades. A partir dessas cláusulas gerais, as cláusulas contratuais podem ser reinterpretadas, ajustando-se à época de calamidade.

No que atine às dificuldades financeiras suportadas pelas empresas frente às determinações de paralisação da atividade econômica, a inexistência de um modelo quanto ao abrandamento das obrigações contratuais, diante da inexistência de regulação dos efeitos da *força maior*, aponta para o único caminho da recuperação judicial, cuja Lei n. 11.101/2005, inspirada no princípio da função social da empresa e no de sua preservação, mas que ainda não é capaz de dar uma resposta satisfatória, representando muitas vezes o caminho do encerramento da sociedade empresarial.

Resta assim a importante atuação do Estado através do posicionamento conjugado e democrático de seus Poderes. O Poder Executivo que atua como protagonista na gestão da crise, atua tanto para reduzir os efeitos danosos da pandemia Covid-19 à vida e saúde de todos, através de medidas sanitárias que representam o exercício de seu poder discricionário, e também para promover, em conjunto com o Poder Legislativo, medidas legais emergenciais para garantir a prevalência dos princípios constitucionais balizadores da sociedade brasileira, calcada na dignidade da pessoa humana (art. 1º, inciso II da CF), nos valores sociais do trabalho e da livre-iniciativa (art. 1º, inciso III e art. 170 da CF).

E ao Poder Judiciário, cabe promover a conservação do ordenamento jurídico, pela aplicação dos princípios e normas que se ajustam à situação atual, atuando no controle da legalidade e promovendo a justiça social através do julgamento de casos concretos.

7. Referências

DANTAS, Renata Marques. Princípio da preservação da função social da empresa no contexto da lei de falências e recuperação de empresas. *Revista dos Tribunais Nordeste,* Revista dos Tribunais *online,* v. 2, p. 71-98, nov./dez. 2013. Acesso em: 20.4.2020.

FRAZÃO, Ana de Oliveira. A ordem econômica constitucional e os contornos da proteção do trabalhador. In: SARLET, Ingo Wolfgang; MELLO FILHO, Luiz Philippe Vieira de; FRAZÃO, Ana de Oliveira (coords.). *Diálogos entre o direito do trabalho e o direito constitucional:* estudos em homenagem a Rosa Maria Weber. São Paulo: Saraiva, 2014.

GOMES, Orlando; GOTTSCHALK, Elson. *Curso de direito do trabalho.* 11. ed. Rio de Janeiro: Forense, 1990. v. I e II.

JOÃO, Paulo Sergio. Os acordos individuais durante a pandemia poderão ter seus efeitos ser questionados? *Consultor Jurídico,* 1º de maio de 2020, Coluna: Reflexões Trabalhistas. Disponível em: <https://www.conjur.com.br/2020-mai-01/reflexoes-trabalhistas-acordos-individuais-durante-pandemia-efeitos-questionados>. Acesso em: 1º.5.2020.

MEDAUAR, Odete. Poder discricionário da administração. *Doutrinas Essenciais de Direito Administrativo,* Revista dos Tribunais *online,* v. 2, p. 1175 a 1187, nov. 2012.

MESTRE MEDEIROS, Marco Aurélio. Volume de recuperações judiciais deve crescer muito no país após a Covid-19. *Consultor jurídico.* Disponível em: <conjur.com.br/2020-jun-05/mestre-medeiros-recuperações-judiciais-pos-covid19>. Acesso em: 5.7.2020.

MORAIS FILHO, Evaristo de. *Sucessão nas obrigações e teoria da empresa.* Rio de Janeiro: Forense, 1960. v. 1.

REQUIÃO, Rubens. *Curso de direito comercial.* 26. ed. 2 tir. Atualizada por Rubens Edmundo Requião. São Paulo: Saraiva, 2006. v. 1.

SALOMÃO FILHO, Calixto. Função social do contrato: primeiras anotações. *Revista de Direito Mercantil,* São Paulo: Malheiros, v. 132, out./dez. 2003.

SÜSSEKIND, Arnaldo. *Direito constitucional do trabalho.* Rio de Janeiro: Renovar, 1999.

THEODORO JÚNIOR, Humberto. *O contrato e sua função social.* 4. ed. rev. atual. e ampl. Rio de Janeiro: Forense, 2014.

<www.gob.br/economia/pt-br>. Acesso em: 5.7.2020

<www.gob.br/economia/pt-br>. Acesso em: 5.7.2020

<www.gov.br/economia/pt-br/assuntos/noticias/2020/junho/maio-registra-saldonegativo-de-331.901 -postos de trabalho>. Acesso em: 5.7.2020.

É Válida a Despedida Coletiva de Trabalhadores[1] na vigência da Medida Provisória n. 936, convertida na Lei n. 14.020/2020, que instituiu o Programa Emergencial de Manutenção do Emprego e da Renda, sem a prévia adoção das medidas trabalhistas emergenciais como a redução da jornada de trabalho e de salário, bem como a suspensão do contrato, custeadas com recursos da União?

Ariane Joice dos Santos[2]
Pedro Paulo Teixeira Manus[3]

1. Introdução

O tema proposto parte da investigação sobre a validade da despedida coletiva de trabalhadores na vigência da Medida Provisória n. 936,

(1) Matéria de dissertação de mestrado da Autora em Direito das Relações Sociais, subconcentração em Direito do Trabalho, defendida em 2010, sob o título "CRISE ECONÔMICA E DESPEDIDA COLETIVA: O DIREITO TRABALHISTA BRASILEIRO ESTÁ APTO A ENFRENTÁ-LAS?".

(2) Doutoranda, Mestre e Especialista em Direito do Trabalho pela PUC-SP. Autora dos livros *Direito Individual do Trabalho — com apontamentos da reforma trabalhista* (2018) e *Direito Coletivo do Trabalho — As Relações Coletivas de Trabalho Após o Advento da Lei da Reforma Trabalhista* (2019) pela LTr Editora. Advogada.

(3) Vice-Reitor, Diretor da Faculdade de Direito e Professor Titular de Direito do Trabalho da PUC-SP; Ministro aposentado do Tribunal Superior do Trabalho — TST.

posteriormente convertida na Lei n. 14.020/2020 que instituiu o Programa Emergencial de Manutenção do Emprego e da Renda na pandemia do novo coronavírus, bem como o Decreto n. 10.422, de 13 de julho de 2020 que a regulamentou, prorrogando os prazos para celebrar os acordos de redução proporcional de jornada e de salário e de suspensão temporária do contrato de trabalho.

Para tanto, se faz necessário o estudo histórico da garantia de emprego, bem como a análise da despedida coletiva, além das normas internacionais e internas sobre a matéria.

Serão analisadas, a par dessas premissas, a Lei da Reforma Trabalhista n. 13.467/2017, as medidas emergenciais de 2020 editadas no estado de calamidade pública em razão da Covid-19 e a jurisprudência acerca do objeto posto.

2. *Síntese histórica da garantia no emprego*

Uma das primeiras rupturas do contrato de trabalho ocorreu no contrato de natureza civil por meio da locação da mão de obra, mediante plena liberdade de contratação e rescisão, sendo essa ideia posteriormente transportada para os contratos de trabalho, nos quais a liberdade contratual continuou a existir na ótica de simetria na relação entre as partes, em virtude da possibilidade de rescisão por qualquer um dos sujeitos. Na visão clássica do Direito do Trabalho, era suficiente a simples comunicação prévia do distrato, sendo essa liberdade traduzida na possibilidade de as partes rescindirem sob qualquer fundamento, sem a imposição de qualquer ônus.(4)

Tal concepção cedeu espaço para a ordem imperativa de proteção ao empregado, sob o prisma de que a liberdade de contratação na relação laboral era apenas formal, em razão da subordinação do empregado aos interesses patronais. Houve a necessidade, portanto, de uma legislação de proteção contra a despedida, visando a garantir alguns direitos à parte hipossuficiente quando da ruptura do contrato de trabalho por iniciativa do empregador. Da liberdade contratual plena de rescisão passou-se

(4) Quanto à terminologia da ruptura do contrato de trabalho, muito embora "rescisão" seja a expressão utilizada pela CLT, adotaremos também, no decorrer do estudo, as denominações empregadas pela doutrina, quais sejam, "dissolução, terminação ou extinção" como gênero. (MANRICH, Nelson. *Dispensa coletiva. Da liberdade contratual à responsabilidade social.* São Paulo: LTr, 2000. p. 250).

à liberdade relativa do empregador em despedir o empregado a partir da criação de mecanismos como o aviso-prévio, a indenização e o seguro-desemprego, para regular a forma de rescisão e amenizar os impactos desse ato.

Exigiu-se, então, do empregador justificativa para o despedimento, com adoção de determinados procedimentos e fundamento em causa comportamental do empregado ou econômica, tecnológica e estrutural da empresa. Nesse passo[(5)]:

> Surge um verdadeiro direito de despedida, consistente num conjunto de regras imperativas, impondo condições e formas a serem observadas pelo empregador por ocasião da ruptura dos contratos de prazo indeterminado, especialmente quando o motivo estiver desvinculado da pessoa do trabalhador.

No Brasil, a garantia no emprego foi tratada inicialmente pela lei Eloy Chaves, que previu a estabilidade dos ferroviários aos dez anos de tempo de serviço, sendo posteriormente disciplinada a estabilidade geral aos dez anos no emprego, por meio dos arts. 492 e seguintes da CLT. A norma, portanto, que permitia apenas a justa causa como hipótese de despedida, desde que apurada por meio de inquérito judicial, foi relativizada pela Lei n. 5.107, de 13 de setembro de 1966, que criou o Fundo de Garantia do Tempo de Serviço (FGTS). A nova sistemática aboliu a estabilidade ao emprego dos próprios estáveis mediante renúncia destes quando da opção pelo novo regime.

Esta estabilidade, que até então atingia o objetivo de manter o trabalhador no emprego, como forma de garantia, foi abolida com a Constituição Federal de 1988, prevalecendo apenas para aqueles que adquiriram dez anos de serviço até aquele ano, não optantes pelo regime do FGTS. Assim é que, com o advento da Constituição Federal de 1988 e a extensão do Fundo de Garantia a todos os trabalhadores, a dispensa passou a ser permitida mediante indenização, constituindo uma "ruptura do contrato de trabalho por ato unilateral e imediato do empregador, independentemente da vontade do empregado", ou seja, decorrente do exercício do direito do empregador em dispensar o empregado unilateralmente.[(6)] A plena

(5) MANRICH, Nelson. *Dispensa coletiva. Da liberdade contratual à responsabilidade social.* São Paulo: LTr, 2000. p. 246.

(6) NASCIMENTO, Amauri Mascaro. *Curso de direito do trabalho.* 22. ed. São Paulo: Saraiva, 2007. p. 778.

impossibilidade de dispensa do empregado no Brasil, portanto, só prevaleceu para aqueles que adquiriram a estabilidade decenal na iniciativa privada (praticamente inexistente atualmente) e para os funcionários públicos (art. 37 da Constituição Federal).

A Organização Internacional do Trabalho (OIT) por meio das Recomendações ns. 119, de 1963 e 166, de 1982, bem como da Convenção n. 158, de 1982, confere ao trabalhador uma garantia no emprego, em contraposição ao cenário nacional. Alguns países da Europa, em matéria de emprego, manifestaram grande preocupação pela tendência à estabilidade no início do século XX, o que culminou em normas de proteção do empregado contra o poder de despedida imotivada do empregador, conforme será adiante demonstrado.

3. *OIT e diretivas da União Europeia sobre despedida coletiva*

Nos países europeus há diretrizes a serem observadas na despedida individual e nos procedimentos da dispensa coletiva.

A Convenção n. 158 da OIT[7] determina que o empregador informe oportunamente aos representantes dos trabalhadores o motivo da dispensa coletiva, bem como o número e a categoria dos trabalhadores afetados. Eles podem consultar medidas a serem adotadas para evitar ou

(7) Em 5 de janeiro de 1995, a citada Convenção foi ratificada pelo Presidente da República perante a Organização Internacional do Trabalho, passando a vigorar 12 meses após ter sido depositada, ou seja, a partir de 6 de janeiro de 1996. A promulgação, no entanto, ocorreu somente em 10 de abril de 1996, por meio do Decreto n. 1.855, pois havia necessidade de ser sanado o vício da publicidade. Em 20 de dezembro do corrente ano, o Decreto n. 2.100 tornou pública a denúncia, pelo Brasil, por meio de um ato presidencial, da Convenção da OIT n. 158 relativa ao término da relação de trabalho por iniciativa do empregador, deixando de vigorar para o País a partir de 20 de novembro de 1997, 12 meses após a data do registro. A Confederação Nacional dos Trabalhadores da Agricultura (Contag) ajuizou Ação Direta de Inconstitucionalidade n. 1.625, impugnando a retirada da vigência da Convenção n. 158 em nosso país, sob o entendimento principal de que só o Congresso Nacional, que aprovou a Convenção n. 158 da OIT, poderia autorizar a denúncia, em conformidade ao art. 49, I, da Constituição Federal. Até a conclusão do presente trabalho, a Ação Direta de Inconstitucionalidade (Adin) encontra-se aguardando julgamento do mérito, porém já foram proferidos votos de alguns dos Ministros do Supremo Tribunal Federal (STF) no sentido de ser inconstitucional o Decreto n. 2.100/96 firmado pelo governo Fernando Henrique Cardoso, determinando que a denúncia da Convenção n. 158 da OIT condiciona-se ao referendo do Congresso Nacional, a partir do que produz a sua eficácia.

limitar os términos das relações de trabalho, ou ainda, buscar novos postos de trabalho para os futuros desligados. Segundo razões da Convenção n. 158 da OIT, há uma "restrição do âmbito conferido a esse direito potestativo *prima facie* reconhecido", sobretudo porque o empregador possuiu o direito de despedir, porém deve exercê-lo mediante determinadas circunstâncias como "motivação, critérios, modos de exercício e efeitos".(8)

As Recomendações ns. 119 e 166 da Organização Internacional do Trabalho, dispõem sobre a prevenção ou limitação da demissão dos empregados, além da assistência aos mesmos, da consulta aos representantes dos trabalhadores, da notificação às autoridades competentes, das alternativas para prevenir ou limitar as dispensas, bem como da submissão sobre a dispensa aos representantes dos trabalhadores que têm o poder de combatê-la e promover a conciliação previamente ou após o recurso.

Nas Diretivas ns. 75/129, 92/56 e 98/59, da Comunidade Europeia, também há previsão da distinção entre a dispensa individual e a coletiva, bem como da necessidade de motivo legítimo para efetivação das dispensas e de notificação prévia e por escrito ao empregado e aos representantes legais dos trabalhadores, havendo possibilidade de recurso perante um órgão neutro e readmissão do empregado em caso de improcedência da dispensa.

A Diretiva n. 75/129 foi elaborada com base no art. 100 do Tratado de Roma, ante a *diversidade de leis e ausência de procedimento comum* entre os países da Comunidade Europeia. Essa Diretiva conceituou dispensa coletiva e disciplinou o tema prevendo determinados procedimentos como a consulta aos representantes dos trabalhadores e intervenção administrativa.(9)

A Diretiva n. 92/56 alterou significativamente o assunto, ao passo que ampliou o conceito de dispensa coletiva para esclarecer que o motivo não estaria ligado ao trabalhador bem como para informar que o alcance deveria ocorrer pelo menos em cinco empregados; determinou deveres ao controlador da empresa ou grupo econômico pela dispensa; e incluiu

(8) WANDELLI, Leonardo Vieira. *Despedida abusiva*. São Paulo: LTr, 2004. p. 338-340.

(9) MANRICH, Nelson. *Dispensa coletiva. Da liberdade contratual à responsabilidade social.* São Paulo: LTr, 2000. p. 220.

dispensas oriundas de sentenças judiciais quando cessada a atividade empresarial.[10]

Os fundamentos da Diretiva n. 75/129 foram mantidos com o advento da Diretiva n. 92/56, quais sejam, a obrigatoriedade de a empresa informar tanto a esfera administrativa como o representante dos trabalhadores sobre a dispensa.[11]

A despedida coletiva é definida pela Diretiva n. 75/129/CEE de 17 de fevereiro de 1975 como *aquela efetuada por um empresário, por um ou vários motivos, não inerentes à pessoa do trabalhador, quando o número de dispensas no período de trinta dias corresponda a:*[12]

> a) Dez empregados, cujo centro de trabalho empregue, habitualmente, entre vinte e cem trabalhadores;
>
> b) Dez por cento do número de empregados, nos centros de trabalho que empreguem habitualmente entre cem e trezentos trabalhadores;
>
> c) Trinta empregados nos centros de trabalho que empreguem habitualmente o mínimo de trezentos trabalhadores;
>
> d) Ou vinte empregados, seja qual for o número de trabalhadores habitualmente empregados nos centros de trabalho afetados, desde que a dispensa se verifique dentro de um período de noventa dias.

Nelson Mannrich indica quatro elementos que caracterizam a dispensa coletiva nos termos da Diretiva Europeia.[13]

O primeiro é o elemento subjetivo que diz respeito à iniciativa do empresário, em virtude de a resolução do contrato de trabalho decorrer de ato unilateral deste, sem exclusão, porém, de sua responsabilidade em notificar a autoridade administrativa e o representante dos trabalhadores.

O segundo se refere à causalidade, na medida em que o motivo da dispensa se distancia do comportamento do trabalhador. A motivação deve ser objetiva, com base no fator econômico ou estrutural da empresa.

---

(10) MANRICH, Nelson. *Dispensa coletiva. Da liberdade contratual à responsabilidade social.* São Paulo: LTr, 2000. p. 221.

(11) MANNRICH, Nelson. *Dispensa coletiva. Da liberdade contratual à responsabilidade social.* São Paulo: LTr, 2000. p. 222.

(12) Art. 1.1 da Diretiva 75/129/CEE.

(13) MANNRICH, Nelson. *Dispensa coletiva. Da liberdade contratual à responsabilidade social.* São Paulo: LTr, 2000. p. 224-226.

Quanto ao terceiro elemento, o numérico, significa dizer que a dispensa deve atingir determinado número de empregados de acordo com o tamanho do empreendimento. Conforme art. 1.1 da Diretiva n. 75/129, a dispensa coletiva, para assim ser entendida, deve atingir dez empregados nas empresas com 20 a 100 trabalhadores; 10% dos empregados nas empresas que possuem entre 100 e 300; e 30 empregados naquelas com mais de 300 trabalhadores. Segundo Nelson Mannrich, quanto ao fato de a Diretiva n. 92/56 ter disciplinado que o alcance da dispensa deveria ocorrer pelo menos em cinco empregados, entender-se-á também pela dispensa coletiva, portanto, sem a necessidade de observância dos procedimentos relativos aos demais desligamentos coletivos.

Por fim, o quarto elemento, o temporal, determina a duração da dispensa indicada pelo Estado-membro, que ocorre num período de 30 dias, conforme proporções acima ventiladas ou quando em 90 dias forem dispensados, no mínimo, 20 empregados, independentemente da quantidade de trabalhadores fixos na empresa.

O citado doutrinador, ao analisar as Diretivas ns. 75/129 e 92/56, ressalta os seguintes critérios relativos à dispensa:[14]

> Distinção entre dispensa individual e coletiva;
>
> Exigência de motivo legítimo para efetivação das dispensas individuais;
>
> Necessidade de notificação prévia e por escrito, nas dispensas individuais;
>
> Comunicação prévia aos representantes legais dos trabalhadores;
>
> Oportunidade de o empregado recorrer perante um órgão neutro;
>
> Declaração de procedência ou improcedência da dispensa pelo órgão neutro;
>
> Readmissão do empregado em casos de improcedência da dispensa;
>
> Prazo de dois anos durante os quais o empregado poderá recorrer da medida, na hipótese de o empregador efetuar novas contratações;
>
> Proteção dos trabalhadores exercentes de cargo representativo.

---

(14) MANNRICH, Nelson. *Dispensa coletiva. Da liberdade contratual à responsabilidade social.* São Paulo: LTr, 2000. p. 227-228.

A Diretiva n. 98/59 do Conselho da União Europeia sobreveio sem alterar o mérito das Diretivas anteriores, contudo, sua edição ocorreu, conforme seu item 2, para *reforçar a proteção dos trabalhadores em caso de despedimento coletivo, tendo em conta a necessidade de um desenvolvimento econômico e social equilibrado na Comunidade.*

As Diretivas mencionadas que tratam do tema estão em consonância com o texto da Convenção n. 158 da OIT, ao passo que estabelecem *procedimento prévio de consulta às representações de trabalhadores*, visando a um entendimento entre os sujeitos, a fim de amenizar os impactos sociais e econômicos.(15)

Em matéria internacional, alguns países consagram tratamento diferenciado para a despedida individual, em que existe um controle *a priori* e *a posteriori*; e para a despedida coletiva, em que há procedimentos a serem observados conforme diretrizes mencionadas, sem prejuízo das regulamentações específicas de cada país sobre a matéria.(16)

A perspectiva clássica direciona o tema *proteção contra a despedida individual sem justa causa* ao momento da ruptura contratual. Diversos países da Europa limitaram as possibilidades de dispensa do empregado por iniciativa do empregador como forma de direito ao trabalho, ficando a despedida na dependência do preenchimento de uma série de exigências.

4. *Despedida coletiva e Reforma Trabalhista no Brasil (Lei n. 13.467/2017)*

Não há dúvidas de que, no Brasil, com o advento da Constituição Federal de 1988, o legislador constituinte "deu tratamento bastante diverso à questão da garantia de emprego em relação ao que oferecia, até então, o texto consolidado". E ainda(17):

> A diversidade de tratamento a que nos referimos é patente ao constatarmos que o empregador passa a ter limites ao seu poder de despedir, o que não ocorria antes, salvo com os empregados detentores de estabilidade no emprego.

---

(15) NASCIMENTO, Amauri Mascaro. *Crise econômica, despedimentos e alternativas para a manutenção dos empregos. Revista LTr,* v. 73, n. 01, p. 1-9, jan. 2009.

(16) O Código do Trabalho de Portugal de 2009 regulamenta a despedida coletiva nos arts. 359º e ss.

(17) MANUS, Pedro Paulo Teixeira. *Direito do trabalho.* 11. ed. São Paulo: Atlas, 2007. p. 277.

O art. 7º, I, da Carta Magna, estabelece que a relação de emprego é *protegida contra despedida arbitrária ou sem justa causa, nos termos de lei complementar, que preverá indenização compensatória, dentre outros direitos.*

A despedida individual e coletiva não foi traçada de forma diferenciada pelo referido artigo, ao passo que o mandamento constitucional protege a relação de emprego contra a despedida arbitrária ou sem justa causa, sem fazer distinção entre a dispensa de forma individual ou em massa.

O despedimento coletivo, contudo, se difere do individual, por possuir duas causas relevantes, quais sejam: abrangência de pluralidade de trabalhadores da empresa e ruptura dos contratos por razão única, de modo que o fundamento para a despedida coletiva se paute na organização da empresa, ou seja, exterior ao comportamento subjetivo dos trabalhadores.[(18)]

A primeira causa se refere à soma das dispensas individuais, mas qual a proporção adequada para o elemento numérico do conceito? Há o entendimento de que a despedida coletiva prescinde de porcentagem ou quantidade determinada, devendo ocorrer em número superior ao que a empresa costumeiramente demite num determinado lapso temporal.[(19)]

O segundo elemento fundamental para a configuração da dispensa coletiva se refere à ordem econômica e à reestruturação da empresa. Daí extrair-se o sentido de que a dispensa coletiva não é proibida nem tampouco considerada — num primeiro momento — ilícita.

A Lei n. 13.467/2017, denominada Lei da Reforma Trabalhista, inseriu o art. 477-A na CLT para dispor que "as dispensas imotivadas individuais, plúrimas ou coletivas equiparam-se para todos os fins, não havendo

---

(18) FERNANDES, António Lemos Monteiro. *Direito do trabalho.* 11. ed. Coimbra: Almedina, 1999. p. 575.

(19) No mesmo sentido: entendimento da Seção Especializada do TRT da 2ª Região (São Paulo): "Demissão em massa é aquela cujo número de trabalhadores dispensados extrapola o parâmetro habitual de rotatividade da mão de obra da empresa". Definição extraída dos julgados citados no artigo de Marcelo José Ladeira Mauad. As Dispensas Coletivas em Face da Convenção OIT n. 158. *Revista LTr,* v. 60, n. 6, jun. 1996. Processo TRT /SP n. 712/95-A, Ac. 675/95-A, processo 184/92 e processo 444/92-A, Ac. 921/92-P. Referido autor, na citada obra, conclui: "Neste sentido, se uma empresa possuía uma rotatividade normal da sua mão de obra, que resultava, p. ex., de cinco dispensas em média por mês, e se a mesma empresa, em determinada época, promove a demissão de 20 trabalhadores, configura-se, pois, demissão em massa, o que, como se viu, é vedado pelo ordenamento juslaboralista brasileiro".

necessidade de autorização prévia de entidade sindical ou de celebração de convenção coletiva ou acordo coletivo de trabalho para sua efetivação".

Muitas críticas giram em torno do referido preceito, uma vez que a legislação poderia ter delimitado o conceito das formas de desligamento dos empregados, diferenciando o tratamento jurídico da despedida individual e coletiva mediante procedimentos a serem observados pelo empregador, mas assim não o fez, apenas equiparando as dispensas imotivadas individuais, das plúrimas ou coletivas, sem sequer conceituar cada uma delas.

A regulamentação da despedida coletiva no ordenamento jurídico pátrio não supriu a ausência de norma sobre a necessidade de tramitação prévia para se conferir validade à despedida coletiva e quais são as respectivas indenizações devidas em caso de inobservância desse procedimento.

Mais do que isso, vozes se levantaram pela inconstitucionalidade do art. 477-A da CLT, a despeito da tese dos magistrados do trabalho na 2ª Jornada de Direito Material e Processual do Trabalho da Associação Nacional dos Magistrados da Justiça do Trabalho — ANAMATRA, de outubro de 2017, a saber:

> O art. 477-A da CLT padece de inconstitucionalidade, além de inconvencionalidade, pois viola os arts. 1º, III, IV, 6º, 7º, I, XXVI, 8º, III, VI, 170, *caput*, III e VIII, 193, da Constituição Federal, como também o art. 4º da Convenção n. 98, o art. 5º da Convenção n. 154 e o art. 13 da Convenção n. 158, todas da OIT. Viola, ainda, a vedação de proteção insuficiente e de retrocesso social. As questões relativas à dispensa coletiva deverão observar: a) o direito de informação, transparência e participação da entidade sindical; b) o dever geral de boa-fé objetiva; e c) o dever de busca de meios alternativos às demissões em massa.

Caso paradigmático jurisprudencial da despedida coletiva no Brasil, foi a decisão da Sessão de Dissídios Coletivos do TRT da 15ª Região, consubstanciada nos autos do processo 00309-2009-000-15-00-4, que declarou nula a dispensa em massa dos 4.200 trabalhadores de uma empresa de aviação, sob a fundamentação de que, na ausência de legislação específica sobre o procedimento prévio, é imprescindível a negociação coletiva entre a empresa e o sindicato profissional, sob pena de abuso de direito por inobservância da boa-fé objetiva.

A decisão se pautou na violação dos deveres anexos do contrato de trabalho como o direito à informação e a ausência de negociação prévia, declarando as dispensas abusivas por falta de boa-fé objetiva.

Em sede de Recurso Ordinário, os Ministros da Seção Especializada em Dissídios Coletivos do Tribunal Superior do Trabalho deram provimento ao recurso da empresa para afastar a declaração de abusividade das dispensas, fixando a premissa de que a negociação coletiva é imprescindível para a dispensa em massa de trabalhadores.

Assim, o Tribunal Superior do Trabalho estabeleceu que toda dispensa coletiva deve ser precedida de negociação coletiva, tendo em vista que, para proteger a relação de emprego contra a despedida arbitrária, necessário se faz definir critérios para a proteção de um direito social. Nesse viés, proteger direitos trabalhistas significa criar condições para que os mesmos sejam efetivados e, na inobservância desse preceito, ter-se-á abuso do exercício regular de um direito.[20]

Esses, dentre outros, têm sido os fundamentos das decisões que julgam pelas nulidades das demissões em massa no país, mesmo após a Lei da Reforma Trabalhista, a partir da interpretação harmônica dos subsistemas existentes para se estabelecerem mecanismos que devem anteceder o ato patronal e as reparações decorrentes da ilicitude no procedimento do despedimento coletivo. Isso porque, a letra da lei não pode transmutar a natureza das coisas, especialmente ao dizer que as dispensas imotivadas individuais, plúrimas ou coletivas são iguais, quando, de fato, não o são.

Por fim, vale dizer que para muitos o art. 477-A da CLT em nada mudou o entendimento aplicável à hipótese, uma vez que nunca foi necessária a autorização sindical para a dispensa coletiva, mas a negociação coletiva para viabilizar uma possível mitigação dos efeitos deletérios da despedida em massa.

5. *Medida Provisória n. 936/2020 convertida na Lei n. 14.020/2020, regulamentada pelo Decreto n. 10.422/2020*

Em 2020, em razão da pandemia do novo coronavírus, foram editadas várias Medidas Provisórias, das quais destaca-se, em matéria trabalhista, a de n. 927, de 22 de março que dispõe sobre as medidas trabalhistas para enfrentamento do estado de calamidade pública reconhecido

(20) Há entendimento no sentido de que o TST, ao criar a premissa da necessidade de negociação coletiva para a dispensa em massa de trabalhadores, substituiu o papel do Poder Legislativo, responsável em regulamentar o art. 7º, I, da CF, constituindo o poder normativo da Justiça do Trabalho equívoca substituição à lei complementar exigida pelo mencionado dispositivo.

pelo Decreto Legislativo n. 6, de 20 de março de 2020 e da emergência de saúde pública de importância internacional decorrente do coronavírus, bem como a de n.936, convertida na Lei n. 14.020/2020, que institui o Programa Emergencial de Manutenção do Emprego e da Renda e dispõe sobre medidas trabalhistas complementares para enfrentamento do estado de calamidade pública de que trata a Lei n. 13.979, de 6 de fevereiro de 2020, regulamentada pelo Decreto n. 10.422, de 13 de julho de 2020 que prorrogou os prazos para celebrar os acordos de redução proporcional de jornada e de salário e de suspensão temporária do contrato de trabalho.

Relativamente à MP n. 927, foram colocadas em mesa alternativas para enfrentamento da crise a partir da celebração de acordo individual escrito, a fim de garantir a permanência do vínculo empregatício, sendo as principais a adoção do regime de teletrabalho, a antecipação das férias individuais e coletivas, o aproveitamento e antecipação de feriados, o banco de horas, a suspensão de exigências administrativas em segurança e saúde no trabalho e o diferimento no recolhimento do FGTS. Referida medida, contudo, teve vigência no período de 22/03/2020 à 19/07/2020, dada a sua não aprovação pelo Congresso Nacional, não se tornando, contudo, legislação possível de ser aplicada nos termos proferidos pela referida Medida, após referido prazo.

A MP n. 936, convertida na Lei n. 14.020/2020, por sua vez, teve como objetivos preservar o emprego e a renda, garantir a continuidade das atividades laborais e empresariais e reduzir o impacto social decorrente das consequências do estado de calamidade pública, instituindo o pagamento de Benefício Emergencial de Preservação do Emprego e da Renda com recursos da União, nas hipóteses de redução proporcional de jornada de trabalho e de salários, bem como de suspensão temporária do contrato de trabalho, tudo mediante acordo individual de trabalho (arts. 2º, 3º e 5º da MP n. 936), cuja questão foi referendada pelo STF, no julgamento da ADI n. 6.363.

Na referida norma, ficou estabelecido que, ao empregado que receber o benefício, fica reconhecida a garantia provisória no emprego durante e após o restabelecimento ou encerramento das respectivas condições, por período equivalente ao acordado para a redução de jornada e salários ou a suspensão do contrato de trabalho (art. 10 da MP n. 936), mantido na Lei n. 14.020/2020.[21]

---

(21) Esse foi, inclusive, o espírito da Lei n. 13.467/2017 ao estabelecer no § 3º do art. 611-A, CLT que "Se for pactuada cláusula que reduza o salário ou a jornada, a convenção

O Decreto n. 10.422, de 13 de julho de 2020 que regulamentou a Lei n. 14.020/2020, prorrogou os prazos para celebrar os acordos de redução proporcional de jornada e de salário e de suspensão temporária do contrato de trabalho, bem como do pagamento dos benefícios emergenciais, dada a extensão a pandemia e a necessidade de se manter os postos de trabalho.

O art. 2º do referido Decreto, prorrogou o prazo máximo para celebrar acordo de redução proporcional da jornada de trabalho e de salário de que trata o *caput* do art. 7º da Lei n. 14.020/2020, por mais 30 (trinta dias), de modo a completar o total de 120 (cento e vinte dias), enquanto que o art. 3º prorrogou o prazo máximo para celebrar acordo de suspensão temporária do contrato de trabalho de que trata o *caput* do art. 8º da mencionada Lei por mais 60 (sessenta dias), de modo a completar e igualar o mesmo prazo da redução da jornada e salário no total de 120 (cento e vinte dias).

O empregado com contrato de trabalho intermitente, nos termos do disposto no § 3º do art. 443 da Consolidação das Leis do Trabalho, também foi homenageado pelas referidas normas, pois desde que formalizado até a data de publicação da Medida Provisória n. 936, de 1º de abril de 2020, fará jus ao benefício emergencial e respectiva prorrogação (art. 18 da Lei n. 14.020/2020 e art. 6º do Decreto n. 10.422/2020).

Como visto, o Brasil adotou medidas trabalhistas para tentar amenizar o impacto econômico e social da crise de saúde humanitária, visando evitar despedidas coletivas de trabalho e o colapso no mercado de trabalho. Daí a necessidade de intervenção do Poder Público para garantir uma renda mínima aos trabalhadores para preservação do vínculo de emprego, evitando o aumento, ainda maior, do número de desempregados em nosso país.

Dados do IBGE apontam para o fato de que, na última semana de maio de 2020, "28,6 milhões de pessoas queriam um emprego, mas enfrentaram dificuldades para se inserir no mercado de trabalho, seja por falta de vagas ou receio de contrair o novo coronavírus".[(22)]

---

coletiva ou o acordo coletivo de trabalho deverão prever a proteção dos empregados contra dispensa imotivada durante o prazo de vigência do instrumento coletivo".

(22) Disponível em: <https://agenciadenoticias.ibge.gov.bragencia-noticias/2012- agencia-de-noticias/noticias/27972-pandemia-dificulta-acesso-de-28-6-milhoes-de-pessoas -ao-mercado-de-trabalho-na-ultima-semana-de-maio>. Acesso em: 2.7.2020 às 16:25hs.

A Secretaria Especial de Previdência e Trabalho do Ministério da Economia divulgou no dia 29.6.2020 que "o programa de redução temporária de salários e de suspensão de contratos de trabalho durante a pandemia do novo coronavírus, ajudou a preservar 11.698.243 empregos" até o dia 26.6.2020, ou seja, quase 12 milhões de postos de trabalho no Brasil.(23)

Mediante essa premissa é que se indaga a validade das dispensas em massa sem que as empresas tenham aderido ao programa oferecido pelo Governo Federal para preservação dos empregos.

Não se pode negar que, a pandemia do novo coronavírus, gerou retração econômica não vivenciada desde a 2ª guerra mundial, motivo pelo qual inegável seu *status* jurídico de força maior. A CLT trata da questão a partir do art. 501, conceituando força maior como "todo acontecimento inevitável, em relação à vontade do empregador, e para a realização do qual este não concorreu, direta ou indiretamente".

Nesse viés, todas as normas editadas no período de calamidade pública têm um fim específico e devem ser aplicadas no momento atual e oportuno. A elas cabe a expressão tão bem empregada "Direito Emergencial", dada a situação atípica e provisória enfrentada para se equilibrar as relações de trabalho. Neste sentido foi, inclusive o julgamento da citada ADI n. 6.363 da MP n. 936, em que o Supremo Tribunal Federal, validou a redução da jornada de trabalho e salário mediante acordo individual, em exceção à regra da obrigatoriedade da participação do sindicato na negociação coletiva para tal finalidade, trazendo segurança jurídica para as relações empregatícias e evitando milhares de dispensas em massa.

A norma trabalhista colocada, portanto, no momento de calamidade pública em razão da Covid-19 para preservação do emprego e da renda, bem como frise-se, da própria atividade econômica, deve ser tida como premissa para se evitarem as despedidas coletivas, garantindo a subsistência do empregado diante da impossibilidade de procurar novo emprego no período de isolamento social. Nesse sentido foram várias decisões em todo o país nas ações propostas para reintegração de número expressivo de empregados desligados na ocasião da pandemia do novo coronavírus, bem como inúmeros acordos realizados pelo Poder Judiciário

(23) Disponível em: <https://agenciabrasil.ebc.com.br/economia/noticia/2020-06/programa-de-reducao-de-salario-preserva-117-milhoes-de-empregos>. Acesso em: 2.7.2020 às 16:36hs.

Trabalhista.[24] Esse entendimento tem como perspectiva a solidariedade e a cooperação dos envolvidos, mormente com o intuito de se preservar o direito de cidadania.

Some-se a tudo isso o fato de que a medida garante que o Governo Federal arque com uma renda mínima ao trabalhador, mediante critérios de cálculos com base no valor do seguro- desemprego a que o empregado teria direito, por meio da suspensão do contrato de trabalho, que pode ser realizada, por exemplo, em caso de paralisação provisória de atividade empresarial por ato de autoridade pública (art. 486, CLT).

Contudo, tal entendimento começa a encontrar variação na medida em que as despedidas coletivas decorrerem da extinção da empresa ou do estabelecimento, em virtude de força maior, uma vez que, não havendo manutenção da atividade econômica, não há se falar, por consequência, em manutenção do vínculo de emprego. O art. 502 da CLT prevê que, ocorrendo motivo de força maior que determine a extinção da empresa ou de um dos estabelecimentos em que trabalhe o empregado, é assegurada a este metade das verbas rescisórias devidas na rescisão sem justa causa. Caso comprovada, contudo, a falsa alegação do motivo de força maior, deverá haver complemento da indenização e o pagamento da remuneração atrasada (art. 504, CLT).

O mesmo se poderá dizer dos setores empresariais que não conseguirem se restabelecer no período de pandemia, tais como comércio, varejo, alimentação, bares, restaurantes, academias, turismo, aviação civil, teatros, casa de shows e espetáculos, dada a impossibilidade de manter quadro expressivo de empregados sem a prestação dos serviços, em virtude da paralisação temporária das atividades.

Sob esta análise, em caso de dispensa coletiva fundada em ordem econômica, é esperado que o empregador negocie condições com o sindicato obreiro a fim de evitar ou amenizar o impacto das despedidas, em observância aos princípios do valor social do trabalho e da livre-iniciativa, fundamentos do Estado Democrático de Direito,[25] consoante disposto no art. 1º, IV, da Constituição Federal/88.

---

(24) A título de exemplo cita-se o processo n. 0000399-37.2020.5.12.0012 da Vara do Trabalho de Joaçaba/SC do Tribunal Regional do Trabalho da 12ª Região.

(25) Posição em sentido contrário é no sentido de que, muito embora possa parecer que os princípios do valor social do trabalho e da livre-iniciativa tenham cunho eminentemente de direito fundamental ante o caráter de igualdade e liberdade que ambos contêm, o primeiro se origina dos direitos humanos positivados ao passo que o segundo se refere à

Tal premissa tem como objetivo, ainda, a preservação dos princípios da dignidade da pessoa humana (art. 1º, III, CF/88), do pleno emprego (art. 170, VIII, CF/88) e da proteção da relação de emprego (art. 7º, I, CF/88), por meio da interpretação das cláusulas gerais e dos conceitos legais indeterminados da boa-fé objetiva (arts. 133, 187 e 422, CC) e da função social do contrato (arts. 1º, IV, 5º, XXIII e 170 da CF/88, e art. 421 do CC) bem como dos deveres anexos como o direito à informação (C. arts. 158 e 163 da OIT, art. 5º, XIV, CF/88) e o dever de negociar (art. 7º, VI, XIII, XIV e XXVI e art. 8º, III e VI CF/88).

A dispensa coletiva poderá ser evitada, por exemplo, se as partes estabelecerem previamente algumas medidas como a adoção de banco de horas, a própria diminuição dos salários mediante redução de jornada e o gozo de férias coletivas ou licença remunerada, ou ainda suspensão temporária do contrato de trabalho para o empregado usufruir da bolsa qualificação do Fundo de Amparo ao Trabalhador — FAT.

Em não sendo possível evitar a despedida coletiva, a negociação se mostra razoável para as partes definirem critérios objetivos como a adesão a eventual programa de Demissão Voluntária — PDV com alguns benefícios ou ainda para optarem pela despedida dos trabalhadores distribuída no tempo, de modo a minimizar os impactos sociais, iniciando-se por aqueles que detêm menos encargos financeiros. Esta é uma saída, inclusive, para dispensas coletivas após a adoção das medidas trabalhistas da MP n. 936, convertida na Lei n. 14.020/2020, regulamentada pelo Decreto n. 10.422/2020, sem sucesso na recuperação da atividade econômica empresarial, pós-pandemia.

6. Conclusão

A validade da despedida coletiva de trabalhadores na vigência da Medida Provisória n. 936, convertida na Lei n. 14.020/2020 e regulamentada pelo Decreto n. 10.422/2020, que instituiu o Programa Emergencial de Manutenção do Emprego e da Renda na pandemia do novo coronavírus e posteriormente o prorrogou, deve ser analisada com muito cuidado. Isso porque, na medida em que o Governo Federal instituiu normas trabalhistas para o enfrentamento do estado de calamidade pública em decorrência

---

ordem econômica, e não à pessoa humana, o que torna impossível atribuir-lhe o mesmo valor. Contudo, entendemos que não é por esse fato isolado que o princípio do valor social do trabalho, do pleno emprego e da proteção da relação de emprego irá sobrepor-se aos princípios de proteção e garantia do sistema capitalista já que os primeiros não são absolutos, o que torna indispensável, como em qualquer outro conflito de princípios, o sopesamento dos valores no caso concreto.

da Covid-19, denominadas "Direito Emergencial", as mesmas devem ser adotadas como premissas, sob pena de configuração de ilicitude do despedimento coletivo por abuso do exercício regular do direito.

Essa hipótese poderá ser afastada em caso de extinção da atividade empresarial por força maior, por decorrência lógica do fato de que não havendo manutenção da atividade econômica, não há se falar, por consequência, em manutenção do vínculo de emprego. O mesmo se entende dos setores empresariais que não conseguirem se restabelecer no período de pandemia dada a impossibilidade de manter quadro expressivo de empregados sem a prestação dos serviços, em virtude da paralisação temporária das atividades.

Contudo, em caso de dispensa coletiva fundada em ordem econômica, é esperado que o empregador negocie condições com o sindicato obreiro a fim de evitar ou amenizar o impacto das despedidas, em observância aos princípios do valor social do trabalho e da livre-iniciativa, fundamentos do Estado Democrático de Direito, visando à preservação da dignidade da pessoa humana e do pleno emprego, por meio da interpretação das cláusulas gerais e dos conceitos legais indeterminados da boa-fé objetiva e da função social do contrato, bem como dos deveres anexos como o direito à informação e o dever de negociar.

7. *Referências*

ABRANTES, José João. *Contrato trabalho e direitos fundamentais.* Coimbra: Coimbra, 2005.

ALEXY, Robert. *Teoria dos direitos fundamentais.* Frankfurt am Main: Suhrkamp Verlag, 1986. Tradução de Virgílio Afonso da Silva da 5. edição alemã. São Paulo: Malheiros, 2008.

AMADO, João Leal. *A cessação do contrato de trabalho:* uma perspectiva luso-brasileira. São Paulo: LTr, 2017.

BARROS, Alice Monteiro de. *Curso de direito do trabalho.* 9. ed. São Paulo: LTr, 2013.

BARROSO, Luís Roberto (org.). *A nova interpretação constitucional. Ponderação, direitos fundamentais e relações privadas.* 2. ed. Rio de Janeiro: Renovar, 2006.

BELTRAN, Ari Possidonio. *Dilemas do trabalho e do emprego na atualidade.* São Paulo: LTr, 2001.

BOBBIO, Norberto. *A era dos direitos.* Tradução Carlos Nelson Coutinho. Rio de Janeiro: Campos, 1992.

BONAVIDES, Paulo. *Curso de direito constitucional.* 22. ed. São Paulo: Malheiros, 2008.

BRITO FILHO, José Cláudio Monteiro de. *Direito sindical.* 2. ed. São Paulo: LTr, 2007.

CANOTILHO, José Joaquim Gomes. *Direito constitucional.* 6. ed. Coimbra: Almedina, 1993.

COSTA, Judith Martins. *A boa-fé no direito privado.* São Paulo: Revista do Tribunais, 1999.

DELGADO, Mauricio Godinho; DELGADO Gabriela Neves. *A reforma trabalhista no Brasil:* com os comentários à Lei n. 13.467/2017. São Paulo: LTr, 2017.

_____. *Curso de direito do trabalho.* 15. ed. São Paulo: LTr, 2016.

_____. Direitos fundamentais na relação de trabalho. *Revista LTr,* Legislação do Trabalho, São Paulo. v. 70, p. 657-667, 2006.

FERNANDES, António Lemos Monteiro. *Direito do trabalho.* 11. ed. Coimbra: Almedina, 1999.

GOMES, Orlando; GOTTSCHALK, Elson. *Curso de direito do trabalho.* Rio de Janeiro: Forense, 2008.

MANNRICH, Nelson. *Dispensa coletiva. Da liberdade contratual à responsabilidade social.* São Paulo: LTr, 2000.

MANUS, Pedro Paulo Teixeira. *Direito do trabalho.* 11. ed. São Paulo: Atlas, 2007.

MARANHÃO, Délio; CARVALHO, Luiz Inácio Barbosa. *Direito do trabalho.* 17. ed. rev. e atual. de acordo com a Constituição de 1988 e legislação posterior. Rio de Janeiro: Fundação Getúlio Vargas, 1993.

MARTINS COSTA, Judith; BRANCO, Gerson L. Carlos. *Diretrizes teóricas do novo Código Civil Brasileiro.* São Paulo: Saraiva, 2002.

MAUAD, Marcelo José Ladeira. As dispensas coletivas em face da Convenção OIT n. 158. *Revista LTr,* v. 60, n. 6, jun. 1996.

NASCIMENTO, Amauri Mascaro. *Iniciação ao direito do trabalho.* 38. ed. São Paulo: LTr, 2013.

_____. Crise econômica, despedimentos e alternativas para a manutenção dos empregos. *Revista LTr,* v. 73, n. 1, jan. 2009.

______. *Compêndio de direito sindical.* 5. ed. São Paulo: LTr, 2008.

______. *Curso de direito do trabalho.* 22. ed. São Paulo: Saraiva, 2007.

PEDUZZI, Maria Cristina Irigoyen. *O princípio da dignidade da pessoa humana na perspectiva do direito como integridade.* São Paulo: LTr, 2009.

RODRIGUEZ, Américo Plá. *Princípios de direito do trabalho.* 3. ed. atual. São Paulo: LTr, 2000.

ROMAR, Carla Teresa Martins. *Direito do trabalho.* 4. ed. Coordenador Pedro Lenza. São Paulo: Saraiva, 2017. (Coleção esquematizada).

RAMALHO, Maria do Rosário Palma. *Direito do trabalho:* parte I, dogmática geral. Coimbra: Almedina, 2005.

ROMITA, Arion Sayão. *Direitos fundamentais nas relações de trabalho.* 3. ed. São Paulo: LTr, 2009.

______. *Despedida arbitrária e discriminatória.* Rio de Janeiro: Forense, 2008.

SANTOS, Ariane Joice dos. *Direito individual do trabalho* — com apontamentos da reforma trabalhista (Lei n. 13.467/2017 e medida provisória 808/2017 (vigência encerrada). São Paulo: LTr, 2018.

______. *Direito coletivo do trabalho* — as relações coletivas de trabalho após o advento da Lei da Reforma Trabalhista (Lei n. 13.467/2017). São Paulo: LTr, 2019.

SARLET, Ingo Wolfgang. *A eficácia dos direitos fundamentais.* 7. ed. rev. atual. e ampl. Porto Alegre: Livraria do Advogado, 2007.

SILVA, José Afonso da. *Aplicabilidade das normas constitucionais.* São Paulo: Malheiros, 2007.

SILVA, Virgílio Afonso da. *Direitos fundamentais. Conteúdo essencial, restrições e eficácia.* São Paulo: Malheiros, 2009.

______. *A constitucionalização do direito. Os direitos fundamentais nas relações entre particulares.* 1. ed. 2. tir. São Paulo: Malheiros, 2008.

SILVA, Virgílio Afonso da (org.). *Interpretação constitucional.* 1. ed. 2. tir. São Paulo: Malheiros, 2007.

SÜSSEKIND, Arnaldo. *Curso de direito do trabalho.* 2. ed. Rio de Janeiro: Renovar, 2004.

WANDELLI, Leonardo Vieira. *Despedida abusiva.* São Paulo: LTr, 2004.

Covid-19 e os Sindicatos Brasileiros na UTI. Qual é a Solução mais Adequada?

Aldo Augusto Martinez Neto[1]
Fabíola Marques[2]

1. Introdução

Segundo autoridades sanitárias, as pessoas mais vulneráveis ao novo coronavírus ("Covid-19") são os idosos e os pacientes que possuem as chamadas doenças preexistentes que afetam os sistemas cardíaco, respiratório e imunológico, como, por exemplo, pressão alta, doenças cardíacas, doenças pulmonares, câncer e diabetes[3].

---

(1) Advogado. Bacharel em Direito pela Faculdade de Direito do São Bernardo do Campo (2004). Especialista em Direito Material e Processual do Trabalho pela Pontifícia Universidade Católica de São Paulo PUC-SP (2008). Mestre em Direito do Trabalho pela Pontifícia Universidade Católica de São Paulo PUC-SP (2012). Doutorando em Direito do Trabalho pela Pontifícia Universidade Católica de São Paulo PUC-SP (2019). Membro do Instituto dos Advogados de São Paulo IASP (2016) e participa da Comissão de Direito do Trabalho e Membro da Comissão Especial de Relacionamento da OAB/SP com o Tribunal Regional do Trabalho da 2ª Região. *E-mail:* aldo.martinez@santosneto.com.br

(2) Advogada. Mestre e Doutora em Direito pela Pontifícia Universidade Católica de São Paulo. Professora de Direito do Trabalho e Direito Processual do Trabalho da PUC-SP, nos cursos de graduação e pós-graduação. Ex-Presidente da Associação dos Advogados Trabalhista de São Paulo – AATSP. Ex-Presidente da Comissão Especial de Direito Material do Trabalho da OAB/SP. Ex-Presidente da Comissão da Mulher Advogada da OAB/SP nos mandatos de 2010/2012, 2013/2015 e 2016/2018. Membro efetivo da Comissão Especial da Diversidade Sexual e Combate à Homofobia e da Comissão da Mulher advogada, no triênio 2016/2018. Membro do grupo de pesquisa Direito, Gênero e Igualdade da Faculdade de Direito da PUC/SP. E-mail: fabiola@abudmarques.com.br

(3) Disponível em: <https://coronavirus.saude.gov.br/index.php/perguntas-e-respostas>. Acesso em: 26.6.2020, às 12h42min.

Ao tempo em que a pandemia de Covid-19 chegou ao Brasil, os nossos sindicatos já sofriam de graves doenças preexistentes, heranças do modelo corporativista de organização sindical.

É verdade que nos últimos anos foram ministrados remédios para tentar curar algumas das mazelas do modelo corporativista. Em 2004, reduziu-se o poder normativo da Justiça do Trabalho ao se condicionar o processamento dos dissídios coletivos de natureza econômica ao comum acordo entre as partes litigantes. Em 2017, houve a extinção da contribuição sindical obrigatória.

Remanesceram, porém, a unicidade sindical e a representação por categoria, que, somadas aos efeitos colaterais da extinção abrupta da contribuição sindical obrigatória, eclodiram a crise de autenticidade dos nossos sindicatos.

E, com a decisão liminar prolatada pelo Supremo Tribunal Federal na Ação Direta de Inconstitucionalidade ("ADI") n. 6.363, que reconheceu a validade da redução proporcional de jornada de trabalho e salário e a suspensão dos contratos de trabalho mediante acordo individual entre empregados e empregadores, o já doente sindicato foi levado às pressas para a Unidade de Terapia Intensiva ("UTI").

Contudo, diferentemente do coronavírus, para o qual os pesquisadores não conhecem tratamento eficaz, nós, operadores do Direito do Trabalho, sabemos o remédio que deve ser ministrado para retirar os sindicatos da UTI e do atual estágio de dependência de respiradores artificiais do Estado.

2. *Um panorama geral das relações sindicais antes da pandemia do Covid-19*

Inspirado no modelo fascista da *Carta del Lavoro*, as Constituições de 1937, 1946, 1967 e as demais leis esparsas brasileiras (notadamente os Decretos-Leis ns. 1.402, de 31 de dezembro de 1939, 2.377, de 8 de julho de 1940, 2.381, de 9 de julho de 1940 e a Consolidação das Leis do Trabalho, aprovada pelo Decreto-Lei n. 5.453, de 1º de maio de 1943) adotaram o modelo corporativista de organização sindical, pautado na "hipertrofia da administração estatal do Poder Executivo e emasculação dos Poderes Legislativo e Judiciário"[(4)].

(4) ALMEIDA, Renato Rua de. Visão histórica da liberdade sindical. *Revista LTr*, v. 70, n. 3, mar. 2006.

Teoricamente, só tivemos a pluralidade sindical na Constituição de 1934, pois, nos demais textos constitucionais imperou a unicidade sindical. Afirma-se que apenas teoricamente tivemos a pluralidade sindical pois, mesmo sob a égide da Constituição de 1934, o Brasil jamais vivenciou a efetiva pluralidade sindical face às restrições impostas pelo Decreto n. 24.694, de 12 de julho de 1934.

Acerca da pluralidade sindical prevista na Constituição de 1934, Amauri Mascaro Nascimento observa que "antecipando-se à Constituição, foi promulgado o Decreto n. 24.694, de 1934 (...) bastante detalhista e interferente (...) com o que, pela dimensão dessa regulamentação legal, não é possível situá-la entre os ordenamentos que favorecem a maior espontaneidade e a formação natural do modelo sindical"[(5)].

Como salienta Mauricio Godinho Delgado "a Constituição de 1988 iniciou, sem dúvida, a transição para a democracia do sistema sindical brasileiro, mas sem concluir o processo. Na verdade, construiu certo sincretismo de regras, com afastamento de alguns traços mais marcantes do autoritarismo do velho modelo, preservando, porém, outras características notáveis de sua antiga matriz"[(6)].

Embora tenha sido vedada a intervenção e a interferência do Estado na constituição e na organização dos sindicatos (inciso I, do art. 8º), o constituinte proibiu a criação de mais de uma organização sindical, em qualquer grau, representativa de categoria profissional ou econômica, na mesma base territorial (inciso II, art. 8º), adotando, assim, o princípio da unicidade sindical e a representação por categoria.

Assim, a liberdade sindical anunciada no *caput* do art. 8º da Constituição de 1988, não passou de uma falsa promessa de adesão ao princípio da liberdade sindical, previsto na Convenção n. 87 da Organização Internacional do Trabalho ("OIT").

Daí José Francisco Siqueira Neto, com razão, afirmar que "o que se deu com o processo constituinte brasileiro foi a restrição constitucional das formas de interferência do Poder Público na organização e atividade sindical e não a consolidação da liberdade sindical"[(7)].

---

(5) NASCIMENTO, Amauri Mascaro. *Compêndio de direito sindical*. 6. ed. São Paulo: LTr, 2009. p. 126.

(6) DELGADO, Mauricio Godinho. *Direito coletivo do trabalho*. 3. ed. São Paulo: LTr, 2008. p. 71.

(7) SIQUEIRA NETO, José Francisco. *Contrato coletivo de trabalho:* perspectiva de rompimento com a legalidade repressiva. São Paulo: LTr, 1991. p. 89.

Pelo princípio da unicidade sindical apenas um sindicato pode representar a categoria numa dada base territorial que, no caso do Brasil, não pode ser inferior ao território de um município. Em determinada base territorial o sindicato que primeiro houver alcançado o registro sindical deterá o monopólio e será o legítimo representante da categoria profissional ou econômica, sendo as demais entidades de trabalhadores consideradas como meras associações civis, ressalvadas, naturalmente, as hipóteses de desmembramento sindical.

Enquanto a unicidade sindical corresponde à proibição da existência de mais de um sindicato na mesma base de atuação, a pluralidade sindical significa que na mesma base territorial pode haver mais de um sindicato representando pessoas ou atividades que tenham um interesse coletivo comum[(8)].

O princípio da unicidade sindical limita a liberdade sindical "uma vez que obriga os agentes do processo a aderirem necessariamente a um determinado sindicato: o existente"[(9)].

O Comitê de Liberdade Sindical ("CLS"), da OIT, já reconheceu que o princípio da unicidade sindical viola a liberdade sindical, tal como se verifica do enunciado do verbete n. 277: "disposições de uma constituição nacional relativas à proibição de se criar mais de um sindicato por categoria profissional ou econômica, qualquer que seja o grau da organização, numa determinada base territorial, que não poderá ser inferior à área de um município, não estão em conformidade com os princípios da liberdade sindical".

O grande problema da unicidade sindical é que o "artificialismo da representação (...) inviabiliza uma ação sindical mais próxima das aspirações concretas e imediatas da classe trabalhadora, ao mesmo tempo que despolitiza a organização dos trabalhadores em função do exacerbado discursismo da ação" [(10)].

A unicidade não gera unidade sindical, aqui entendida como a "vontade política dos agentes do Direito Sindical de manter um mecanismo que assegure a confluência de esforços e forças, no sentido de superestimar

---

(8) NASCIMENTO, Amauri Mascaro. *Compêndio de direito sindical*. 6. ed. São Paulo: LTr, 2009. p. 216-219.

(9) SIQUEIRA NETO, José Francisco. *Contrato coletivo de trabalho*: perspectiva de rompimento com a legalidade repressiva. São Paulo: LTr, 1991. p. 87.

(10) SIQUEIRA NETO, José Francisco. *Contrato coletivo de trabalho:* perspectiva de rompimento com a legalidade repressiva. São Paulo: LTr, 1991. p. 91.

seu poder de influência e pressão sobre a contraparte". E, como acrescenta José Francisco Siqueira Neto, "a unidade sindical — em função da autenticidade representativa — não pode ser imposta por lei ou qualquer forma que aniquile o livre convencimento dos envolvidos; ela deve emanar o nível de consciência e articulação dos agentes do processo"[(11)].

No Brasil, a partir de 2004, com as sucessivas reformas ocorridas na legislação constitucional e infraconstitucional, bem como as decisões prolatadas pelos tribunais, foram relativizados outros pilares de sustentação do modelo sindical corporativista, quais sejam: o poder normativo da Justiça do Trabalho e a contribuição sindical obrigatória.

O poder normativo corresponde à prerrogativa conferida à Justiça do Trabalho para, em dissídios coletivos de natureza econômica, fixar novos direitos e obrigações que regerão os contratos individuais de trabalho no âmbito da categoria ou de uma determinada empresa. Tratava-se, portanto, de um mecanismo de intervenção do Estado — por meio do Poder Judiciário — para suplantar a debilidade dos sindicatos nas negociações coletivas, conferindo-se à Justiça do Trabalho, por meio de sentença normativa, poder legiferante indireto.

A Emenda Constitucional n. 45, de 30 de dezembro de 2004, alterou a redação do art. 114 da Constituição de 1988, para, dentre outros aspectos, em caso de impasse nas negociações entre sindicatos ou sindicato e empresas, condicionar o ajuizamento do dissídio coletivo de natureza econômica ao comum acordo entre as partes litigantes, tal como se infere do § 2º, *in verbis*: "recusando-se qualquer das partes à negociação coletiva ou à arbitragem, é facultado às mesmas, de comum acordo, ajuizar dissídio coletivo de natureza econômica, podendo a Justiça do Trabalho decidir o conflito, respeitadas as disposições mínimas legais de proteção ao trabalho, bem como as convencionadas anteriormente".

Como bem observado por Otávio Brito Lopes "a alteração significativa, a nosso ver, é que, anteriormente, o dissídio coletivo era ajuizado por um dos litigantes para pleitear a solução do conflito coletivo de trabalho mediante a instituição de normas e condições de trabalho. Agora, o dissídio coletivo deverá ser instaurado por ambos os contendores, de comum acordo"[(12)].

(11) SIQUEIRA NETO, José Francisco. *Contrato coletivo de trabalho:* perspectiva de rompimento com a legalidade repressiva. São Paulo: LTr, 1991. p. 92-93.

(12) BRITO, Otávio Lopes. O poder normativo da Justiça do Trabalho após a Emenda Constitucional n. 45. *Revista LTr* 69-02/166, v. 69, n. 2, fev. 2005.

Discutiu-se a constitucionalidade da exigência do "comum acordo" para o ajuizamento do dissídio coletivo de natureza econômica ao argumento de suposta violação do princípio do acesso à Justiça, previsto no art. 5º, inciso XXXV, da Constituição de 1988.

A doutrina majoritária já defendia a constitucionalidade da exigência do "comum acordo" para o ajuizamento do dissídio coletivo de natureza econômica. Nesse sentido, citam-se, exemplificativamente, as lições de Carlos Henrique Bezerra Leite: "acesso ao Judiciário ocorre nas hipóteses de lesão ou ameaça a direitos individuais, coletivos e difusos. O inciso XXXV do art. 5º da CF, na linha do art. 8º da Declaração Universal dos Direitos Humanos, assegura o amplo acesso a prestação jurisdicional na hipótese de lesão a direitos fundamentais, reconhecidos pela Constituição ou pela Lei", e conclui o magistrado que "o dissídio coletivo de natureza econômica não tem por objeto proteger direito preexistente, lesado ou ameaçado de lesão. Ao revés, por meio dele se pretende criar direito coletivo novo destinado à categoria profissional representada pela entidade sindical suscitante. Daí a natureza constitutiva deste tipo especial de ação coletiva"(13).

E, recentemente, ao julgar as ADIs n. 3.392, 3.223, 3.431, 3.432 e 3.520, o Supremo Tribunal Federal, por maioria, reconheceu a constitucionalidade da exigência do "comum acordo" para o ajuizamento do dissídio coletivo de natureza econômica, afastando a alegação de suposta violação de acesso à Justiça, com a seguinte ementa: "Ação Direta de Inconstitucionalidade. 2. art. 1º, da Emenda Constitucional n. 45/2004, na parte em que deu nova redação ao art. 114, §§ 2º e 3º, da Constituição Federal. 3. Necessidade de "mútuo acordo" para ajuizamento do Dissídio Coletivo. 4. Legitimidade do MPT para ajuizar Dissídio Coletivo em caso de greve em atividade essencial. 5. Ofensa aos arts. 5º, XXXV, LV e LXXVIII, e 60, § 4º, IV, da Constituição Federal. Inocorrência. 6. Condição da ação estabelecida pela Constituição. Estímulo às formas alternativas de resolução de conflito. 7. Limitação do poder normativo da justiça do trabalho. Violação aos arts. 7º, XXVI, e 8º, III, e ao princípio da razoabilidade. Inexistência. 8. Recomendação do Comitê de Liberdade Sindical da Organização Internacional do Trabalho. Indevida intervenção do Estado nas relações coletivas do trabalho. Dissídio Coletivo não impositivo. Reforma do Poder Judiciário (EC n. 45) que visa dar celeridade processual e privilegiar a autocomposição. 9. Importância dos acordos coletivos como instrumento de

(13) LEITE, Carlos Henrique Bezerra. *Curso de direito processual do trabalho*. 7. ed. São Paulo: LTr.

negociação dos conflitos. Mútuo consentimento. Precedentes. 10. Ação direta de inconstitucionalidade julgada improcedente".

Verifica-se, portanto, que o exercício do poder normativo da Justiça do Trabalho passou a representar verdadeira arbitragem pública, na medida em que o seu exercício está condicionado ao comum acordo entre as partes. Assim, privilegiou-se a negociação coletiva e autocomposição dos conflitos coletivos de trabalho, deixando a Justiça do Trabalho de intervir nos dissídios coletivos de natureza econômica pela simples provocação dos sindicatos.

Outrossim, com a Lei n. 13.467, de 13 de julho de 2017 ("Reforma Trabalhista de 2017"), as contribuições sindicais de empregados e empregadores se tornaram facultativas a partir de 11 de novembro de 2017, na forma dos arts. 545, 578, 579, 582, 583, 587 e 602, da CLT.

Foram ajuizadas as ADIs ns. 5.794, 5.912, 5.923, 5.859, 5.865, 5.813, 5.885, 5.887, 5.913 5.810, 5.811, 5.888, 5.892, 5.806, 5.815, 5.850, 5.900, 5.950, 5.945 e a Ação Declaratória de Constitucionalidade ("ADC") n. 55, questionando a legalidade da extinção da contribuição sindical obrigatória. Entretanto, o Supremo Tribunal Federal, por maioria de votos, validou a alteração promovida pela Reforma Trabalhista de 2017, declarando a constitucionalidade da extinção da contribuição sindical obrigatória para os não associados dos sindicatos.

Em reação à decisão prolatada pelo Supremo Tribunal Federal, e num ato de desespero para aumentar a arrecadação, alguns sindicatos, ao invés de envidarem esforços para se reaproximarem dos trabalhadores e, com isso, convencê-los a se associarem e a contribuírem para o financiamento do sistema confederativo sindical, passaram a adotar subterfúgios para suplantar a autorização prévia e expressa de trabalhadores e empregadores para recolhimento de contribuições sindicais.

Os expedientes mais recorrentes foram a aprovação do desconto da contribuição sindical em assembleia geral extraordinária e a não extensão dos benefícios das convenções coletivas de trabalho aos empregados e empregadores que não recolhessem contribuições sindicais aprovadas pelas respectivas categorias, ambos manifestamente ilegais, como bem destacou Renato Rua de Almeida[(14)].

---

(14) ALMEIDA, Renato Rua de. Contribuição sindical: necessária a autorização prévia e expressa? *Arquivos do Instituto Brasileiro de Direito Social Cesarino Júnior*, v. 42, ano 2018, p. 10-29.

Embora se possa questionar a forma como foi realizada — sem o necessário diálogo social para a aprovação da Reforma Trabalhista de 2017 e cessação abrupta das contribuições sindicais obrigatórias sem que houvesse um período de transição — a extinção da contribuição sindical obrigatória representou um duro golpe no modelo corporativista de organização sindical brasileiro, pois reduziu substancialmente a arrecadação dos sindicatos, levando alguns sindicatos a realizarem fusões com outras entidades para poderem sobreviver.

Paralelamente, outros três fatos anteriores à pandemia do Covid-19 podem ser mencionados no contexto sindical: (a) a legalização da terceirização de quaisquer atividades, (b) o fim da ultratividade das normas coletivas e (c) a prevalência dos acordos em detrimento das convenções coletivas de trabalho.

Mesmo não havendo proibição na lei, a jurisprudência trabalhista era uníssona em reconhecer a ilicitude da terceirização da atividade-fim das empresas, nos termos do enunciado da Súmula n. 331[(15)] do Tribunal Superior do Trabalho.

A licitude da terceirização da atividade-fim das empresas tomadoras de serviços foi expressamente reconhecida pela Lei n. 13.429, de 31 de março de 2017 (que modificou a Lei n. 6.019, de 3 de janeiro de 1974) e pela Reforma Trabalhista de 2017. Em 2018, o Supremo Tribunal Federal,

---

(15) Súmula n. 331 do TST. CONTRATO DE PRESTAÇÃO DE SERVIÇOS. LEGALIDADE (nova redação do item IV e inseridos os itens V e VI à redação) — Res. n. 174/2011, DEJT divulgado em 27, 30 e 31.5.2011 I — A contratação de trabalhadores por empresa interposta é ilegal, formando-se o vínculo diretamente com o tomador dos serviços, salvo no caso de trabalho temporário (Lei n. 6.019, de 3.1.1974). II — A contratação irregular de trabalhador, mediante empresa interposta, não gera vínculo de emprego com os órgãos da Administração Pública direta, indireta ou fundacional (art. 37, II, da CF/1988). III — Não forma vínculo de emprego com o tomador a contratação de serviços de vigilância (Lei n. 7.102, de 20.6.1983) e de conservação e limpeza, bem como a de serviços especializados ligados à atividade meio do tomador, desde que inexistente a pessoalidade e a subordinação direta. IV — O inadimplemento das obrigações trabalhistas, por parte do empregador, implica a responsabilidade subsidiária do tomador dos serviços quanto àquelas obrigações, desde que haja participado da relação processual e conste também do título executivo judicial. V — Os entes integrantes da Administração Pública direta e indireta respondem subsidiariamente, nas mesmas condições do item IV, caso evidenciada a sua conduta culposa no cumprimento das obrigações da Lei n. 8.666, de 21.6.1993, especialmente na fiscalização do cumprimento das obrigações contratuais e legais da prestadora de serviço como empregadora. A aludida responsabilidade não decorre de mero inadimplemento das obrigações trabalhistas assumidas pela empresa regularmente contratada. VI — A responsabilidade subsidiária do tomador de serviços abrange todas as verbas decorrentes da condenação referentes ao período da prestação laboral.

quando do julgamento da Arguição de Descumprimento de Preceito Fundamental ("ADPF") n. 324 e do Recurso Extraordinário ("RE") n. 958.252, também reconheceu a constitucionalidade da terceirização da atividade-fim, modificando o entendimento do TST. E, mais recentemente, o Supremo Tribunal Federal negou provimento às ADIs 5685, 5686, 5687, 5695 e 5735, reconhecendo a constitucionalidade da terceirização da atividade-fim prevista nas leis supracitadas.

Com a transição do modelo fordista para o modelo taylorista, houve um aumento natural da terceirização em virtude da descentralização da produção. E a terceirização deu um salto expressivo nos últimos anos em razão da disrupção causada pela chamada quarta revolução industrial, marcada por sistemas e máquinas inteligentes que interagem nos domínios físicos, digitais e biológicos (nanotecnologia, logaritmos, sequenciamento genético etc.).

Tratando dos efeitos da quarta revolução industrial nas relações de emprego, Klaus Schwab afirma que "há um efeito destrutivo que ocorre quando as rupturas alimentadas pela tecnologia e automação substituem o trabalho por capital, forçando os trabalhadores a ficar desempregados ou realocar suas habilidades em outros lugares"[(16)].

Na correta observação de Roberto Mangabeira Unger acerca da relação entre o trabalhador e a máquina durante a quarta revolução industrial, "o trabalhador não mais trabalha como se fosse máquina. Ao invés, trabalha como o oposto da máquina. A máquina faz o que quer que tenhamos aprendido a repetir, poupando nosso tempo para o que ainda não é repetível"[(17)].

Com efeito, trabalhadores com baixa qualificação passaram a buscar meios alternativos de sobrevivência, sujeitando-se, por exemplo, ao trabalhado autônomo economicamente dependente, particularmente nas plataformas digitais criadas na perspectiva da economia compartilhada. Por seu turno, os trabalhadores mais qualificados, ou mantiveram-se empregados tradicionais, ou empreenderam em seus próprios negócios, constituindo suas micro ou pequenas empresas para prestarem serviços aos grandes empresários.

---

(16) SCHWAB, Klaus. *A quarta revolução industrial*. Tradução Daniel Moreira Miranda. São Paulo: Edipro, 2016. p. 42.

(17) UNGER, Roberto Mangabeira. *O movimento de estudos críticos do direito:* outro tempo, tarefa maior. Tradução Lucas Fucci Amato. Belo Horizonte: Letramento: Casa do Direito, 2017. p. 84.

Nas palavras de Willis Santiago Guerra Filho, "nesse final de século XX, a mais-valia absoluta, como forma mais adequada de obter "mais-trabalho", e agora sem sofrer grande resistência por parte do movimento sindical, pois os trabalhadores que têm 'o seu próprio negócio', se confundem com seus antigos patrões, com quem passam a ter uma relação 'puramente comercial'"[(18)].

Essas novas formas de organização do trabalho decorrentes da ampliação da terceirização na quarta revolução industrial imbuíram nos trabalhadores um falso sentimento de que eles seriam empregadores, dispersando-os de um exercício convergente das respectivas liberdades individuais, fragmentando a mobilização organizada e politizada dos trabalhadores.

Outro aspecto importante a se destacar é o fim do princípio da ultratividade das normas coletivas de trabalho.

Não obstante o quanto disposto na antiga redação do § 3º do art. 614 da CLT[(19)], em 27 de setembro de 2012, a jurisprudência do Tribunal Superior do Trabalho modificou a redação da Súmula n. 277 a fim de reconhecer a ultratividade dos acordos e convenções coletivas de trabalho até que haja novo instrumento coletivo firmado entre as partes[(20)].

Em 14 de outubro de 2016, o Ministro Gilmar Mendes concedeu liminar na ADPF n. 323/DF e determinou a suspensão da Súmula n. 277 do TST. Mais tarde, a Reforma Trabalhista de 2017 colocou um ponto final nessa questão e vetou a ultratividade dos instrumentos coletivos, conforme § 3º do art. 614 da CLT, *in verbis*: "Não será permitido estipular duração de convenção coletiva ou acordo coletivo de trabalho superior a dois anos, sendo vedada a ultratividade".

A despeito de beneficiar o trabalhador, a ultratividade representava uma clara forma de intervenção do Estado nas relações coletivas de

---

(18) GUERRA FILHO, Willis Santiago. *Autopoiese do direito na sociedade informacional:* introdução a uma teoria sistêmica. 2. ed. Rio de Janeiro: Lumen Juris, 2018. p. 7.

(19) O § 3º do art. 614 da CLT, estabelecia o seguinte: "Não será permitido estipular duração de convenção ou acordo superior a 2 (dois) anos".

(20) Súmula n. 277 do TST. CONVENÇÃO COLETIVA DE TRABALHO OU ACORDO COLETIVO DE TRABALHO. EFICÁCIA. ULTRATIVIDADE. As cláusulas normativas dos acordos coletivos ou convenções coletivas integram os contratos individuais de trabalho e somente poderão ser modificadas ou suprimidas mediante negociação coletiva de trabalho.

trabalho, constituindo um desincentivo à negociação coletiva e à autocomposição dos conflitos no Direito Coletivo do Trabalho. Com o fim da ultratividade dos acordos e convenções coletivas de trabalho, os sindicatos perderam a benesse da inércia nas negociações coletivas.

Finalmente, com a Reforma Trabalhista de 2017, em caso de concorrência entre duas normas coletivas de trabalho, definiu-se como critério de solução aparente de antinomias, a aplicação da norma especial em detrimento da norma mais benéfica ao trabalhador.

Logo, independentemente de o acordo coletivo de trabalho ser anterior ou conter disposições menos benéficas aos trabalhadores, por ser mais específico, sempre prevalecerá sobre as disposições contidas nas convenções coletivas de trabalho.

Se ao sindicato compete a defesa dos direitos e interesses da categoria, tal como está escrito na Constituição de 1988, a aprovação de uma nova lei que adota o critério da especialidade em detrimento da norma mais benéfica ao trabalhador, traz explícita a derrota dos sindicatos profissionais, notadamente sob a perspectiva de que as negociações coletivas devem visar a melhoria da condição social do trabalhador, como estabelece o art. 7º, *caput*, da Constituição de 1988.

Paradoxalmente aos fatos mencionados acima, no momento de maior fragilidade dos sindicatos, a Reforma Trabalhista de 2017 ampliou a autonomia privada coletiva, reconhecendo a predominância do negociado sobre o legislado, ressalvadas as matérias tratadas no art. 611-B da CLT, que trata, basicamente, de direitos fundamentais de natureza social.

Mas, fragilizados pela redução da arrecadação e pela crise de autenticidade da representação, o que se viu, na prática, em larga escala, foi a utilização da ampliação da autonomia privada coletiva estabelecida na Reforma Trabalhista de 2017 para flexibilizar e retirar direitos previstos na legislação infraconstitucional. Portanto, muitas vezes utilizada como mecanismo de retrocesso social, e não melhoria da condição social do trabalhador.

Eis que nesse contexto, no início de 2020, surge a Covid-19 e, para reduzir o impacto da crise econômica causada pela pandemia, as diversas medidas provisórias editadas pelo Governo Federal visando à preservação das empresas e dos postos de trabalho. Em razão do escopo deste artigo, trataremos, a seguir, exclusivamente da Medida Provisória n. 936, de 1º de abril de 2020 ("MP n. 936") que foi posteriormente convertida na Lei n. 14.020, de 6 de julho de 2020.

3. *Possibilidade de redução proporcional de jornada de trabalho e salário mediante acordo individual de trabalho*

Em 1º de abril de 2020, entrou em vigor a MP n. 936, posteriormente convertida na Lei n. 14.020, de 6 de julho de 2020 que instituiu o Programa Emergencial de Manutenção do Emprego e da Renda e dispôs sobre medidas trabalhistas complementares para enfrentamento do estado de calamidade pública reconhecido pelo Decreto Legislativo n. 6, de 20 de março de 2020, e da emergência de saúde pública decorrente da Covid-19.

Os objetivos do supracitado programa do governo federal estão elencados no artigo da Lei n. 14.020, de 6 de julho de 2020, quais sejam: (a) preservar emprego e renda, (b) garantir a continuidade das atividades laborais e empresariais e (c) reduzir o impacto social decorrente das consequências do estado de calamidade e de emergência pública.

Dentre as medidas do Programa Emergencial de Manutenção do Emprego e da Renda estão (a) o pagamento do Benefício Emergencial de Preservação do Emprego e da Renda ("BEm"), (b) a redução proporcional de jornada de trabalho e salário (25%, 50% ou 70%) e, finalmente, (c) a suspensão temporária do contrato de trabalho.

Os arts. 7º e 12, da Lei n. 14.020, de 6 de julho de 2020, estabeleceram que a redução proporcional de jornada de trabalho e salário de 25% pode ser feita mediante acordo individual entre empregados e empregadores, independentemente da faixa salarial e da formação.

Para a redução proporcional de jornada de trabalho e salário de 50% ou 70% ou para a suspensão do contrato individual de trabalho, deve-se verificar o salário e a formação do trabalhador. Durante o período em que vigorou a MP n. 936, para os empregados com salário igual ou inferior a R$ 3.135,00 ou para os trabalhadores portadores de diploma de nível superior e que percebiam salário mensal igual ou superior a duas vezes o limite máximo dos benefícios do Regime Geral de Previdência Social ("RGPS"), a redução proporcional de jornada de trabalho e salário de 50% ou 70% e/ou a suspensão temporária do contrato individual de trabalho poderiam ser feitas mediante acordo individual entre as partes ou por meio de negociação coletiva de trabalho com os sindicatos. Já os empregados com salários entre R$ 3.135,01 e R$ 12.202,12 (que corresponde ao dobro do limite máximo dos benefícios do RGPS), a redução proporcional de jornada de trabalho de 50% ou 70% e/ou a suspensão temporária do contrato de trabalho estavam condicionadas à celebração de acordo ou convenção coletiva de trabalho com os sindicatos representativos da categoria.

Quando a MP 936 foi convertida na Lei n. 14.020, a redução proporcional de jornada de trabalho e salário mediante acordo individual teve novos contornos, ficando adstrita para os empregados: (a) com salário igual ou inferior a R$ 2.090,00, na hipótese de o empregador ter auferido, no ano-calendário de 2019, receita bruta superior a R$ 4.800.000,00 (quatro milhões e oitocentos mil reais); (b) com salário igual ou inferior a R$ 3.135,00 (três mil, cento e trinta e cinco reais), na hipótese de o empregador ter auferido, no ano-calendário de 2019, receita bruta igual ou inferior a R$ 4.800.000,00 (quatro milhões e oitocentos mil reais); ou (c) portadores de diploma de nível superior e que percebam salário mensal igual ou superior a 2 (duas) vezes o limite máximo dos benefícios do Regime Geral de Previdência Social. Em todas as demais hipóteses a redução proporcional de jornada de trabalho de 50% ou 70% e/ou a suspensão temporária do contrato de trabalho estão condicionadas à celebração de acordo ou convenção coletiva de trabalho com os sindicatos representativos da categoria.(21)

Logo que a MP n. 936 entrou em vigor, nós, advogados, em razão da aparente inconstitucionalidade dos arts. 7º e 12 da MP n. 936, face à contrariedade com o texto constitucional (inciso VI, do art. 7º e inciso VI, do art. 8º, Constituição de 1988), recomendamos aos nossos clientes que a redução proporcional de jornada de trabalho e salários e a suspensão do contrato de trabalho fossem realizadas por meio de normas coletivas de trabalho, evitando-se, assim, alegação de nulidade futura.

Contudo, o Plenário do Supremo Tribunal Federal, por maioria de votos, não referendou a medida cautelar deferida pelo ministro Ricardo Lewandowski, na ADI n. 6.363, mantendo a eficácia da regra da MP n. 936 que autoriza a redução da jornada de trabalho e do salário ou a suspensão temporária do contrato de trabalho por meio de acordos, independentemente da celebração de acordos ou convenções coletivas de trabalho.

Durante o julgamento, prevaleceu a divergência suscitada pelo Ministro Alexandre de Moraes no sentido de que, em razão do momento

(21) Além das hipóteses acima, é importante mencionar que a Lei n. 14.020 também permitiu que a redução proporcional de jornada de trabalho e salário e/ou a suspensão temporária do contrato de trabalho sejam celebradas por meio de acordo individual escrito quando (i) do acordo não resultar diminuição do valor total recebido mensalmente pelo empregado – incluídos o BEm, a ajuda compensatória mensal, e o salário pago na hipótese de redução de jornada e; (ii) para os empregados aposentados que se enquadrarem em algumas das hipóteses que autorizam a celebração do acordo individual, houver o pagamento de ajuda compensatória mensal, observados os parâmetros do art. 12, § 2º, incisos I e II.

excepcional da pandemia da Covid-19, a previsão de acordo individual para redução proporcional de jornada de trabalho e salário ou suspensão do contrato de trabalho, observadas as peculiaridades referidas MP 936, posteriormente convertida na Lei n. 14.020, de 6 de julho de 2020, seria razoável, porquanto garantiria uma renda mínima ao trabalhador que teria o contrato de trabalho preservado. Segundo defendeu o Ministro Alexandre de Moraes, a exigência de atuação do sindicato, abrindo negociação coletiva, geraria insegurança jurídica e aumentaria o risco de desemprego, em contrariedade aos ditames traçados pelo Governo Federal.

Ainda que num contexto excepcional de crises sanitária, social e econômica, fato é que o Supremo Tribunal Federal, contrariamente à literalidade do texto constitucional vigente, autorizou, liminarmente, a redução proporcional de jornada de trabalho e salário e a suspensão de contratos de trabalho mediante acordo individual entre empregados e empregadores, observadas as condicionantes da MP n. 936, posteriormente convertida na Lei n. 14.020, de 6 de julho de 2020.

Concordemos ou não com o entendimento da Suprema Corte, a decisão liminar está tomada. Será a completa ruína dos sindicatos no Brasil? Entendemos que não.

4. Um olhar prospectivo para o modelo sindical brasileiro após a MP n. 936 e a decisão liminar da ADI n. 6.363

Parece-nos que a derrota histórica no julgamento liminar da ADI n. 6.363 será a mola propulsora de uma revolução do sindicalismo brasileiro.

Apesar de o Brasil não ter ratificado a Convenção n. 87 da OIT, diploma internacional que regulamenta a liberdade sindical, é importante lembrar que a liberdade sindical é um direito humano dos trabalhadores tendo, inclusive, sido reconhecido pelo ordenamento jurídico nacional quando o Brasil ratificou o Pacto Internacional sobre Direitos Civis e Políticos (promulgado pelo Decreto n. 592, de 6 de julho de 1992) e o Pacto Internacional sobre Direitos Econômicos, Sociais e Culturais (promulgado pelo Decreto n. 591, de 6 de julho de 1992).

Nesse sentido, Luciano Martinez afirma que "a liberdade sindical é um direito formal e materialmente fundamental na CF/88 uma vez que, além de previsto expressamente nos arts. 8º, 9º, 10º e 37, VII e VIII, da referida Carta e de mencionado obliquamente em outros tantos dispositivos, tem conteúdo que fortemente se relaciona com os direitos naturais da pessoa humana"[(22)].

A despeito de os Pactos supracitados terem sido promulgados no Brasil por meio de Decretos, sem a observância do procedimento prescrito no § 3º, do art. 5º, da Constituição de 1988, que lhes conferiria, indubitavelmente, o caráter de norma supralegal, fato é que a liberdade sindical é um direito humano dos trabalhadores compatível com os princípios constitucionais e com o Estado Democrático de Direito vigente em nosso País.

E, no atual contexto, após as sucessivas alterações legislativas e decisões dos tribunais que afastaram os nossos sindicatos do manto de proteção do Estado, ao invés de lutarem pela manutenção da unicidade sindical, os sindicatos devem se preocupar em resgatar a autenticidade da representação sindical que só será possível se houver a ratificação da Convenção n. 87 da OIT ou uma Emenda Constitucional que altere o princípio da unicidade sindical.

Sendo a liberdade sindical uma liberdade individual exercida coletivamente, não se pode tolher o trabalhador do direito de escolher livremente o sindicato que lhe representará. Democracia pressupõe o direito de livre constituição e organização dos sindicatos, pois os trabalhadores tendem a se aglutinar com outros que compartilham dos mesmos ideais ou de ideais semelhantes, para que haja a coesão de ação e atuação sindical.

Como bem observa María José Fariñas Dulce, "os sistemas de intermediação política e social estão obsoletos (partidos, sindicatos) e, às vezes, dificultam mais do que facilitam a participação dos cidadãos na vida pública" e prossegue a professora espanhola afirmando que é preciso "democratizar a democracia" e, para tanto, "os cidadãos têm de ser conscientes da força mobilizadora, porque não se pode organizar uma sociedade e uma cultura prescindindo da moralidade básica das pessoas"[(23)].

A unicidade sindical, ao invés de aproximar as liberdades individuais para convergi-las numa atuação coletiva, acaba atuando como vetor de dispersão dos trabalhadores, comprometendo a coesão do movimento sindical, especialmente numa sociedade pluralista, democrática e informacional. Tem-se, portanto, um movimento sindical artificial com

---

(22) MARTINEZ, Luciano. *Condutas antissindicais*. São Paulo: Saraiva, 2013. p. 109.

(23) DULCE, María José Fariñas. *Democracia e pluralismo:* um olhar em busca da emancipação. 1. ed. Tradução Ivone Fernandes Morcilo Lixa, Thiago Burckhart. São Paulo: Tirant Lo Blanch, 2019. p. 110.

inaptidão para a contratação coletiva que realmente atenda aos anseios dos trabalhadores.

Pertinente é a observação de Luciano Martinez no sentido de que "se a República Federativa do Brasil é constituída por um Estado de Direito democrático, e se deve haver aqui pluralismo político, não é razoável a existência de incoerências legislativas internas capazes de privar os cidadãos do legitimo direito de livre associação laboral e da convivência pacífica de mais de uma associação sindical representativa da mesma categoria até que o natural consenso as torne unitária"[(24)].

Logo, o restabelecimento da autenticidade da representação sindical, que só é possível com unidade, pressupõe que os próprios sindicatos encabecem um movimento de transição da unicidade para a pluralidade sindical, com adesão ao modelo de liberdade sindical, repensando, paralela e concomitantemente, os mecanismos de fidelização dos trabalhadores e de concertação social junto às iniciativas pública e privada.

Contudo, os desafios dos sindicatos não se resumem a encampar a liberdade sindical, mas também se reinventar diante das novas formas de trabalho (particularmente em plataformas de serviços digitais) que transcendem bases territoriais previamente definidas.

André Gonçalves Zipperer obtempera que, "com a migração do trabalho para um ambiente virtual, a desmaterialização do capital, a diluição das fronteiras físicas, a estrutura sindical, que sempre se operou na empresa, no chão de fábrica, talvez tenha de seguir essa tendência, infiltrando-se nos fluxos de informação e de conhecimento que irradiam na rede"[(25)].

Se por um lado a tecnologia aumenta o desemprego e acentua o individualismo e a competição entre os trabalhadores, por outro, ela tem uma capacidade inimaginável de unir e engajar os trabalhadores para restabelecer a unidade perdida ao longo dos últimos anos.

Hermes Augusto Costa, em entrevista concedida no dia 1º de maio de 2020 aos jornalistas Miguel Carvalho e Octávio Lousada Oliveira, do *site* português Visão, mencionou a necessidade de uma mobilização sindical por

(24) MARTINEZ, Luciano. *Condutas antissindicais*. São Paulo: Saraiva, 2013. p. 101.

(25) ZIPPERER, André Gonçalves. *A intermediação de trabalho via plataformas digitais:* repensando o direito do trabalho a partir das novas realidades do século XXI. São Paulo: LTr, 2019. p. 235.

meio do que ele denominou de "ativismo digital"(26). Se as visitas aos locais de trabalho se tornaram mais restritas em razão do isolamento social da pandemia da Covid-19, que a tecnologia sirva de instrumento de reaproximação, persuasão, educação e conscientização dos trabalhadores brasileiros.

Se os jovens trabalhadores não têm a mesma consciência de classe de outrora, por sua vez, são extremamente engajados em projetos sociais e sustentáveis. Destarte, que a liberdade sindical informacional seja a semente que frutificará sindicatos sustentáveis, servindo, por ora, de remédio — amargo num primeiro momento, não tenhamos dúvidas — para retirar os nossos sindicatos da UTI e dos respiradores artificiais do modelo corporativista de organização sindical.

5. *Conclusão*

O fim da unicidade é o recomeço da unidade sindical que só florescerá num ambiente fértil de liberdade sindical, com os próprios sindicatos encabeçando o movimento de ratificação da Convenção n. 87 da OIT ou de Emenda à Constituição de 1988.

Assim, esperamos que em meio à pandemia do Covid-19, a MP 936, posteriormente convertida na Lei n. 14.020, de 6 de julho de 2020, e a decisão liminar prolatada na ADI n. 6.363 sirvam de lição e sejam as molas propulsoras da liberdade sindical, remédio amargo, porém, eficaz para retirar os nossos sindicatos da UTI e dos respiradores artificiais do Estado.

6. *Referências*

ALMEIDA, Renato Rua de. Contribuição sindical: necessária a autorização prévia e expressa? *Arquivos do Instituto Brasileiro de Direito Social Cesarino Júnior*, v. 42, ano 2018.

______. Visão histórica da liberdade sindical. *Revista LTr*, v. 70, n. 3, mar. 2006.

BRITO, Otávio Lopes. O poder normativo da Justiça do Trabalho após a Emenda Constitucional n. 45. *Revista LTr* 69-02/166, v. 69, n. 2, fev. 2005.

(26) Disponível em: <https://visao.sapo.pt/atualidade/politica/2020-05-01-sindicalismo-pos-covid-a-carga-de-trabalhos-para-quem-representa-os-trabalhadores/>. Acesso em: 28.6.2020, às 17h00.

DELGADO, Mauricio Godinho. *Direito coletivo do trabalho*. 3. ed. São Paulo: LTr, 2008.

DULCE, María José Fariñas. *Democracia e pluralismo:* um olhar em busca da emancipação. 1. ed. Tradução Ivone Fernandes Morcilo Lixa, Thiago Burckhart. São Paulo: Tirant Lo Blanch, 2019.

GUERRA FILHO, Willis Santiago. *Autopoiese do Direito na sociedade informacional:* introdução a uma teoria sistêmica. 2. ed. Rio de Janeiro: Lumen Juris, 2018.

______. *Condutas antissindicais*. São Paulo: Saraiva, 2013.

LEITE, Carlos Henrique Bezerra. *Curso de direito processual do trabalho*. 7. ed. São Paulo: LTr, 2009.

MARTINEZ, Luciano. *Condutas antissindicais*. São Paulo: Saraiva, 2013.

NASCIMENTO, Amauri Mascaro. *Compêndio de direito sindical*. 6. ed. São Paulo: LTr, 2009.

SCHWAB, Klaus. *A quarta revolução industrial*. Tradução Daniel Moreira Miranda. São Paulo: Edipro, 2016.

SIQUEIRA NETO, José Francisco. *Contrato coletivo de trabalho:* perspectiva de rompimento com a legalidade repressiva. São Paulo: LTr, 1991.

UNGER, Roberto Mangabeira. *O movimento de estudos críticos do direito:* outro tempo, tarefa maior. Tradução Lucas Fucci Amato. Belo Horizonte: Letramento: Casa do Direito, 2017.

ZIPPERER, André Gonçalves. *A intermediação de trabalho via plataformas digitais:* repensando o direito do trabalho a partir das novas realidades do século XXI. São Paulo: LTr, 2019.

Houve Esvaziamento das Funções dos Sindicatos após a Edição da MP n. 936, Convertida na Lei n. 14.020/2020, Permitindo a Negociação Direta entre Empregado e Empregador de Medidas Trabalhistas no Enfrentamento da Pandemia do Novo Coronavírus?

Cristiane de Mattos Carreira[(1)]

1. Introdução

O momento atual em que vivemos é assustador. Do dia para a noite, todas as pessoas tiveram que se adaptar a uma nova realidade. Lidar com um inimigo invisível para o qual ainda não se tem "armas" para eliminar. A única coisa que se sabe, até o momento, é que, para o afastar o perigo, se faz necessário o isolamento social.

Contudo, a implementação do isolamento causa uma série de problemas, em especial nos sistemas produtivos e econômicos dos países. Milhões de empregos se perderam pelo mundo e no Brasil a situação não é diferente[(2)]. A questão que se coloca é como garantir a empregabilidade e ao mesmo tempo implantar o isolamento social.

---

(1) Doutoranda em Direito do Trabalho pela PUC/SP. Mestre em Direito do Trabalho (PUC/SP). Especialista em Direito Civil, Processo Civil e Previdenciário (Escola Paulista de Direito). Professora no Curso de Graduação em Direito da Universidade de Mogi das Cruzes. Professora Assistente no Curso de Pós-Graduação em Direito do Trabalho (COGEAE). Advogada.

(2) Disponível em: <https://www.dieese.org.br/boletimespecial/2020/boletimEspecial02.html>. Acesso em: 31.5.2020.

Para alguns setores, o avanço no teletrabalho foi e está sendo uma realidade. De repente, a tecnologia foi apresentada a inúmeros profissionais que a ela tiveram que se adequar. No Poder Judiciário, a situação não foi diferente. O atendimento aos advogados, audiências e sessões de Tribunais estão sendo realizadas virtualmente.

Entretanto, para muitos setores se torna inviável a realização do teletrabalho ou mesmo a sua realização não é economicamente vantajosa para o empregador. Sem contar, por outro lado, a queda no consumo, seja pela incerteza do momento atual, seja pela perda da renda por parte dos cidadãos(3).

Diante dessa situação, visando garantir a manutenção dos empregos, foi editada a MP n. 936 convertida na Lei n. 14.020/20, que trouxe uma série de medidas para o enfrentamento da crise. Dentre essas medidas, encontra-se a possibilidade de o empregador negociar diretamente com o empregado a suspensão do seu contrato de trabalho, por até 60 dias, podendo ser prorrogado por ato do Poder Executivo(4), período no qual o trabalhador receberá o Benefício Emergencial de Preservação do Emprego e da Renda, que tem como base o valor do benefício de seguro-desemprego. A referida legislação admite que, para os trabalhadores que auferem salário igual ou inferior a R$ 3.135,00 (três mil cento e trinta e cinco reais) ou os trabalhadores portadores de diploma de nível superior e que percebam salário mensal igual ou superior a duas vezes o limite má-

---

(3) Segundo o Relatório da OIT "Perspectivas Sociais e de Emprego no Mundo: Tendências 2018", destaca-se que não houve redução no emprego vulnerável desde 2012. "Estima-se que cerca de 1,4 bilhão de trabalhadores estavam em empregos vulneráveis em 2017 e que outros 35 milhões deverão se juntar a eles até 2019. Nos países em desenvolvimento, o emprego vulnerável afeta três em cada quatro trabalhadores". Logo, embora estejamos tratando no presente artigo sobre os impactos na classe trabalhadora protegida por um vínculo formal de emprego, o impacto da pandemia atingirá de modo mais grave esses trabalhadores vulneráveis, que trabalham na informalidade e terão a sua parca renda retirada, de modo abrupto pelo isolamento social, acarretando uma maior situação de pobreza e desigualdade, principalmente nos países em desenvolvimento, como é o caso do Brasil.

(4) Nesse sentido, o Decreto n. 10.422/2020 dispõe: Art. 2º O prazo máximo para celebrar acordo de redução proporcional da jornada de trabalho e de salário de que trata o *caput* do art. 7º da Lei n. 14.020, de 2020, fica acrescido de trinta dias, de modo a completar o total de cento e vinte dias. Art. 3º O prazo máximo para celebrar acordo de suspensão temporária do contrato de trabalho de que trata o *caput* do art. 8º da Lei n. 14.020, de 2020, fica acrescido de sessenta dias, de modo a completar o total de cento e vinte dias. Parágrafo único. A suspensão do contrato de trabalho poderá ser efetuada de forma fracionada, em períodos sucessivos ou intercalados, desde que esses períodos sejam iguais ou superiores a dez dias e que não seja excedido o prazo de cento de vinte dias de que trata o *caput*.

ximo dos benefícios do Regime Geral de Previdência Social, a negociação se realizará diretamente com o empregador, mediante acordo individual, independentemente da participação dos sindicatos.

Destarte, a proposta do presente artigo é indagar se houve ou não esvaziamento das funções do sindicato ante a vigência das referidas Medidas Provisórias. Para tanto, será necessário entender o atual estágio da atuação sindical no país, passando, ainda que rapidamente, pelos contornos da liberdade sindical, o problema da unicidade e da atuação do sindicato na negociação coletiva.

Outrossim, será analisada a legislação internacional do trabalho quanto ao tema, bem como a decisão do Supremo Tribunal Federal que entendeu constitucional a previsão de negociação direta.

2. *Breve análise sobre a liberdade sindical no país*

O princípio da liberdade sindical está previsto na Convenção n. 87 da OIT e se tornou "o primeiro direito fundamental consagrado expressa e formalmente em um tratado internacional"[(5)]. Além disso, é o primeiro direito fundamental que detém um procedimento próprio de proteção internacional[(6)].

Por liberdade sindical entende-se "o direito dos trabalhadores e empregadores de não sofrerem interferências nem dos poderes públicos nem de uns em relação aos outros, no processo de se organizarem, bem como de promoverem interesses próprios ou dos grupos a que pertençam"[(7)].

Entretanto, conforme adverte Uriarte

(5) URIARTE, Oscar Ermida. Liberdade sindical: normas internacionais, regulação estatal e autonomia. In: TEIXEIRA, João de Lima (coord.). *Relações coletivas de trabalho. Estudos em homenagem ao Ministro Arnaldo Süssekind.* São Paulo: LTr, 1989. p. 251.

(6) Sobre o assunto, *vide* as Convenções Internacionais n. 87 (liberdade sindical e proteção do direito de sindicalização), Convenção n. 98 (direito de sindicalização e negociação coletiva), Convenção n. 135 (proteção e prerrogativas dos representantes dos trabalhadores), Convenção n. 154 (Incentivo à negociação coletiva), Convenções ns. 11 e 141 (direitos sindicais dos trabalhadores rurais), Convenção n. 151 (relações de trabalho na Administração Pública). (URIARTE, Oscar Ermida. Liberdade sindical: normas internacionais, regulação estatal e autonomia. In: TEIXEIRA, João de Lima (coord.). *Relações coletivas de trabalho. Estudos em homenagem ao Ministro Arnaldo Süssekind.* São Paulo: LTr, 1989. p. 251).

(7) MAGANO, Octavio Bueno. *Manual de direito do trabalho.* São Paulo: LTr; Editora da Universidade de São Paulo, 1980. p. 24.

> "parece claro que a regulamentação estatal da liberdade sindical responde, claramente, na América Latina, a uma vontade governamental de controle político do Sindicato, pretensão esta que se alimenta do autoritarismo presente ou preponderante na região e da conflitividade social que nela se verifica, sem prejuízo das tendências opositoras que, em algumas ocasiões, adota o movimento sindical."[8]

A situação vivida no Brasil não é diferente. Embora a Constituição tenha, em tese, trazido o princípio da liberdade sindical, o próprio texto constitucional traz uma série de limitações ao seu exercício, como, por exemplo, a limitação da representação sindical por categoria e o princípio da unicidade sindical[9], além de não ter o Brasil ratificado a Convenção n. 87 da OIT.

A imposição da unicidade e da limitação da representação por categoria, em certa medida, esvazia o conteúdo da liberdade sindical, vez que o trabalhador não detém a prerrogativa de escolher livremente a sua representação.

Não bastasse isso, até o advento da Lei n. 13.467/2017, os sindicatos recebiam a tão chamada "contribuição compulsória", ou seja, independentemente do resultado de sua atuação possuíam receitas para se manterem. Observe-se que a contribuição sindical compulsória foi objeto de inúmeras críticas da doutrina, vez que mantinha no sistema sindical brasileiro as origens corporativistas da Era Getúlio Vargas, caracterizando-se como grave violação à liberdade sindical[10].

A manutenção da contribuição compulsória deixou o país em uma situação contraditória. Embora vigente o princípio da unicidade sindical,

---

(8) URIARTE, Oscar Ermida. Liberdade sindical: normas internacionais, regulação estatal e autonomia. In: TEIXEIRA, João de Lima (coord.). *Relações coletivas de trabalho. Estudos em homenagem ao Ministro Arnaldo Süssekind.* São Paulo: LTr, 1989. p. 262.

(9) Art. 8º É livre a associação profissional ou sindical, observado o seguinte: I — a lei não poderá exigir autorização do Estado para a fundação de sindicato, ressalvado o registro no órgão competente, vedadas ao Poder Público a interferência e a intervenção na organização sindical; II — é vedada a criação de mais de uma organização sindical, em qualquer grau, representativa de categoria profissional ou econômica, na mesma base territorial, que será definida pelos trabalhadores ou empregadores interessados, não podendo ser inferior à área de um Município; (...).

(10) ALMEIDA, Renato Rua. Contribuição sindical: necessária autorização prévia e expressa? Arquivos do Instituto Brasileiro de Direito Social Cesarino Júnior. *Temas polêmicos de direito e processo do trabalho.* v. 42, p. 9, 2018.

havia no Brasil 16.734 sindicatos no início de 2019[(11)]. Ou seja, há clara pulverização da atuação sindical, diminuindo a força da maioria dos sindicatos.

Contudo, como já dito alhures, a extinção da contribuição sindical obrigatória se fez importante na medida em que retirou do ordenamento jurídico mais este resquício do caráter intervencionista do modelo corporativista. Porém, a forma como isso ocorreu, ou seja, de modo abrupto, sem garantir uma transitoriedade que permitisse aos sindicatos a sua reestruturação, é o que preocupa, vez que, ao mesmo tempo em que retirou a principal fonte de custeio sindical, conferiu prevalência à regulação autônoma[(12)].

Desse modo, embora possa se afirmar que, em tese, a extinção da contribuição compulsória é mais um passo rumo à plena liberdade sindical, a nosso ver, as limitações constitucionais quanto à unicidade na representação e a consequente não ratificação da Convenção n. 87 impedem o pleno exercício desse direito.

3. *A negociação coletiva e o pluralismo jurídico do direito trabalhista*

O direito à negociação coletiva é reconhecido como um direito dos trabalhadores pela Convenção n. 98 que, em seu art. 4º, trata da necessidade de

> "fomentar e promover o pleno desenvolvimento e utilização dos meios de negociação voluntária entre empregadores ou organizações de empregadores e organizações de trabalhadores com o objetivo de regular, por meio de convenções, os termos e condições de emprego".

Por sua vez, o direito à negociação coletiva é também reconhecido pela Constituição Federal, na medida em que a Constituição coloca o sindicato como ator principal e porta-voz da classe trabalhadora[(13)]. Como

---

(11) Disponível em: <http://www.consultaesic.cgu.gov.br/busca/dados/Lists/Pedido/Item/displayifs.aspx?List=0c839f31-47d7-4485-ab65-ab0cee9cf8fe&ID=722720&Web=88cc5f44-8cfe-4964-8ff4-376b5ebb3bef>. Acesso em: 31.5.2020.

(12) Nesse sentido o art. 611A, CLT "Art. 611-A. A convenção coletiva e o acordo coletivo de trabalho têm prevalência sobre a lei quando, entre outros, dispuserem sobre: (...)".

(13) Nesse sentido: Art. 7º São direitos dos trabalhadores urbanos e rurais, além de outros que visem à melhoria de sua condição social: VI — irredutibilidade do salário, salvo o disposto em convenção ou acordo coletivo; XIV — jornada de seis horas para o trabalho realizado em turnos ininterruptos de revezamento, salvo negociação coletiva.

bem observa Paulo Sérgio João, não há uma previsão específica para o direito à negociação coletiva, contudo, ele decorre da centralidade prevista pelo constituinte na defesa dos direitos dos trabalhadores mediante a atuação sindical, bem como decorre da própria liberdade sindical[14].

É pela negociação coletiva que a classe trabalhadora manifesta a sua vontade no viés coletivo, sendo que o fruto dessa negociação, os acordos e convenções, são instrumentos reconhecidos pelo ordenamento jurídico como fontes autônomas de regulação da relação trabalhista e têm como vantagem a sua adaptabilidade à situação peculiar do grupo de trabalhadores que representa a categoria ou do grupo de trabalhadores na empresa. Ademais, por suas regras não se aderirem definitivamente ao contrato de trabalho, permite uma flexibilidade interna da regulamentação do trabalho[15].

A negociação "é expressão do princípio da autonomia privada coletiva dos particulares e da liberdade sindical"[16], ou seja, é por meio dela que os representados expressam a sua vontade e estabelecem regras que regerão a relação jurídica trabalhista, sendo essa a principal função da entidade sindical.

Decorre dessa prerrogativa uma das principais características do direito do trabalho, que é a sua pluralidade de fontes. Sobre o tema, leciona Amauri Mascaro Nascimento:

> "O ordenamento jurídico é o macromodelo. Alberga essas diversas espécies de fontes formais ou microestruturas jurídicas, das quais o livre jogo das iniciativas dos particulares é uma espécie. O contrato tem força de lei entre as partes. A autonomia da vontade é fonte geradora de regras de direito. (...) O direito do trabalho não foge dessas premissas. As suas estruturas normativas provêm de diversos centros de positivação, organizados ou não; da OIT que aprova convenções internacionais e recomendações que se inserem ou não no direito interno de cada país, segundo as prescrições nele estabelecidas; do Estado, que

(14) JOÃO, Paulo Sérgio. Negociações coletivas de trabalho no Brasil. In: FORJAZ, Paula; SILVA, J. A. Ferreira da; MADEIRA, Auta; CORREIA, Nilton (coords.). *Temas Laborais Luso Brasileiros*. Coimbra: Coimbra, 2007. p. 313.

(15) Por flexibilização externa entende-se a alteração dos tipos de vínculos contratuais, ao passo que a flexibilização interna refere-se ao regime jurídico do vínculo trabalhista, que tende a ser menos rígido. RAMALHO, Maria do Rosário Palma. *Tratado de direito do trabalho*. Parte I — dogmática geral. 4. ed. Coimbra: Coimbra, 2015. p. 75.

(16) NASCIMENTO. Amauri Mascaro. *Compêndio de direito sindical*. 7. ed. São Paulo: LTr, 2012. p. 400.

legisla e firma tratados internacionais com outros Estados; da União Europeia, para o seu âmbito, no que há uma regulamentação trabalhista aplicável a todos os países que a integram; das empresas que têm seus regulamentos internos; dos Tribunais que elaboram uma farta jurisprudência; da sociedade ou partes dela, que adotam práticas costumeiras e usuais; e dos grupos de trabalhadores e empresas, que, diretamente ou por meio de representações, ajustam normas e condições de trabalho em negociações coletivas."

Destarte, considerando que a MP n. 936 permitiu que a empresa negociasse diretamente com o empregado a suspensão do contrato de trabalho, trataremos, a seguir, se essa permissão afronta ou não o direito constitucional à participação democrática dos trabalhadores no diálogo social para a regulação da sua relação empregatícia.

4. *A MP n. 936 convertida na Lei n. 14.020/2020 e o prestígio à autonomia privada individual*

Como já dito anteriormente, a MP n. 936 convertida na Lei n. 14.020/20 prestigiou a autonomia privada individual dos empregados, vez que permitiu que o empregador negociasse diretamente com o empregado os termos da suspensão de seu contrato de trabalho.

Por autonomia privada individual entende-se a liberdade de se autorregular, firmando negócios jurídicos cujo cumprimento é obrigatório. Entretanto, não se trata de um direito absoluto, encontrando limites nos demais direitos garantidos na Constituição, tais como a igualdade e o princípio democrático.

É sabido que a característica peculiar do Direito do Trabalho é justamente a disparidade de forças existentes entre as partes que estabelecem essa relação jurídica. De um lado, a pessoa física do empregado e do outro, geralmente, o ser coletivo do empregador. Ademais, em razão da vigência desse contrato, o trabalhador transfere os riscos da atividade ao empregador, o qual, todavia, passa a dirigir a prestação pessoal de serviços, fazendo uso dos poderes de organização, fiscalização e disciplinar. Porém, "o poder deste último é, por sua vez, coordenado com aquele do trabalho sindicalmente organizado. A regulação do trabalho, portanto, resulta da combinação desses processos de subordinação e coordenação"[(17)].

(17) ROMAR, Carla Teresa Martins; MASSONI, Tulio de Oliveira. Tripartismo, diálogo social e concertação social. *Revista de Direito do Trabalho*, v. 205/2019, p. 43-66, set. 2019.

Na medida em que, em um momento de crise, como o atual vivido em decorrência da pandemia, privilegia-se a negociação individual, na medida em que a atuação sindical é necessária para o equilíbrio da relação entre capital e trabalho, indaga-se se ocorrerá ou não um desequilíbrio nessa negociação. Terá o empregado força para realizar a referida negociação?

Por outro lado, é importante sopesar o bem jurídico tutelado pela Medida Provisória, convertida em lei, qual seja, a garantia de emprego. Destarte, sabendo-se que inúmeras empresas estão demitindo justamente por não ter como manter a sua atividade empresarial face à pandemia, a urgência nesse cenário justificaria o afastamento da negociação coletiva, ante a tutela desse bem jurídico maior, o direito ao emprego?

5. *A alegação de inconstitucionalidade dos acordos individuais para os fins da MP n. 936/2020 convertida na Lei n. 14.020/2020*

A Medida Provisória n. 936 foi objeto de impugnação perante o Supremo Tribunal Federal, sob o argumento de que a previsão de "acordo individual" para fins de suspensão dos contratos ou redução de jornada afronta a Constituição Federal, a qual reconhece a autonomia privada coletiva das entidades sindicais, bem como confere legitimidade ao ente sindical para firmar acordos que visem à redução de salário ou da jornada.

O Relator da Adin, Ministro Lewandowski, deferiu em parte a cautelar, para conferir interpretação conforme à Constituição ao § 4º do art. 11 da Medida Provisória n. 936/2020, determinando que a comunicação pelos empregadores, no prazo de dez dias, ao sindicato da categoria, permitiria a instauração da negociação coletiva, importando a inércia da entidade sindical a anuência ao referido acordo(18).

O tema foi submetido ao colegiado, ocasião na qual prevaleceu o voto divergente do Ministro Alexandre de Moraes, no sentido de afastar a alegação de inconstitucionalidade sob o fundamento de que ante a excepcionalidade do atual momento pandêmico, a manutenção de renda mínima do trabalhador, com a preservação do vínculo após a crise, é compatível com o afastamento da inervação sindical, vez que a permissão para que o sindicato se manifestasse posteriormente, conforme decidido em sede cautelar, geraria, a seu ver, maior insegurança jurídica e aumentaria o risco de desemprego.

---

(18) Disponível em: <http://www.stf.jus.br/arquivo/cms/noticiaNoticiaStf/anexo/ADI6363.pdf>. Acesso em: 31.5.2020.

Ademais, aduziu o Ministro que não havia violação de princípios constitucionais, vez que, a seu ver, não há conflito entre empregadores e empregados, mas sim uma convergência de interesses quanto à necessidade de manutenção tanto da empresa quanto do emprego. Por fim, aduz que a lei está em conformidade com a proteção constitucional da dignidade ao trabalho e a manutenção do emprego[(19)].

6. *Análise crítica da decisão proferida pelo Supremo Tribunal Federal*

Constata-se que a decisão do Supremo deixou a entidade sindical em segundo plano para a negociação dos acordos decorrentes da Medida Provisória n. 936, privilegiando os princípios da autonomia individual, bem como a segurança jurídica.

Com o devido respeito ao posicionamento do C. Supremo Tribunal Federal, a nosso ver, a decisão proferida em sede cautelar, pelo Ministro Lewandowski, garantia tanto a agilidade necessária para a solução das questões nesses momentos de urgência, quanto a valorização da negociação coletiva, estando, pois, em consonância com o texto constitucional que somente admite a redução de salários e jornada por atuação da entidade sindical.

Isso porque, somente pela atuação da entidade sindical é que se consegue o equilíbrio necessário à regulação autônoma das relações trabalhistas. Acreditar que a pandemia fez com que os interesses de trabalhadores e empregadores se tornassem convergentes, pode até ser considerada, em seu aspecto mais geral, quanto à preservação do emprego e da empresa, como colocado pelo Ministro Alexandre de Moraes. Contudo, os problemas começam a surgir quanto ao desdobramento desses acordos.

Nesse sentido, por exemplo, é importante salientar que na redação original da MP que foi convertida em lei não é garantida a integralidade do salário ao empregado que, segundo a Medida Provisória, terá direito ao Benefício Emergencial de Preservação do Emprego e da Renda em valor correspondente a um percentual com base no seguro-desemprego. Ou seja, na prática, o que se permitiu foi a redução salarial do empregado por acordo individual, em total afronta ao art. 7º, VI, da Carta Magna.

Ora, diante da real possibilidade de redução salarial, vez que, pela redação da Medida Provisória convertida em lei a complementação do

(19) Disponível em: <http://portal.stf.jus.br/noticias/verNoticiaDetalhe.asp?idConteudo=441651&ori=1>. Acesso em: 31.5.2020.

salário é uma faculdade do empregador, não há como aceitar o argumento de que há convergência de interesses entre trabalhador e empresa. Essa convergência, a nosso ver, somente seria possível caso o empregado não tivesse perda salarial.

Seria sim possível a negociação individual caso a empresa garantisse a manutenção do salário do trabalhador. Caso contrário, não haveria como manter a solução de prevalência da negociação individual, sendo a solução proposta pelo Relator adequada, pois, ao mesmo tempo em que garante a agilidade na negociação, permite a atuação dos sindicatos quando houver redução salarial.

Outra questão referente à prevalência da autonomia privada individual é a não previsão na Medida Provisória convertida em lei do dever de informação. Será factível, na prática, o empregado, individualmente, questionar o seu empregador sobre a sua atual situação econômica? Evidente que não. Por outro lado, a entidade sindical tem sim instrumentos para exigir essas informações das empresas, garantindo uma negociação clara, baseada no diálogo social paritário entre os atores sociais.

Finalmente, o argumento da segurança jurídica não pode subsistir, pois, o que se percebe é a segurança apenas ao empregador que, mesmo na evidente redução salarial de seu empregado, pode firmar acordo individual, sendo esse considerado válido pelo ordenamento jurídico. Mas como fica a segurança jurídica pela perspectiva do empregado que tinha a expectativa de receber a sua contraprestação de salário integral, ante o princípio da irredutibilidade salarial? De se lembrar a natureza jurídica alimentar do salário, estritamente relacionada ao princípio da dignidade humana.

A nosso ver, não pode o direito simplesmente curvar-se à questão econômica. Como bem observa Nelson Mannrich:

> "a solução para a crise não se restringe ao campo econômico, cabendo ao Direito do Trabalho papel decisivo e preponderante, não se submetendo pura e simplesmente às regras ditadas pela economia, embora o conteúdo das regras a serem ditadas pelo direito tenham forte conteúdo socioeconômico. O Direito do Trabalho vive dilema de difícil solução, pois não se pode divorciar da realidade para não acabar negando valores que deveria tutelar e, ao mesmo tempo, não pode ceder ao 'canto' do mercado negando direitos fundamentais, sob pena de perder a sua própria identidade."[20]

(20) MANNRICH, Nelson. *A modernização do contrato de trabalho*. São Paulo: LTr, 1998. p. 81.

O sindicato, como ator social acostumado a negociar, tem muito mais artifícios para garantir uma negociação mais equânime e em consonância com a situação específica de cada empresa.

7. *Houve um esvaziamento da atuação sindical pela MP n. 936 referendada pelo STF?*

O presente artigo se propõe a responder à indagação sobre o esvaziamento ou não da atuação sindical em razão da MP n. 936, já referendada pelo STF.

Primeiramente, importante analisar a atuação sindical nesse momento de pandemia. Segundo dados do Dieese há uma estimativa de que, até o presente momento, mais de 4,41 milhões de trabalhadores foram abrangidos por negociações coletivas, que envolvem, tanto a MP n. 936, quanto outros temas atinentes à pandemia como, por exemplo, regras de saúde no trabalho.

Ademais, segundo o referido instituto é possível constatar que nas negociações coletivas os trabalhadores conseguiram benefícios superiores àqueles previstos na MP n. 936, como, por exemplo, a manutenção de seus salários líquidos ou de outros benefícios.[21]

O referido estudo aponta que, embora a MP convertida em lei tenha privilegiado a atuação individual, as entidades sindicais, especialmente na região Sudeste, têm atuado e conseguido maiores benefícios à classe trabalhadora.

Por outro lado, é importante recordar que a principal função do sindicato é a negociação coletiva, sendo certo que é por intermédio dessa negociação que as partes conseguem ajustar o contrato de trabalho às necessidades prementes da empresa ou daquele setor produtivo, garantindo direitos básicos aos trabalhadores. Em momentos de crise, a regulação autônoma se torna ainda mais necessária, vez que as suas disposições não se integram ao contrato de trabalho e tem um período determinado de vigência.

Não se olvida da necessidade de sindicatos mais representativos e que tenham ressonância com a classe representada. Nesse sentido, é preciso abrir caminho à liberdade sindical, permitindo que os trabalhadores

(21) Disponível em: <https://www.dieese.org.br/estudosepesquisas/2020/estPesq92AcordosCovidAtualizacao.html>. Acesso em: 2.6.2020.

possam escolher livremente os seus sindicatos, bem como que tenham responsabilidade quanto à sua atuação como parte integrante de um diálogo social. No momento no qual o discurso polarizado parece tomar conta do debate, parece-nos um desafio maior enfrentar essa questão. Todavia, o único meio de resolver essas questões é pelo debate, que levará a uma atuação sindical mais efetiva e tornará evidente a urgência de se garantir o pleno exercício da liberdade sindical.

Estamos cientes da crise econômica que afetará as economias de todo o mundo e os desafios que enfrentará o direito do trabalho para garantir patamares mínimos à classe trabalhadora. Contudo, acreditamos que esse momento pode ser transformador, um divisor de águas, a permitir a conscientização sobre a necessidade de efetiva participação do processo democrático, em especial quando se trata da regulação do trabalho.

Ademais, o atual cenário de isolamento social, que tanto estimulou o uso do teletrabalho, também pode acarretar uma mudança de conduta da entidade sindical, a qual também deverá fazer uso de meios tecnológicos para atingir os seus representados. Votações utilizando o WhatsApp, assembleias e reuniões por meio de aplicativos são, por exemplo, fatos que podem sim levar o sindicato mais perto de seu representado.

Quanto a isso, importante ressaltar que a Paralisação dos Caminhoneiros, que foi deflagrada por trabalhadores sem um movimento sindical formal, se idealizou por meio das mídias sociais e conseguiu efetivamente chamar a atenção para a situação dos caminhoneiros no país, vez que essa desorganizou a cadeia produtiva do país.

Destarte, embora tenha o Supremo afastado a obrigatoriedade de negociação coletiva no âmbito da MP n. 936, há muito campo de atuação e mecanismos que permitirão ao sindicato atuar e exercer o seu papel constitucional de representar os interesses da classe trabalhadora, promovendo o diálogo social e a pacificação, garantindo que sejam mantidos direitos básicos aos trabalhadores e, por outro lado, que as empresas tenham a tão desejada flexibilidade interna nos contratos em um momento de crise, como o que se vive neste momento.

8. Referências

ALMEIDA, Renato Rua. Contribuição sindical: necessária autorização prévia e expressa? Arquivos do Instituto Brasileiro de Direito Social Cesarino Júnior. *Temas polêmicos de direito e processo do trabalho*, v. 42, 2018.

JOÃO, Paulo Sérgio. Negociações coletivas de trabalho no Brasil. In: FORJAZ, Paula; SILVA, J. A. Ferreira da; MADEIRA, Auta; CORREIA, Nilton (coords.). *Temas Laborais Luso-Brasileiros*. Coimbra: Coimbra Editora, 2007.

MAGANO, Octavio Bueno. *Manual de direito do trabalho*. São Paulo: LTr; Editora da Universidade de São Paulo, 1980.

MANNRICH, Nelson. *A modernização do contrato de trabalho*. São Paulo: LTr, 1998.

NASCIMENTO, Amauri Mascaro. *Compêndio de direito sindical*. 7. ed. São Paulo: LTr, 2012.

ROMAR, Carla Teresa Martins; MASSONI, Tulio de Oliveira. Tripartismo, diálogo social e concertação social. *Revista de Direito do Trabalho*, v. 205, p. 43-6, set. 2019.

RAMALHO, Maria do Rosário Palma. *Tratado de direito do trabalho*. Parte I — dogmática geral. 4. ed. Coimbra: Coimbra, 2015.

URIARTE, Oscar Ermida. Liberdade sindical: normas internacionais, regulação estatal e autonomia. In: TEIXEIRA, João de Lima (coord.). *Relações coletivas de trabalho. Estudos em homenagem ao Ministro Arnaldo Süssekind*. São Paulo: LTr, 1989.

https://www.redebrasilatual.com.br/trabalho/2020/05/numero-de-acordos-com-base-na-mp-936-cresce-mas-sindicatos-melhoram-o-conteudo-diz-dieese/

https://www.folhape.com.br/economia/economia/coronavirus/2020/04/20/NWS,137767,10,1669,ECONOMIA,2373-ACORDOS-COM-SINDICATOS-PARA-CONTER-DEMISSOES-CHEGARAM-MILHOES-TRABALHADORES.aspx

https://www.dieese.org.br/boletimespecial/2020/boletimEspecial02.html

https://www.dieese.org.br/estudosepesquisas/2020/estPesq92AcordosCovidAtualizacao.html

Trabalho em Plataformas Digitais. Covid-19. Atividades Consideradas Essenciais?

Iratelma Cristiane Martins Mendes[1]
Fabíola Marques[2]

1. Introdução

Hodiernamente temos enfrentado uma latente transformação nas relações de trabalho, gerando um palco de debates acirrados em decorrência das novas modalidades de trabalho que mantêm um conglomerado de trabalhadores em serviços ofertados por plataformas digitais. Com o decreto pandêmico feito pela Organização Mundial da Saúde, em data de 11.3.2020[3], vamos destinar esse estudo para refletir sobre o impacto da Convid-19 nas atividades consideradas essenciais.

---

(1) Advogada. Professora universitária em graduação e pós-graduação. Especialista em Direito do Trabalho pela Pontifícia Universidade Católica de São Paulo — Cogeae/SP. Especialista em Direito Público pela Escola Paulista de Direito — Mestre em Direito do Trabalho pela Pontifícia Universidade Católica de São Paulo /SP. Doutoranda em Direito do Trabalho pela Pontifícia Universidade Católica de São Paulo. Laureada por Mérito Docente — Ordem dos Advogados do Brasil — São Paulo — 2016.

(2) Advogada. Mestre e Doutora em Direito pela Pontifícia Universidade Católica de São Paulo. Professora de Direito do Trabalho e Direito Processual do Trabalho da PUC-SP, nos cursos de graduação e pós-graduação. Ex-Presidente da Associação dos Advogados Trabalhista de São Paulo — AATSP. Ex-Presidente da Comissão Especial de Direito Material do Trabalho da OAB/SP. Ex-Presidente da Comissão da Mulher Advogada da OAB/SP nos mandatos de 2010/2012, 2013/2015 e 2016/2018. Membro efetivo da Comissão Especial da Diversidade Sexual e Combate à Homofobia e da Comissão da Mulher advogada, no triênio 2016/2018. Membro do grupo de pesquisa Direito, Gênero e Igualdade da Faculdade de Direito da PUC/SP. *E-mail:* fabiola@abudmarques.com.br.

(3) Disponível em: <https://www.unasus.gov.br/noticia/organizacao-mundial-de-saude-d e clara-pandemia-de-coronavirus>.

Ao longo da história do Direito do Trabalho, foi sendo construída uma linha lógica estruturante segundo a qual o trabalhador se apresenta no eixo da relação contratual de trabalho, ou seja, integra o contrato de trabalho como responsável pela consecução e resultado dos serviços, recebendo em contrapartida um manto protetivo que tem por escopo equilibrar o capital e o trabalho.

Para validar esse pensamento, nos valemos das transformações experimentadas ao longo dos séculos passados, as quais impactaram diretamente no cenário econômico mundial e nas relações sociais do trabalho.(4)

No século XVIII, a máquina de tear era o meio de produção de bens de serviços, exigindo do trabalhador um grande empenho de força muscular.(5) Em contrapartida, o resultado da produtividade econômica se apresentava infinitamente menor por ser desenvolvida de forma mecânica.(6)

Entre 1760 e 1860, aproximadamente(7), a primeira Revolução Industrial conheceu a máquina a vapor, dando início à produção mecânica. Surgiram grandes empreendimentos fabris, com uma nova realidade produtiva. Assim, a máquina substituiu a mão de obra, com um resultado produtivo muito maior. Nas lições de Amauri Mascaro Nascimento(8):

> "O advento da máquina a vapor permitiu a instalação de uma indústria onde houvesse carvão, e a Inglaterra foi especialmente favorecida. A indústria têxtil-algodoeira instalou-se no condado de Lancaster, perto de Liverpool. E das suas necessidades surgiram inventos como a *flying-suttle* (lançadeira volante), devida a John Kay, em 1733, a máquina de Samuel Crompton, que é uma modalidade de máquina de fiar, o tear mecânico, de Edmund Catwright, em 1784 etc."

Portanto, houve significativa mudança nas condições de trabalho em decorrência da descoberta da máquina a vapor.

No século XIX, um novo cenário se apresenta no processo produtivo industrial, com o surgimento da energia elétrica, a partir de 1880. A segunda Revolução Industrial impacta a economia e as relações de trabalho

---

(4) MARTINS, Sergio Pinto. *Direito do trabalho*. 25. ed. São Paulo: Atlas, 2009. p. 5-11.

(5) NASCIMENTO, Amauri Mascaro. *Curso de direito do trabalho*. São Paulo: Saraiva, 2009. p. 11.

(6)

(7) OLIVEIRA NETO, Célio Pereira. *Trabalho em ambiente virtual. Causas, efeitos e conformação*. São Paulo: LTr, 2018. p. 15.

(8) OLIVEIRA NETO, Célio Pereira. *Op. cit.*, p. 16 e 27.

como um fenômeno coletivo e não individual. A produtividade em larga escala substituiu a produtividade da máquina a vapor, com resultado final muito mais expressivo e aumento da lucratividade. Nesse passo, também a máquina elétrica substituiu os trabalhadores que operavam a máquina a vapor, consequentemente, houve diminuição dos postos de trabalho que deram espaço para uma nova técnica de produtividade distante dos trabalhos realizados de forma mecânica.

Célio Pereira Oliveira Neto(9), afirma que:

> "As máquinas passam a dar origem a novas máquinas, multiplicando-se as máquinas-ferramentas. No curso da Segunda Revolução Industrial, entre meados dos séculos XIX e XX, a produção em massa era a tônica, baseada em linhas de montagem e beneficiando-se da invenção da eletricidade. (...) A geração da Segunda Revolução Industrial viveu em modo analógico, o que soa atualmente como antiquado; os canais de televisão eram poucos e abertos, ao que os atuais, no modo digital são quase infindáveis, não se podendo consumi-los."

O modelo taylorista (Frederick Winslow Taylor) foi adotado como conceito de padronização da produtividade, com separação entre gerência, concepção, controle e execução dos serviços. E foi seguido pelas lições do fordismo (Henry Ford), que acrescentou a administração conjunta dos tempos e movimentos, com utilização de esteiras. Essa metodologia faz com que os trabalhadores se concentrem ao redor das máquinas. Nascem, com esse modelo produtivo, grandes fábricas com um número significativo de empregados. Havia uma ideia de igualdade entre empregados e empregadores(10), pois uns dependiam dos outros. Mas, na verdade, a concentração do capital, meios de produção e maquinários pertenciam ao empregador.

Não era incomum a ideia de que esse modelo produtivo era estável e com longevidade, tanto que o empregado mantinha uma ideia de fixação na função até a aposentaria e que também seus filhos seriam premiados com a oportunidade de emprego até a aposentadoria. Note que as fábricas contavam com expressiva mão de obra humana para operações de seus maquinários. A General Motors, sozinha, mantinha 595.000 empregados e a AT&T, 736.000 trabalhadores.(11)

---

(9) OLIVEIRA NETO, Célio Pereira. *Op. cit.*, p. 17.

(10) MANUS, Pedro Paulo Teixeira. *Direito do trabalho*. p. 26. São Paulo: Atlas, 2001.

(11) OLIVEIRA NETO, Célio Pereira. *Op. cit.*, p. 19.

Na segunda metade do século XX, a partir da década de 1960, entra em cena uma outra realidade que impacta a economia e as relações de trabalho. A Terceira Revolução Industrial caracteriza-se pela democratização do uso de computadores e sistema digital(12). Surgem a automação e a robótica. Os computadores passam a substituir as máquinas elétricas e a mão de obra dos trabalhadores; havendo um aumento no resultado da produtividade final. Mais uma vez, novas técnicas geram ampliação da lucratividade e diminuem a mão de obra; distanciando-se ainda mais do modelo da máquina de tear, da máquina a vapor e da máquina elétrica.

Segundo Amauri Mascaro Nascimento:

> "A competitividade entre empresas de diferentes países intensificou-se com as maiores facilidades proporcionadas pela velocidade e agilidade das comunicações e comércio, provocando uma concorrência maior, que as levou a iniciativas com a finalidade de reduzir custos da produção, dentre os quais o número de empregados, os salários, as formas de contratação e a jornada de trabalho, o que se refletiu sobre o direito do trabalho."(13)

O fenômeno da terceirização, do contrato a tempo parcial e do contrato determinado são um marco dessa Revolução, pois as indústrias primam por estar inseridas na economia globalizada, com baixos custos.

Com a chegada dos computadores, o desenvolvimento da robótica e o acesso à informação, a criatividade humana não para! Novas técnicas surgem com alta penetração na vida social e nos meios produtivos de bens e serviços. Assim, as redes sociais, os sistemas *cybers*, a inteligência artificial, nanotecnologia, neurotecnologia, biotecnologia, sistema de armazenamento de energia e impressora 3D(14) alcançam a Quarta Revolução Industrial. A economia passa a ser integrada por plataformas e produtos disruptivos (inovação tecnológica).

Nesse sentido, Antonio Carlos Aguiar(15) acrescenta que a contratação digital se desenvolve por meio de ferramentas globais, interligadas mundialmente, fazendo com que, além de computadores, pessoas em outra parte do planeta tornem-se "ladrões de empregos locais".

---

(12) OLIVEIRA NETO, Célio Pereira. *Op. cit.*, p. 22.

(13) NASCIMENTO, Amauri Mascaro. *Op. cit.*, p. 43.

(14) OLIVEIRA NETO, Célio Pereira. *Op. cit.*, p. 27.

(15) AGUIAR, Antonio Carlos. *Direito do trabalho 2.0. Digital e disruptivo*. São Paulo: LTr, 2018. p. 78-79.

O desenvolvimento da sociedade e das novas formas de produção são denominadas pela doutrina como 1ª Revolução Industrial, 2ª Revolução Industrial, 3ª Revolução Industrial e 4ª Revolução Industrial, ou ainda, Revolução 4.0.

Nesse contexto, é importante analisar quem é o trabalhador 4.0 e se ele está inserido no manto protetor da saúde diante da exposição à pandemia — Covid19?

2. *Atividades Essenciais*

A legislação trabalhista nacional disciplina o Direito de Greve, no art. 9º da CRFB/88 e na Lei n. 7.783/89, e garante o movimento paredista como um instrumento de reivindicação da classe trabalhadora organizada. A lei prevê os procedimentos necessários para a deflagração e a legitimidade da greve, além dos serviços ou atividades consideradas essenciais:

> Art. 10. São considerados serviços ou atividades essenciais:
>
> I — tratamento e abastecimento de água; produção e distribuição de energia elétrica, gás e combustíveis;
>
> II — assistência médica e hospitalar;
>
> III — distribuição e comercialização de medicamentos e alimentos;
>
> IV — funerários;
>
> V — transporte coletivo;
>
> VI — captação e tratamento de esgoto e lixo;
>
> VII — telecomunicações;
>
> VIII — guarda, uso e controle de substâncias radioativas, equipamentos e materiais nucleares;
>
> IX — processamento de dados ligados a serviços essenciais;
>
> X — controle de tráfego aéreo e navegação aérea;
>
> XI — compensação bancária;
>
> XII — atividades médico-periciais relacionadas com o regime geral de previdência social e a assistência social;
>
> XIII — atividades médico-periciais relacionadas com a caracterização do impedimento físico, mental, intelectual ou sensorial da pessoa com deficiência, por meio da integração de equipes multiprofissionais e

interdisciplinares, para fins de reconhecimento de direitos previstos em lei, em especial na Lei n. 13.146, de 6 de julho de 2015 (Estatuto da Pessoa com Deficiência);

XIV — outras prestações médico-periciais da carreira de Perito Médico Federal indispensáveis ao atendimento das necessidades inadiáveis da comunidade;

XV — atividades portuárias.

Notadamente, essas disposições não alcançam os trabalhadores que prestam serviços de entrega de alimentos, medicamentos, entre outros, oferecidos por meio das plataformas digitais, diante da ausência de legislação específica ou da existência de vínculo empregatício.

As Medidas Provisórias que instituíram o Programa Emergencial de Manutenção do Emprego e da Renda e dispuseram sobre as medidas trabalhistas complementares para enfrentamento do estado de calamidade pública reconhecido pelo Decreto Legislativo n. 6, de 20 de março de 2020, e da emergência de saúde pública de importância internacional decorrente do coronavírus (Covid-19), de que trata a Lei n. 13.979, de 6 de fevereiro de 2020 (MP n. 927, de 22 de março de 2020 e MP n. 936, de 1º de abril de 2020), (convoladas em 6 de julho de 2020 – Lei n. 14.020/2020),também não abarcaram a referida categoria.

Assim, estes trabalhadores que se locomovem com motocicletas e/ou bicicletas, em todos os Estados do país, não têm garantidas e inseridas suas atividades como essenciais, além de não estarem recebendo o mínimo de proteção para o exercício de suas atividades.

Estamos diante de desigualdade de distribuição de riscos sanitários e econômicos. O art. 6º da CRFB/88 garante o direito à saúde. No mesmo sentido, o *caput* do art. 7º, garante proteção a todo trabalhador, trazendo, no inciso XXII, a garantia da redução dos riscos inerentes ao trabalho, por meio de normas de saúde, higiene e segurança. E, no capítulo destinado à ordem social, o art. 196 prevê que a saúde é um direito de todos e dever do Estado, garantido mediante políticas sociais e econômicas que visem à redução do risco de doença e de outros agravos.

Para Paulo Sergio João[16]

---

(16) JOÃO, Paulo Sergio. Reflexões trabalhistas. Relações trabalhistas em crise: uma luz necessária e desejada no fim do túnel. Disponível em: <https://www.conjur.com.

> "A imagem é desastrosa e cruel em todo o mundo no enfrentamento da pandemia do Covid-19. O momento social e econômico pelo qual todos estamos passando é um desafio que impõe reflexão dos valores cultivados ao longo da história, não para apontar erros do passado nem se conformar para que não se repitam, mas para buscar outros valores mais fortes e coletivos. Nas relações trabalhistas, levados pelo volume de manifestações de todos os dias, as preocupações dividem opiniões e o cuidado para preservar as instituições é essencial a fim de que a inquietação comum não se transforme em oportunismos. Nós sabemos de onde partimos, mas não sabemos para onde vamos.
>
> (...)
>
> A passagem por esta crise está a valorizar o princípio da boa-fé, considerando que o trabalho prestado a distância, por exemplo, adquire maior confiança recíproca entre empregado e empregador, com interação que talvez não tivessem anteriormente. Não é o caso de colocar em dúvida a prestação de serviços e o exercício de *compliance,* seja onde for o local de trabalho.
>
> Além de aguçar a boa-fé nas relações contratuais, este momento acentua a solidariedade entre as pessoas, ainda que distantes. Neste sentido, o contexto de todos os elementos da crise que a pandemia tem gerado, os gestos admitidos e esperados são os de salvação de todos, razão pela qual o enfrentamento da crise não pressupõe o abandono ao desemprego dos trabalhadores. O argumento de força maior por calamidade pública deve ser utilizado para a inclusão social."

Em 1º de julho de 2020, foi organizado um movimento paredista da classe de entregadores para aplicativos *delivery*: "O movimento dos entregadores no Brasil tem sido visto como uma novidade no setor informal dos aplicativos. Os protestos e reivindicações por melhores condições de trabalho começaram em São Paulo há cerca de três meses, mas têm crescido também em outras regiões do país"(17).

Em nosso sentir, trata-se de um movimento legítimo, sob a ótica constitucional de proteção à saúde, conforme já mencionado, uma vez que as leis de proteção aos trabalhadores, promulgadas no período de pandemia,

br/2020-abr-03/reflexoes-trabalhistas-relacoes-trabalhistas-crise-luz-fim-tunel>. Acesso em: 3.4.2020, 13h28.

(17) *Brasil Econômico*, 22.6.2020 17:34 — Atualizada às 22.6.2020 19:23. Disponível em: <undefined — iG @ https://economia.ig.com.br/2020-06-22/greve-dos-entregadores-entenda-o-movimento-dos-trabalhadores-de-aplicativos.html>.

não atingiram tais trabalhadores, que são invisíveis em todos os âmbitos sociais.

3. *Relação de Emprego*

Primeiramente, é importante diferenciar trabalhador e empregado. É cediço, semanticamente, que há diferença entre trabalhador e empregado, como ressalta a doutrina: trabalhador é gênero enquanto empregado é espécie do gênero.

Há na doutrina críticas, inclusive, quanto ao termo "Direito do Trabalho", que deveria ter outra denominação porque a expressão trabalhador inclui a categoria do empresário, do empreiteiro, do gestor de negócios e do mandatário que têm uma legislação própria ou garantida pelo Código Civil, mas não propriamente a Consolidação das Leis do Trabalho, que é destinada exclusivamente aos empregados, sugerindo chamar tal ciência jurídica de "Direito do Trabalho Subordinado Aplicado".(18)

Portanto, em que pese trazermos no título deste estudo a expressão — Trabalhador em Plataformas Digitais — vale enfatizar que nosso objetivo é justamente apurar se essa nova modalidade de trabalho é ou não revestida do contrato de emprego e seus requisitos ou se se trata de um trabalhador genuinamente autônomo, também chamado de "empreendedor" de economia compartilhada.

Assim, partimos da fonte que nos concede a conceituação do empregado, qual seja, o art. 3º da CLT, segundo o qual empregado é toda pessoa física que prestar serviços de natureza não eventual a empregador, sob a dependência deste e mediante salário; bem como, revela que é considerado empregador, art. 2º da CLT, para o qual empregador é a empresa, individual ou coletiva, que, assumindo os riscos da atividade econômica, admite, assalaria e dirige a prestação pessoal de serviço.

Alice Monteiro de Barros(19), apresenta a conceituação dos requisitos da relação de emprego:

> "Pessoalidade, exige que o empregado execute suas atividades pessoalmente, sem se fazer substituir, a não ser em caráter esporádico,

---

(18) SILVA, Homero Batista Mateus da. *Curso de direito do trabalho aplicado*. 3. ed. São Paulo: Revista dos Tribunais, 2015. p. 33. v. 1 — Parte Geral.

(19) BARROS, ALICE MONTEIRO. *Curso de direito do trabalho*. 10. ed. Atualizada por Jessé Claudio Franco de Alencar. São Paulo: LTr, 2016. p. 173-176.

> com a aquiescência do empregador. Não eventualidade, traduz-se pela exigência de que os serviços sejam de natureza não eventual, isto é, necessários à atividade normal do empregador. Salário é a contraprestação devida e paga diretamente pelo empregador ao empregado em virtude do contrato de trabalho. Subordinação é o critério que distingue o contrato de trabalho dos que lhe são afins."

Os elementos basilares dessa nova modalidade de trabalhador 4.0 são a dependência econômica e a subordinação, bem como quais seriam as regras legais que se aproximam do tipo contratual da nova figura de trabalhador.

Não concordamos com a expressão "uberização do trabalho" que vem sendo utilizada por alguns doutrinadores. A expressão diz respeito a uma das plataformas de transporte, mas existem outras tantas plataformas de serviços. Portanto, nos reservamos a utilizar a expressão Trabalhador em Plataformas Digitais, para não mencionar o nome de tais empresas. O que nos interessa é analisar o modelo contratual utilizado para o resultado final desses serviços ofertados, via plataforma em redes sociais.

4. Subordinação Típica

A subordinação não possui uma definição legal no Direito do Trabalho. Esse requisito configurador da relação de emprego ao longo do tempo foi se transformando, desde a 1ª Revolução Industrial, quando havia um gerenciamento da produtividade *in loco* e o trabalho era desenvolvido eminentemente nas dependências da empresa.

Nesse sentido:

> "A subordinação é a situação em que fica o empregado. O poder de direção é a faculdade mantida pelo empregador, de determinar o modo de execução da prestação do trabalho para que possa satisfazer o seu interesse. Ambos se completam. (...) serviços externos também podem ser subordinados. Um motorista de empresa de ônibus é empregado. Não é o local, portanto, um dado decisivo. A soma da quantidade de ordens é que revelará uma situação. Quanto maior o número e a irrefutabilidade jurídica das ordens de serviço, mais clara estará a subordinação."[20]

(20) NASCIMENTO, Amauri Mascaro; NASCIMENTO, Sônia Mascaro. *Iniciação ao direito do trabalho*. 40. ed. São Paulo: LTr, 2015. p. 182-183.

Para maior esclarecimento sobre o instituto, o qual desafia grandes debates doutrinários, nos valemos da classificação apresentada na ciência jurídica do Direito do Trabalho, para aferição da subordinação jurídica, técnica, econômica e social.

Compreende-se como jurídica a subordinação essencial para a caracterização da relação de emprego, sendo o modo pelo qual a prestação de serviços será dirigida pelo empregador.(21) Contudo, devemos observar que ao passo que o empregado se distancia de atividades manuais para atividades técnicas ou intelectuais, o grau de independência faz atenuar a intensidade da subordinação, mas esta não deixa de existir.

Notadamente, aponta Homero Batista Mateus da Silva(22), que a subordinação jurídica, vai além da execução direta e primordial dos serviços, pois o empregado mesmo não exercendo as atividades inerentes à sua função, como por exemplo aguardando a entrega de matéria, aguardando a chegada de um cliente, ou seja, permanecendo à disposição do empregador, está sob o manto da subordinação jurídica.

Quanto à subordinação técnica, o aspecto de direção conferida ao empregador por ser o empreendedor do negócio, o coloca em grau de superioridade(23) ao executor da atividade, *in casu*, o empregado. Conforme, mencionado no parágrafo anterior o conhecimento técnico do empregado apenas aumenta o grau de confiança entre as partes contratantes na consecução dos serviços; todavia, a subordinação técnica proposta pela doutrina refere-se ao risco do negócio (alteridade), ou seja, ao conhecimento técnico da atividade do negócio em si.

Há também, a subordinação hierárquica, em que o empregado se submete à hierarquia empresarial sob o comando da estrutura interna, obedecendo às regras instituídas no poder de mando e gestão da atividade; aceitação, no próprio trabalho, das ordens de um superior(24)

Já a subordinação econômica, como ensina Alice Monteiro de Barros(25), é originária da doutrina alemã e parte das circunstâncias de que o em-

(21) GARCIA, Gustavo Filipe Barbosa. *Curso de direito do trabalho*. 12. ed. Rio de Janeiro: Forense, 2015. p. 122.

(22) SILVA, Homero Batista Mateus da. *Curso de direito do trabalho aplicado*. 3. ed. São Paulo: Revista dos Tribunais, 2015. v. 1 — Parte Geral.

(23) GARCIA, Gustavo Filipe Barbosa. *Op. cit.*, p. 123.

(24) NASCIMENTO, Amauri Mascaro. *Curso de direito do trabalho*. 24. ed. São Paulo: Saraiva, 2009. p. 622.

(25) BARROS, Alice Monteiro de. *Op. cit.*, p. 176.

pregado necessita do salário para sua subsistência e de seus familiares. Contudo, é unanime na doutrina que esse critério é um tanto falho, pois pode ocorrer de o empregado não ser, necessariamente, dependente econômico de seu empregador, podendo ter outros meios de subsistência e manter a relação de emprego sem dependência financeira.

Importante discorrer sobre a subordinação no contrato de trabalho, e sua diferença em outras modalidades contratuais. Como exemplo, podemos mencionar um contrato locatício, no qual o locatário para fazer alterações no imóvel, deverá ter permissão do locador. Outro exemplo que podemos apresentar é o contrato de representante comercial, no qual a subordinação não é dotada de alto grau, como no contrato de emprego; o representante comercial pode ter inserido em seu contrato áreas de atuação, condições para vendas dentre algumas outras cláusulas, que o subordinam ao representado[26]. Todavia, a subordinação exemplificada nesses contratos não extrai a liberdade de uso do imóvel pelo locatário, nem a liberdade organizacional do representante comercial para consecução de seu trabalho. Podemos verificar que a subordinação está inserida em várias modalidades contratuais, todavia a subordinação do contrato de emprego é dotada de grau mais elevado na consecução dos serviços.

O convívio humano exige certas regras às quais nos subordinamos. Num lar, os filhos seguem regras apresentadas pelos pais. Nas instituições de ensino, os discentes seguem regras da direção dos cursos. E assim, sucessivamente, essas relações são permeadas de certo grau de hierarquia e controle, podendo haver até dependência econômica. Contudo, esse tipo de subordinação não chega perto da subordinação estudada nas relações de emprego. Razão pela qual imputamos a importância de apresentar, ainda que de forma discreta, a discussão doutrinária sobre o assunto.

5. Subordinação Estrutural e Trabalho Coordenado

O Direito não é uma ciência estática, portanto, acompanha o desenvolvimento humano, social, econômico, cultural; o que desafia novas reflexões, revisões de conceitos e novas regras legislativas.

Como vimos nos itens anteriores, as descobertas e inventos de máquinas e novas tecnologias, causaram grande impacto na economia e nas relações de trabalho, de forma globalizada.

(26) SILVA, Homero Batista Mateus da. *Op. cit.*, p. 39.

Atualmente, em especial nos países desenvolvidos, são poucos aqueles que não fazem uso da *internet* e não tiveram acesso a um computador ou um celular. Somos, em regra, dependentes da tecnologia. Nota-se que pouco se vê um telefone público nas grandes cidades, dada a sua baixa utilização.

Como vimos, as novas tecnologias vêm substituindo a mão de obra formal e acarretando um aumento considerável do número de desempregados. O deslocamento de grande massa de trabalhadores desempregados para o setor da pobreza, exige uma política estatal intensiva que ofereça capacitação a esses trabalhadores e consequente acessibilidade a novos postos de trabalho. Notadamente, diante da produtividade em larga escala provocada pelo desenvolvimento da tecnologia, a redução de postos de trabalho é uma tendência sem volta.(27)

Mas, o combate ao desemprego é uma das funções do Direito do Trabalho? Para Amauri Mascaro Nascimento e Sônia Mascaro Nascimento.(28)

A resposta é afirmativa, mas suas limitações, para cumprir essa função, devem ser reconhecidas, uma vez que a ampliação dos postos de trabalho depende muito mais do desenvolvimento econômico do que de decretos e leis. (...). A legislação de previdência social, em alguns países, é usada para um novo fim: incentivar a manutenção ou criação de empregos, o que não acontece com a lei de previdência do Brasil. Na Espanha, o empregador que contratar por prazo indeterminado é subsidiado com uma redução de 50% nas contribuições previdenciárias relativas a esses contratos, com o que se inverteu a curva de crescimento de contratos por prazo determinado e diminuiu o desemprego nesse país.

As Terceira e Quarta Revoluções Industriais transformaram a vida em sociedade, com os avanços tecnológicos, sendo que as relações de emprego também sofreram influência na consecução de várias atividades. A antiga subordinação clássica em que se presumia o controle visual do empregado pelo empregador, pois o trabalho se realizava em suas dependências, foi obrigada a evoluir ou se modificar quando o trabalhador passou a desenvolver atividades laborais fora da empresa e remotamente.

---

(27) AGUIAR, Antonio Carlos. *Op. cit.*, p. 76.

(28) NASCIMENTO, Amauri Mascaro; NASCIMENTO, Sônia Mascaro. *Iniciação ao direito do trabalho*. 40. ed. São Paulo: LTr, 2015. p. 82.

Com essa mudança passamos a estudar a parassubordinação, instituto que surgiu com as novas modalidades de prestação de serviços, e tem como base a legislação italiana que passou a albergar o trabalho sem a subordinação clássica (ordens diretas do empregador) e objetiva (coordenação).

Nas lições de Vólia Bomfim Cassar(29):

> Parassubordinação é a nomenclatura dada pelo Direito italiano aos trabalhadores nas relações de coordenação que, embora executem trabalho pessoal, mediante paga, têm subordinação tênue, mais frágil. (...) Há três correntes a respeito da matéria. A primeira, no sentido de que a parassubordinação é o estado de sujeição sentido pelos trabalhadores que não são empregados. A segunda, de que o instituto não se confunde com a subordinação dos empregados, nem com a liberdade dos autônomos, e sim pela coordenação existente entre o prestador e o tomador dos serviços. A última corrente afirma que parassubordinação é a subordinação leve, tanto daqueles que são empregados como dos que não são."

Amauri Mascaro Nascimento(30), muito atento às novas configurações de consecução de trabalho, ao analisar a subordinação, demonstra a necessidade de afastar da subordinação típica (aquela que propõe o controle visual e físico do desenvolvimento do trabalho), apresentando de acordo com a análise doutrinária interna e de outros países, a seguinte proposição:

> Todavia, a doutrina moderna, tendo em vista a diversidade de relações jurídicas atualmente existentes, cada qual com uma diferente configuração, como o teletrabalho, o trabalho cooperado, o trabalho de representantes, ou vendedores comerciais, o trabalho de corretores e a ampliação do trabalho autônomo hipossuficiente e outros, intenta reelaborar o conceito de subordinação, pendendo para a continuidade do trabalho prestado para o mesmo destinatário como o principal traço definidor do vínculo de emprego, reconhecendo a atenuação da subordinação e introduzindo dois conceitos, o de coordenação e o de parassubordinação. (...) Prefiro definir subordinação como uma situação em que se encontra o trabalhador, decorrente da limitação contratual da autonomia da vontade, para o fim de transferir ao empregador o poder de direção sobre a atividade que desempenhará.

---

(29) CASSAR, Vólia Bomfim. *Direito do trabalho*. 15. ed. São Paulo: Método, 2017. p. 258-259.

(30) NASCIMENTO, Amauri Mascaro. *Op. cit.*, p. 622-623.

Otávio Pinto e Silva[31] também aborda o tema de trabalho por coordenação, afirmando:

> Coordenação, então, surge com o sentido de 'ordenar juntos': significa que ambas as partes possuem medida a propor para alcançar o objetivo comum. (...) Disso resulta substancial diferença em relação ao empregado, uma vez que este fica submetido ao poder diretivo do empregador, entendido como o poder de determinar tanto o comportamento devido quanto as modalidades de execução e disciplina do trabalho. Já o prestador de trabalho coordenado, como o trabalhador autônomo, não está obrigado a permanecer na espera de ordens provenientes do tomador dos seus serviços nem a ficar à disposição deste. Somente se obriga a estabelecer o modo, o tempo e o lugar de execução da prestação laboral ajustada quando o tomador solicita o respectivo adimplemento."

Assim, a doutrina e a jurisprudência,[32] imbuídas em trazer pacificação e pronunciar-se quanto às discussões das atividades laborais desenvolvidas a distância e sem a subordinação direta do empregador, passam a entender que a clássica subordinação subjetiva (quando o empregado está sujeito ao controle de horário e acata as ordens recebidas, subordina-se pessoalmente ao empregador), em determinadas atividades laborais, integram o empregado na organização da empresa, chamada de subordinação objetiva. Todavia, muitos autores entendem que a objetividade não é um critério único para existência do contrato de emprego, eis que prestadores de serviços autônomos podem integrar ou colaborar, sem a pessoalidade.[33]

Na mesma linha de raciocínio, Mauricio Godinho Delgado[34], adequando a subordinação aos fenômenos tecnológicos e econômicos, divide a subordinação em clássica, objetiva e estrutural. Esta última serve atualmente de base para que a tutela jurisdicional se pronuncie em grande

(31) SILVA, Otavio Pinto e. *Subordinação, autonomia e parassubordinação nas relações do trabalho*. São Paulo: LTr, 2004. p. 106-107.

(32) Agravo de instrumento. Recurso de revista. Processo sob a égide da Lei n. 13.015/2014 e anterior à Lei n. 13.467/2017. Representante comercial. Vínculo de emprego. a) dados fáticos constantes do acórdão regional demonstrando a existência de relação empregatícia. Elementos demonstrativos da subordinação objetiva e subordinação estrutural. Demonstrado no agravo de instrumento que o recurso de revista preenchia os requisitos do art. 896 da CLT, dá-se provimento ao agravo de instrumento, para melhor análise da arguição de violação do art. 3º da CLT, suscitada no recurso de revista. Agravo de instrumento provido.

(33) BARROS, Alice Monteiro de. *Op. cit.*, p. 177.

(34) DELGADO, Mauricio Godinho. *Curso de direito do trabalho*. 18. ed. São Paulo: LTr, 2018. p. 352.

número de processos judiciais, cuja defesa é o contrato autônomo e sem subordinação, vejamos:

> Estrutural é a subordinação que se expressa pela inserção do trabalhador na dinâmica do tomador de seus serviços, independentemente de receber (ou não) suas ordens diretas, mas acolhendo, estruturalmente, sua dinâmica de organização e funcionamento. Nesta dimensão da subordinação, não importa que o trabalhador se harmonize (ou não) aos objetivos do empreendimento, nem que receba ordens diretas específicas das chefias deste: o fundamental é que esteja estruturalmente vinculado à dinâmica operativa da atividade do tomador de serviços.

Uma compreensão mais ampliada do instituto da subordinação prestigia o trabalho humano por sua contribuição na dinâmica estrutural da empresa, ou seja, insere o trabalhador nos bens imateriais do estabelecimento ou da empresa.

O fato de o empregado atuar fora das dependências da empresa ou à distância, não implica necessariamente que está fora do comando hierárquico, mas contribui para a atividade econômica e lucrativa da empresa. Nesse sentido, Homero Batista Mateus da Silva[(35)], tem o seguinte posicionamento:

> Modernamente, as ordens vêm por comandos eletrônicos ou simplesmente são ajustadas quando da contratação, sem necessidade de repetição cotidiana, o que leva a algumas confusões sobre o conceito de contrato de trabalho: alguns acreditam que, à falta de um superior hierárquico no ambiente de trabalho, evapora-se a noção de emprego, o que está longe de ser verdadeiro. De toda sorte, quanto mais as relações humanas se tornam complexas e virtuais, tanto mais se abala o conceito de subordinação jurídica, dado que a figura do superior hierárquico tende a desaparecer, assim como o próprio conceito de hierarquia — mas, em contrapartida, a vulnerabilidade econômica não desapareceu e, em certa medida, ampliou-se.

Nessa ótica facilitadora do instituto da subordinação, vamos percorrer a prestação de serviços por meio das plataformas para estudar sobre a necessidade de proteção do trabalhador 4.0 e os critérios a serem adotados para afastar ou declarar o vínculo de emprego; bem como refletir sobre a necessidade de proteção mínima que essa nova modalidade de contratação pode ofertar aos seus trabalhadores, que não podem ser tidos como "invisíveis sociais".

---

(35) SILVA, Homero Batista Mateus da. *Op. cit.*, p. 42.

6. Trabalho em Plataforma Digitais

O trabalho tem valor social e econômico, sendo um dos direitos fundamentais previstos na Carta Constitucional (art. 1º, inc. III, IV; art. 3º, incs. I, III; art. 7º e art. 170 da CF).

Assim, não podemos concordar que a chamada economia compartilhada compartilhe pessoas!

Para Ricardo Antunes[36]:

> No capitalismo avançado, a produção tende a ser cada vez mais invadida por robôs e máquinas digitais, encontrando nas TICS (tecnologias de comunicação e informação) o suporte fundamental dessa nova fase de subsunção real do trabalho ao capital. Como consequência dessa nova empresa flexível e digital, os intermitentes globais tendem se expandir ainda mais, ao mesmo tempo que o processo tecnológico-organizacional-informacional eliminará de forma crescente uma quantidade incalculável de força de trabalho que se tornará supérflua e sobrante, em empregos, sem seguridade social e sem nenhuma perspectiva de futuro. Sua denominação, indústria 4.0, estampa, segundo seus formuladores, uma nova fase da automação industrial, que se diferencia da Revolução Industrial do século XVIII, do salto dado pela indústria automotiva do século XX e também da reestruturação produtiva que se desenvolveu a partir da década de 1970. A essas três fases anteriores sucederá uma nova, que consolidará, sempre segundo a propositura empresarial, a hegemonia informacional-digital no mundo produtivo, com os celulares, tablets, smartphones e assemelhados controlando, supervisionando e comandando essa nova etapa da ciberindústria do século XXI.

Nesse passo, o trabalho desenvolvido em plataformas digitais vem se avolumando e sendo um meio de sobrevivência para vários desempregados, no Brasil e em vários outros países.

Para André Gonçalves Zipperer[37]:

> As plataformas estão atualmente desenvolvendo um mercado de trabalho paralelo ultraflexível, não administrado por nenhuma forma de

(36) ANTUNES, Ricardo. *O privilégio da servidão. O novo proletariado de serviços na era digital.* São Paulo: Boitempo, 2018. p. 32.

(37) ZIPPERER, André Gonçalves. *A intermediação de trabalho via plataformas digitais. Repensando o direito do trabalho a partir das novas realidades do século XXI.* São Paulo: LTr, 2019. p. 82.

contrato, salários, normas ou regulamentos relativos a jornada, a horário e a local de trabalho, treinamento e acesso à sindicalização.

Não temos uma legislação específica a amparar essas novas modalidades de prestação de serviços, as quais sustentam a tese de autonomia da vontade privada, na qual o trabalhador, por livre e espontânea vontade, se submete ao desenvolvimento de venda de bens ou à consecução de serviços de forma pessoal, mas sem ingerência das plataformas; resultando em escolha do próprio horário, local de atuação e do valor ideal para sua sobrevivência.

Nesse sentido, nos chama atenção o que é controle da produtividade por algoritmos, posto que no mundo digital é possível detectar precisamente a produtividade humana mediante resultados em tempo real. Não são poucas atividades empresariais que se valem da técnica algorítmica para alcance de resultados precisos. Bruno de Pierro(38), ao escrever sobre o tema, narra que há três fases que sustentam a atividade algorítmica:

> Primeira etapa, identificação com precisão do problema a ser resolvido. Nessa fase o cientista da computação necessita da orientação de profissionais que entendam da tarefa a ser executada, como médicos, sociólogos, psicólogos. (...) A segunda etapa ainda envolve operações matemáticas, descreve a sequência de passos no idioma corrente, para que todos possam compreender. (...) Por fim, na terceira etapa, a descrição é traduzida para a linguagem da programação, só assim o computador consegue entender comandos.

Logo, os comandos digitais, quando recebem os dados das tarefas a serem executadas (feitas em linguagem programada pelo sistema), conferem um resultado que se traduz, não somente em imagem ou números, mas também quanto à execução da atividade realizada por seres humanos, ou seja, com o simples acesso do trabalhador ao sistema, este já detecta, em tempo real, sua produtividade e confere um resultado, em números (por algoritmo).

Alguns países, como Espanha, Reino Unido e Estados Unidos da América, estão despertando para o assunto e conferindo um novo olhar para essas relações trabalhistas.

---

(38) PIERRO, Bruno. O mundo mediado por algoritmos. *Revista de Pesquisa Fapesp*, Edição 266, abr. 2018. Disponível em: <https://revistapesquisa.fapesp.br/2018/04/19/o-mundo-mediado-por-algoritmos/>. Acesso em: 10.11.2019.

As novas formas de trabalho decorrentes da Revolução 4.0, merecem a elaboração de regras mínimas para a garantia da dignidade da pessoa humana e da valorização do trabalho.

Na Espanha, a Lei n. 20/2007 criou a figura do trabalhador autônomo economicamente dependente, definido como aquele que realiza uma atividade econômica ou profissional, a título lucrativo e de forma habitual, pessoal, direta e predominante para uma pessoa física ou jurídica, denominada cliente, de quem depende economicamente, por receber ao menos 75% dos seus rendimentos[39]. Por sua vez, o Decreto Real n. 197/2009, de 23 de fevereiro, complementa a Lei n. 20/2007, fixando a renda do trabalhador autônomo, como aquela receita recebida exclusivamente e paga pela empresa, como resultado do trabalho prestado.[40]

No Reino Unido, a ordem lógica da dependência econômica inspirou o Tribunal Superior a reconhecer o vínculo de emprego dos motoristas

---

(39) *Ley n. 20/2007, de 11 de julio, Art. 11.1: Los trabajadores autónomos económicamente dependientes a los que se refiere el artículo 1.2.d) de la presente Ley son aquéllos que realizan una actividad económica o profesional a título lucrativo y de forma habitual, personal, directa y predominante para una persona física o jurídica, denominada cliente, del que dependen económicamente por percibir de él, al menos, el 75 por ciento de sus ingresos por rendimientos de trabajo y de actividades económicas o profesionales.*

(40) Real Decreto 197/2009, de 23 de fevereiro. *Contrato del trabajador autónomo económicamente dependiente para la realización de la actividad económica o profesional. Art. 2.1.: Artículo 2. Determinación, comunicación y acreditación de la condición de trabajador autónomo económicamente dependiente. 1. A efectos de la determinación del trabajador autónomo económicamente dependiente a que se refiere el apartado 2 del artículo 1 de este real decreto, se entenderán como ingresos percibidos por el trabajador autónomo del cliente con quien tiene dicha relación, los rendimientos íntegros, de naturaleza dineraria o en especie, que procedan de la actividad económica o profesional realizada por aquél a título lucrativo como trabajador por cuenta propia. Los rendimientos íntegros percibidos en especie se valorarán por su valor normal de mercado, de conformidad con lo dispuesto en el artículo 43 de la Ley 35/2006, de 28 de noviembre del Impuesto sobre la Renta de las Persona Físicas y de modificación parcial de las leyes de los Impuestos sobre Sociedades, sobre la Renta de no Residentes y sobre el Patrimonio. Para el cálculo del porcentaje del 75 por ciento, los ingresos mencionados en el párrafo anterior se pondrán en relación exclusivamente con los ingresos totales percibidos por el trabajador autónomo por rendimientos de actividades económicas o profesionales como consecuencia del trabajo por cuenta propia realizado para todos los clientes, incluido el que se toma como referencia para determinar la condición de trabajador autónomo económicamente dependiente, así como los rendimientos que pudiera tener como trabajador por cuenta ajena en virtud de contrato de trabajo, bien sea con otros clientes o empresarios o con el propio cliente. En este cálculo se excluyen los ingresos procedentes de los rendimientos de capital o plusvalías que perciba el trabajador autónomo derivados de la gestión de su propio patrimonio personal, así como los ingresos procedentes de la transmisión de elementos afectos a actividades económicas.*
Disponível em: <http://www.mitramiss.gob.es/es/sec_trabajo/autonomos/economia-soc/autonomos/docs/BOE03042009.pdf>. Acesso em: 12.11.2019.

com o Uber. A decisão de tribunal do trabalho reafirmou veredicto de 2016, que garantiu salário mínimo e férias remuneradas a motoristas do aplicativo. O tribunal do trabalho de Londres rejeitou os argumentos da empresa de que os motoristas que dirigem pelo aplicativo de transporte individual são autônomos e, portanto, não possuem vínculo empregatício. A decisão abriu um forte precedente para que os trabalhadores em "economia do compartilhamento" possam exigir direitos trabalhistas na Justiça. Enquanto empresas da chamada economia disruptiva argumentam que o modelo aumenta a flexibilidade para empregadores e trabalhadores; os críticos alertam que o sistema destrói salvaguardas do mundo trabalhista, como seguro-desemprego.[41]

Nos Estados Unidos da América, no Estado da Califórnia, o Senado Estadual, por 29 votos a favor e 11 contrários, aprovou um Projeto de Lei AB5 em 10.9.2019[42], estabelecendo regras para os trabalhadores que prestam serviços de motorista por meio de plataformas digitais, adotando três critérios — denominado "ABC" — para que as empresas comprovem que seus trabalhadores são autônomos: A) ausência de controle empresarial; B) que o trabalho prestado não seja atividade principal do negócio e C) que a área de atuação do negócio seja independente da indústria; caso contrário, os trabalhadores terão os contratos reconhecidos como de relação de emprego, com direitos garantidos, tais como: horas extras, seguro-desemprego, licença-maternidade e um salário mínimo hora.

O Brasil também enfrenta a questão. O Superior Tribunal de Justiça[43], em conflito de competência, declarou que não há vínculo de emprego com a empresa Uber. Todavia, o impacto aos operadores de Direito do

(41) Disponível em: <https://diariodotransporte.com.br/2017/11/11/justica-do-reino-unido-decide-que-motoristas-do-uber-sao-trabalhadores-nao-autonomos/>. Acesso em: 2.7.2020.

(42) Disponível em: <https://www.theguardian.com/business/2019/sep/11/california-passes-landmark-gig-economy-workers-rights-bill>. Acesso em: 11.11.2019. Disponível em: <https://olhardigital.com.br/noticia/california-passa-lei-a-favor-do-vinculo-empregaticio-no-uber/90168>. Acesso em: 11.11.2019.

(43) CONFLITO NEGATIVO DE COMPETÊNCIA. INCIDENTE MANEJADO SOB A ÉGIDE DO NCPC. AÇÃO DE OBRIGAÇÃO DE FAZER C.C. REPARAÇÃO DE DANOS MATERIAIS E MORAIS AJUIZADA POR MOTORISTA DE APLICATIVO UBER. RELAÇÃO DE TRABALHO NÃO CARACTERIZADA. *SHARING ECONOMY*. NATUREZA CÍVEL. COMPETÊNCIA DO JUÍZO ESTADUAL. Número Registro: 2019/0079952-0 PROCESSO ELETRÔNICO CC 164.544/MG. Números Origem: 00112004320185030073 0121239052018 112004320185030073 121239052018. PAUTA: 28.8.2019 JULGADO: 28.8.2019. Relator: Ministro Moura Ribeiro.

Trabalho foi expressivo, eis que o art. 114 da Constituição Federal, atribui competência de tal matéria à Justiça Especializada do Trabalho. O pedido formulado na pretensão inicial não era a declaração de vínculo de emprego, mas indenização pela ruptura do contrato firmado com a referida empresa, tendo aquele Tribunal se pronunciado no sentido de que não se tratava de vínculo de emprego, mas matéria relativa à indenização pela ruptura do contrato de prestação de serviços firmado entre as partes.

A discussão também desafiou o Tribunal Superior do Trabalho, que vem se pronunciando no sentido da inexistência da relação de emprego[44], entre motoristas e as plataformas digitais que oferecerem serviços de transportes.

Por fim, a Declaração do Centenário da Organização Internacional do Trabalho para o Futuro do Trabalho, elaborada na Conferência Internacional do Trabalho em sua centésima oitava reunião, determinou o estímulo ao desenvolvimento do futuro do trabalho centrado nas pessoas, mediante o fomento do crescimento econômico, inclusivo e sustentável, do emprego pleno e produtivo e do trabalho decente para todos por meio de políticas e medidas que permitam assegurar uma proteção adequada da privacidade e dos dados pessoais, e responder às oportunidades de transformação digital do trabalho, incluindo o trabalho em plataformas no mundo do trabalho, conforme previsto no capítulo III, C, V.[45]

Fato é que, no Brasil, entendemos ser fundamental a elaboração de uma legislação própria para garantir direitos mínimos aos trabalhadores em plataformas digitais, como garantia de dignidade, especialmente no momento de estado de calamidade vivido pelo país, quando tais trabalhadores estão ainda mais expostos a graves riscos e danos à saúde.

---

(44) AGRAVO DE INSTRUMENTO EM RECURSO DE REVISTA. MOTORISTA APLICATIVO CABIFY. VÍNCULO EMPREGATÍCIO. O Tribunal Regional consignou que havia enorme autonomia na prestação de serviços do reclamante, incompatível com a existência de vínculo de emprego, concluindo que o recorrente não estava sujeito a um efetivo poder diretivo exercido pela reclamada, desempenhando suas atividades com autonomia e conforme sua conveniência. Decidir de maneira diversa encontra óbice na Súmula n. 126/TST. Assim, ilesos os arts. 2º, 3º e 818 da CLT. Agravo de instrumento conhecido e não provido. Processo: AIRR — 1002011-63.2017.5.02.0048. Órgão Judicante: 8ª Turma. Relatora: DORA MARIA DA COSTA. Julgamento: 23.10.2019. Publicação: 25.10.2019— Disponível: <https://jurisprudencia.tst.jus.br/>. Acesso em 10.11.2019.

(45) Disponível em: <https://www.ilo.org/wcmsp5/groups/public/@ed_norm/@relconf/documents/meetingdocument/wcms_711699.pdf>.

7. Conclusão

O enfrentamento e o estudo das novas modalidades de trabalho nos traz o dever de buscar respostas para garantir aos trabalhadores condições mínimas de dignidade e subsistência.

O presente estudo teve como objetivo apresentar a evolução do trabalho até as novas formas de prestação de serviços, ressaltando alguns aspectos do trabalho em plataformas digitais; a evolução da legislação em outros países; e as dificuldades do reconhecimento de tais atividades como emprego pela definição tradicional.

Verificamos também que a pandemia declarada pela Organização Mundial da Saúde em 11.3.2020, as diretrizes de isolamento praticadas não somente pelo Brasil, mas por todos os países afetados pela Covid-19 e a adoção de medidas preventivas, não alcançaram os trabalhadores de aplicativos, afastando-os ainda mais das garantias mínimas de proteção à saúde e ao trabalho digno, notadamente no plano emergencial de manutenção de emprego e renda, Medida Provisória n. 936, convolada pela Lei n. 14.020, de 6 de julho de 2020, nada menciona quanto aos trabalhadores dessa categoria de prestação de serviços.

Nessa linha de pensamento, concluímos que as novas tecnologias trouxeram um novo modelo de comportamento social, tanto no que se refere aos usuários quanto ao tamanho das empresas, que atualmente se tornaram mais enxutas em seus espaços e com aumento expressivo de lucratividade, pois como vimos o mundo virtual/digital se liquefaz rapidamente e as empresas atentas a esse fenômeno acompanham a dinâmica.

Há necessidade de repensar o Direito do Trabalho para equalizar o trabalho humano, chamado de trabalho compartilhado, com as novas modalidades de prestação de bens e serviços oferecidos pelas plataformas digitais, garantindo aos trabalhadores condições de trabalho digno e proteção à saúde.

8. Referências

AGUIAR, Antonio Carlos. *Direito do trabalho 2.0. Digital e disruptivo*. São Paulo: LTr, 2018.

ANTUNES, Ricardo. *O privilégio da servidão. O novo proletariado de serviços na era digital.* São Paulo: Boitempo, 2018.

BARROS, Alice Monteiro de. *Curso de direito do trabalho*. 10. ed. Atualizada por Jessé Claudio Franco de Alencar. São Paulo: LTr, 2016.

CASSAR, Vólia Bomfim. *Direito do trabalho*. 15. ed. São Paulo: Método, 2017.

DELGADO, Mauricio Godinho. *Curso de direito do trabalho*. 18. ed. São Paulo: LTr, 2018.

GARCIA, Gustavo Filipe Barbosa. *Curso de direito do trabalho*. 12. ed. Rio de Janeiro: Forense, 2015.

JOÃO, Paulo Sergio. *Reflexões trabalhistas. Relações trabalhistas em crise:* uma luz necessária e desejada no fim do túnel. Disponível em: <https://www.conjur.com.br/2020-abr-03/reflexoes-trabalhistas-relacoes-trabalhistas-crise-luz-fim-tunel>. Acesso em: 3.4.2020, 13h28.

MANUS, Pedro Paulo Teixeira. *Direito do trabalho*. São Paulo: Atlas, 2001.

MARTINS, Sergio Pinto. *Direito do trabalho*. 25. ed. São Paulo: Atlas, 2009.

NASCIMENTO, Amauri Mascaro. *Curso de direito do trabalho*. 24. ed. São Paulo: Saraiva, 2009.

NASCIMENTO, Amauri Mascaro; NASCIMENTO, Sônia Mascaro. *Iniciação ao direito do trabalho*. 40. ed. São Paulo: LTr, 2015.

OLIVEIRA NETO, Célio Pereira. *Trabalho em ambiente virtual. Causas, efeitos e conformação*. São Paulo: LTr, 2018.

SILVA, Homero Batista Mateus da. *Curso de direito do trabalho aplicado*. 3. ed. São Paulo: Revista dos Tribunais, 2015. v. 1 — Parte Geral.

SILVA, Otávio Pinto e. *Subordinação, autonomia e parassubordinação nas relações de trabalho*. São Paulo: LTr, 2004.

ZIPPERER, André Gonçalves. *A intermediação de trabalho via plataformas digitais. Repensando o direito do trabalho a partir das novas realidades do século XXI*. São Paulo: LTr, 2019.

Sites

ESPANHA — Lei n. 20/2007, de julho, n. 166. Estatuto del trabalho autónomo — https://www.boe.es/buscar/act.php?id=BOE-A-2007-13409

______ . Real Decreto n. 197/2009, de 23 de fevereiro — Disposiciones generales. <http://www.mitramiss.gob.es/es/sec_trabajo/autonomos/economia-soc/autonomos/docs/BOE03042009.pdf>.

GUIMARÃES, Clara. Editado por Rafael Rodrigues. <https://olhardigital.com.br/noticia/california-passa-lei-a-favor-do-vinculo-empregaticio-no-uber/90168>. Acesso em: 11.11.2019.

PAUL, Keri. Disponível em: <https://www.theguardian.com/business/2019/sep/11/california-passes-landmark-gig-economy-workers-rights-bill>. Acesso em: 11.11.2019.

TRIBUNAL SUPERIOR DO TRABALHO. <https://jurisprudencia.tst.jus.br/->. Acesso em: 10.11.2019.

https://www.unasus.gov.br/noticia/organizacao-mundial-de-saude-declara-pandemia-de-coronavírus

https://www.conjur.com.br/2020-abr-03/reflexoes-trabalhistas-relacoes-trabalhistas-crise-luz-fim-tunel

http://www.in.gov.br/en/web/dou/-/portaria-conjunta-n-20-de-18-de-junho-de-2020-262408085

http://www.planalto.gov.br/ccivil_03/_ato2019-2022/2020/Lei/L13979.htm

http://www.planalto.gov.br/ccivil_03/_ato2019-2022/2020/mpv/mpv936.htm

A Determinação de Paralisação Temporária ou Definitiva do Trabalho, Motivada por Ato de Autoridade Municipal, Estadual ou Federal, ou pela Promulgação de Lei ou Resolução que Impossibilite a Continuação da Atividade, Pode Ensejar o Pagamento da Indenização a Cargo do Governo Responsável, nos Termos do Art. 486 da Consolidação das Leis do Trabalho?

Leonel Maschietto[1]

1. *Introdução*

Em meio à polaridade pela qual está passando o país, que inclusive tem desencadeado embates políticos entre os Governos Federais e Estaduais, veio à tona, no meio dessas discussões políticas, a figura do *Factum Principis*.

É que, nesse turbilhão político e, para dar resposta a outros entes políticos que não compatibilizavam com a ideia do Governo Federal de flexibilizar o isolamento social, o Presidente da República em um de seus

(1) Especialista, Mestre e Doutor em Direito do Trabalho pela PUC/SP.

pronunciamentos, após, digamos, "equivocada assessoria", conclamou os empresários a repassarem parte dos custos das demissões para os governos municipais e estaduais, nos termos do art. 486 da CLT.

Reacendeu-se assim a discussão sobre o cabimento da figura do *Factum Principis* na atual conjuntura de pandemia da COVID-19, reconhecida e estabelecida pelo Decreto n. 6, de 20 de março de 2020, como estado de calamidade pública.

Impôs-se a controvérsia do cabimento da responsabilidade ou não do Estado (leia-se ente público Federal, Estadual ou Municipal) sobre os custos das indenizações devidas aos empregados por conta das dispensas motivadas pelos percalços da pandemia.

2. *Legislação de exceção trabalhista*

O atual estado de exceção que vivenciamos em decorrência da COVID-19, do já citado Decreto n. 6, de 20 de março de 2020, que estabeleceu o estado de calamidade pública decorrente dessa pandemia que vem assolando o Brasil e o mundo, fez surgir, segundo alguns doutrinadores, o termo Direito do Trabalho Emergencial, ou seja, uma legislação de exceção trabalhista.

A CLT já prevê algumas regras de excepcionalidade, conforme a já citada (por exemplo) situação de força maior (arts. 501 a 504 da CLT), que autoriza, dentre outras coisas, a redução salarial (observados os requisitos legais já expostos).

E salientamos: é excepcional, porque foge àquela regra de condição normal de temperatura e pressão.

Essa excepcionalidade tem caráter de transitoriedade, conforme prevê o próprio parágrafo único do art. 503 da CLT:

> *Art. 503 É lícita, em caso de força maior ou prejuízos devidamente comprovados, a redução geral dos salários dos empregados da empresa, proporcionalmente aos salários de cada um, não podendo, entretanto, ser superior a 25% (vinte e cinco por cento), respeitado, em qualquer caso, o salário mínimo da região.*
>
> ***Parágrafo único. Cessados os efeitos decorrentes do motivo de força maior, é garantido o restabelecimento dos salários reduzidos.***

Bem, outras regras de excepcionalidade foram, estão e possivelmente ainda serão editadas.

Somente no âmbito federal, foram editadas centenas e centenas de normas[(2)], entre Medidas Provisórias, Portarias, Resoluções, Instruções Normativas, Recomendações, Circulares, Decretos, etc.

Especialmente na seara trabalhista, merece destaque a MP — Medida Provisória n. 927, que dispõe sobre as medidas trabalhistas para enfrentamento do estado de calamidade pública reconhecido pelo Decreto Legislativo n. 6, de 20 de março de 2020, e da emergência de saúde pública de importância internacional decorrente do coronavírus (COVID-19).

Tratou a MP n. 927 (vigência 22/03/2020 à 19/07/2020) dos seguintes pontos:

- Do *home-office*
- Da antecipação de férias individuais
- Das férias coletivas
- Do aproveitamento e da antecipação de feriados
- Do banco de horas
- Da suspensão de exigências administrativas em segurança e saúde no trabalho
- Do diferimento do recolhimento do FGTS.

Referidas providências das normais legais instituídas, servem, segundo justificativa legislativa, a atender ao propósito de garantia de emprego e renda.

Esse volume elevado de normas, ainda que para atender a uma situação excepcional de pandemia, mostra bem o cuidado do Estado em tentar enfrentar de forma incisiva esse estado de calamidade pública decorrente do coronavírus (COVID-19). Não cabe aqui um julgamento se são ou não suficientes, poucas ou muitas.

Aliás, para Francesco Carnelutti[(3)] há que se compreender que "*quanto mais progride uma sociedade, e com ela o direito, tanto mais se multiplica o número das leis*".

---

(2) Disponível em: <http://www.planalto.gov.br/CCIVIL_03/Portaria/quadro_portaria.htm>.

(3) CARNELUTTI, Francesco. *Como nasce o direito*. 3. ed. Trad. Ricardo Rodrigues Gama. Campinas: Russel, 2006. p. 43.

3. *Estado de calamidade pública e Reflexos no Direito do Trabalho*

Como estamos observando, muitos contratos de trabalho, em razão da pandemia da COVID-19, nasceram de certa forma equilibrados (pelas manifestações de vontade), mas suas prestações poderão ficar manifestamente desproporcionais pela mudança da base objetiva do negócio[(4)], qual seja, os reflexos do evento da pandemia da COVID-19.

O estado de calamidade pública pode ser definido com uma situação excepcional de desastre natural[(5)] (alguns defendem que pode não ser natural), que acaba, drasticamente, afetando uma determinada região, cidade, estado, donde o poder de solução e de resposta do Poder Público fica imensamente comprometido.

O estado de calamidade pública, na esfera federal, fora reconhecido pelo já citado Decreto Legislativo n. 6 de 2020 (Senado Federal), trazendo à discussão a seguinte assertiva: o estado de calamidade pública, para fins trabalhistas, constituiria hipótese de força maior, nos termos do disposto no art. 501 da CLT.

Seria mesmo?

Pior: alguns empregadores (sem comprovação efetiva de dificuldades econômicas imediatas e sem comprovação efetiva de pré-insolvência) têm se agarrado a tal instituto para justificar demissões e reduções salariais, sem fazer a devida e efetiva adequação da norma ao caso concreto.

Obviamente que não cabe aqui generalização, pois muitas empresas de fato encontram-se em situações absolutamente dificílimas[(6)], mas jus-

---

(4) Para Pontes de Miranda, "base do negócio jurídico é o elemento circunstancial ou estado geral de coisas cuja existência ou subsistência é essencial a que o contrato subsista, salvo onde o acordo dos figurantes restringiu a relevância do elemento ou do estado geral de coisas. Deixa de subsistir a base do negócio jurídico: a) se, tratando-se de negócio jurídico bilateral, deixa de haver contraprestação (se deixa de haver prestação, há a *exceptio non adimpleti contractus*, e — com o inadimplemento — a resolução); b) se não se pode obter a finalidade objetiva do negócio jurídico, ainda que possível a prestação, entendendo-se que a finalidade de um dos figurantes que o outro admitiu é objetiva (=subjetiva comum)" (PONTES DE MIRANDA, F. C. *Tratado de direito privado*. São Paulo: RT, 2012. t. XXV, p. 340).

(5) Entendemos que a pandemia (enfermidade epidêmica amplamente disseminada) da COVID-19 se equipara a desastre natural por se tratar de evento biológico natural sem a interferência humana na criação. Aqui não se entra no mérito da criação ou não do Vírus em laboratório.

(6) A exemplo das redes hoteleiras, viação aérea, restaurantes presenciais, prestadores de serviços autônomos etc.

tificar a inadimplência de verbas trabalhistas ou demissões por conta da pandemia e da "suposta situação de força maior" é argumento vazio e desproporcional[7].

Para se ter uma ideia, o *Jornal Valor Econômico* (edição de 27.3.2020)[8] publicou matéria intitulada "**Caixa alto ajuda grandes empresas a enfrentar crise**", donde descreve que a maioria das grandes empresas negociadas na bolsa brasileira tem dinheiro em caixa ou aplicações financeiras para cobrir mais de um ano de pagamento da folha de salários de seus funcionários. E, ainda, que num levantamento feito pelo Valor **Data** com base em dados de balanços indica que 85% dessas companhias conseguiriam honrar seus compromissos trabalhistas mesmo que parassem de faturar durante 12 meses por causa dos efeitos da pandemia de coronavírus. Metade das empresas restantes (15%) conseguiriam cobrir pelo menos seis meses de salários.

Aliás, quanto ao alcance da força maior, nos ensina o saudoso professor Octávio Bueno Magano[9] que a força maior é configurada no fato inevitável e imprevisível, que haja, substancialmente, afetado a situação econômica da empresa.

O art. 501 da CLT, nesse sentido:

> *Art. 501. Entende-se como força maior todo acontecimento inevitável, em relação à vontade do empregador, e para a realização do qual este não concorreu, direta ou indiretamente.*

Mas o próprio artigo em comento traz outras duas condicionantes, a saber:

> § 1º A imprevidência do empregador exclui a razão de força maior.
>
> § 2º À ocorrência do motivo de força maior que não afetar substancialmente, nem for suscetível de afetar, em tais condições, a situação

---

(7) Na contramão dos segmentos econômicos em dificuldade, poderíamos citar algumas empresas de venda e locação de equipamentos de informática, que esgotaram seus estoques por conta da demanda do *home-office*; o setor de supermercados enfrentam a crise com elevada demanda de compras pelo sistema *delivery* (o mesmo ocorrendo com muitos restaurantes); o setor de transporte e entregas de motofrete nunca trabalharam como hoje; indústrias químicas chegaram a não dar conta da enorme demanda por álcool em gel, etc.

(8) Disponível em: <https://valor.globo.com/impresso/noticia/2020/03/27/caixa-alto-ajuda-grandes-empresas-a-enfrentar-crise.ghtml>.

(9) MAGANO, Octávio Bueno. *Lineamentos de direito do trabalho*. São Paulo: LTr, 1969. p. 143.

econômica e financeira da empresa não se aplicam as restrições desta Lei referentes ao disposto neste Capítulo.

Para Cesarino Junior[10], quanto ao § 2º, *"foi tomado na devida consideração o fato de não se justificar fazer depender o efeito liberatório e resolutivo do princípio universal da força maior, da situação econômica ou financeira da 'empresa'. Adotar tal norma, seria medir situações jurídicas perfeitamente iguais, com dois pesos e duas medidas"*.

Assim, a força maior (ainda que fosse o caso) por si só não seria elemento avalizador de inadimplência trabalhista ou de demissões injustificadas.

Nesse sentido, ainda as lições de Octávio Bueno Magano[11], para o qual *"a força maior, no Direito do Trabalho, não libera o empregador de sua obrigação, mas, apenas, atenua a sua responsabilidade"* e como a força maior apenas atenua a responsabilidade do empregador, *"a rescisão, dela decorrente, não pode ser tida como justificada"*.

Também para Mozart Victor Russomano[12]: *"isso quer dizer que a 'força' maior, mesmo estritamente definida, não é excludente da obrigação patronal de indenizar o trabalhador despedido: apenas, há redução do valor das indenizações"*.

O fato é que a pandemia da COVID-19 não se enquadra na força maior, porque não necessariamente pode impedir as atividades do empregador, diferente do caso de uma cidade tomada pelo magma vulcânico decorrente de uma erupção ou pela neve em razão de uma avalanche.

No caso desta pandemia o trabalhador muitas vezes pode trabalhar, contudo, a questão se concentra no problema da sua exposição a riscos à sua saúde. Não é necessariamente impossível ou impedido de exercer a atividade econômica ou de trabalhar.

4. Factum Príncipis: *conceito e caracterização*

Fato do príncipe (*Factum Principis*) é uma ação discricionária Estatal de ordem geral, que, não possuindo relação direta com os contratos firmados, no caso do Direito do Trabalho, entre empregados e empregadores, produz efeitos sobre estes, onerando-os, dificultando-os,

(10) JUNIOR, Cesarino. *Consolidação das leis do trabalho*. 4. ed. Rio de Janeiro-São Paulo: Freitas Bastos, 1956. v. II, p. 64.

(11) *Ibidem*, p. 164.

(12) *Op. cit.*, p. 25.

modificando-os ou impedindo a efetiva satisfação dos mesmos e das obrigações principais, acarretando, por conseguinte, um desequilíbrio econômico-jurídico-financeiro.

É, para Jorge Luiz Souto Maior(13), "*a paralisação temporária ou definitiva do trabalho (gerando, neste último caso, a cessação da relação de emprego) provocada por ato de autoridade municipal, estadual ou federal, ou mesmo pela promulgação de lei ou resolução que impossibilite a continuação da atividade*".

E continua(14): "*trata-se de espécie do gênero força maior, razão pela qual se exige, para sua caracterização, os mesmos requisitos da força maior. Assim, se a paralisação apenas torna onerosa a atividade empresarial, não está caracterizado o* factum principis".

Nesse mesmo sentido Mozart Victor Russomano(15): "*dentro do capítulo da 'força' maior, incluem-se os casos em que se opera a paralisação temporária ou definitiva do trabalho, por ato (administrativo ou legislativo) de autoridade pública federal, estadual ou municipal* (factum principis)".

Bem, essa paralisação temporária ou definitiva do trabalho, por ato de autoridade municipal, estadual ou federal, deve necessariamente desencadear a impossibilidade de continuação da atividade empresarial.

Não continuidade parcial, mas a impossibilidade da continuidade total das atividades empresariais (devidamente e cabalmente comprovada) é que ensejaria o pagamento da indenização da rescisão pela autoridade municipal, estadual ou federal. E salienta-se: indenização não são as verbas totais trabalhistas rescisórias (como têm aventado alguns), mas tão somente aquela do FGTS.

Assim o *Factum Principis* mostra-se quando as atividades de uma determinada empresa são abruptamente paralisada em decorrência de certo ato da autoridade pública (normativo ou legislativo), hipótese em que certa parte das obrigações trabalhistas rescisórias deverá ser cominada àquela autoridade municipal, estadual ou federal que emanou o referido ato impeditório, não importando qual ato.

---

(13) SOUTO MAIOR, Jorge Luiz. *Curso de direito do trabalho*: a relação de emprego. São Paulo: LTr, 2008. v. II, p. 507.

(14) *Ibidem*, p. 508.

(15) RUSSOMANO, Mozart Victor. *Noções de direito do trabalho*. Rio de Janeiro: José Konfino, 1971. p. 26.

Conforme leciona Maria Sylvia Zanella Di Pietro(16),

> "o fato da Administração compreende qualquer conduta ou comportamento da Administração que como parte contratual pode tornar impossível a execução do contrato ou provocar seu desequilíbrio econômico."

Sobre referido instituto, a CLT dispõe assim em seu art. 486 da CLT:

> *Art. 486. No caso de paralisação temporária ou definitiva do trabalho, motivada por ato de autoridade municipal, estadual ou federal, ou pela promulgação de lei ou resolução que impossibilite a continuação da atividade, prevalecerá o pagamento da indenização, que ficará a cargo do governo responsável. (Redação dada pela Lei n. 1.530, de 26.12.1951)*
>
> *§ 1º Sempre que o empregador invocar em sua defesa o preceito do presente artigo, o tribunal do trabalho competente notificará a pessoa de direito público apontada como responsável pela paralisação do trabalho, para que, no prazo de 30 (trinta) dias, alegue o que entender devido, passando a figurar no processo como chamada à autoria. (Incluído pelo Decreto-lei n. 6.110, de 16.12.1943)*
>
> *§ 2º Sempre que a parte interessada, firmada em documento hábil, invocar defesa baseada na disposição deste artigo e indicar qual o juiz competente, será ouvida a parte contrária, para, dentro de 3 (três) dias, falar sobre essa alegação. (Redação dada pela Lei n. 1.530, de 26.12.1951)*
>
> *§ 3º Verificada qual a autoridade responsável, a Junta de Conciliação ou Juiz dar-se-á por incompetente, remetendo os autos ao Juiz Privativo da Fazenda, perante o qual correrá o feito nos termos previstos no processo comum. (Incluído pela Lei n. 1.530, de 26.12.1951)*

Em comento ao art. 486 da CLT e realçando a responsabilidade do Estado, assevera Mozart Victor Russomano(17) que "*aqui, como se pode indigitar o responsável pela paralisação da atividade econômica da 'emprêsa', há 'fôrça' maior em relação ao empresário, mas o direito do trabalhador permanece íntegro. Transferir-se-á a responsabilidade do pagamento devido à pessoa jurídica de direito público interno que tiver provocado o* factum principis, *dentro do princípio de que o Estado democrático é plenamente responsável perante seus próprios cidadãos*".

---

(16) DI PIETRO, Maria Sylvia Zanella. *Direito administrativo*. São Paulo: Atlas, 2010. p. 280.

(17) *Op. cit.*, p. 26.

5. *Do* **Factum Principis** *e a paralisação das empresas*

Alguns setores econômicos estão cessando suas atividades e têm creditado tal ocorrência às medidas de restrição de circulação de pessoas advindas de atos emanados pelos Poderes Públicos (municipais e estaduais).

Com isso, conforme já salientamos, reacendeu-se a discussão sobre o cabimento da figura do *Factum Principis* e a efetiva responsabilização do Estado (leia-se ente público Federal, Estadual ou Municipal) sobre os custos das indenizações devidas aos empregados por conta das dispensas motivadas pelos percalços da pandemia.

Pois bem, no nosso sentir não se trata aí de motivo decorrente de *Factum Principis*, pois, pelas definições acima expostas, para que se possa responsabilizar o ente público há que se observar determinas condições.

Sendo o Fato do Príncipe (*Factum Principis*) uma ação discricionária estatal de ordem geral que acarretaria um desequilíbrio econômico-jurídico-financeiro, temos que, primeiramente, apontar no presente caso onde se observaria o ato discricionário do ente público.

No caso específico das medidas de restrição e isolamento impostas por alguns Estados e Municípios, tal discricionariedade não se faz presente, pois as medidas visam única e exclusivamente resguardar a vida e a integridade física de seus cidadãos.

Sim, atualmente temos observado que os entes públicos estaduais e municipais que determinaram paralisação de atividade diante do iminente risco de contaminação à COVID-19 não agiram de forma discricionária consubstanciada em critérios de conveniência ou oportunidade para benefício do interesse Estatal, mas sim visando a saúde e bem-estar da população.

Situação diferente daquela que em determinado ente público proíbe a instalação de *outdoors* pela cidade ou proíba prosseguimento de setor empresarial de locação de patinetes pela cidade, em desacordo com a real finalidade do poder discricionário, ou seja, aquele poder que o nosso direito concede à Administração Pública, para, de modo explícito ou implícito, praticar atos administrativos com certa liberdade na escolha segundo aqueles critérios de conveniência, oportunidade e justiça, tão próprios e inerentes da autoridade administrativa, observando, obviamente, os limites estabelecidos em lei.

Assim, os motivos ensejadores que determinaram paralisação de atividades diante do iminente risco de contaminação pela COVID não atraem para o Estado a responsabilidade prevista no art. 486 na CLT, eis que absolutamente inaplicável em razão de estarmos em estado de necessidade (uma necessidade coletiva e social).

Nessa situação de estado de necessidade e confrontado o ente público a poucas ou nenhuma alternativa, não seria plausível exigir do ente público qualquer outra conduta e tampouco sua responsabilização.

Como já salientamos, no caso da pandemia algumas atividades econômicas não foram totalmente impedidas de prosseguirem e as que infelizmente encontraram dificuldades (comprovadas dificuldades), ou deveriam se socorrer das medidas mitigatórias e amenizadoras colocadas pelo Estado (os já descritos incentivos fiscais, suspensão dos contratos etc.), ou alternativas administrativas (a exemplo dos Consórcios de Empregadores Urbanos) ou suportarem os riscos do negócio, conforme descrito no art. 2º da CLT[(18)].

6. *Conclusão*

Concluímos, portanto, que as medidas de restrição e confinamento impostas pelos entes estatais não se tratam de motivos decorrentes de *Factum Principis*, eis que ausente condição primordial do Estado que é o ato discricionário.

A situação alarmante por que passam vários países impõe aos entes estatais medidas de sobrevivência, muito associadas ao estado de necessidade.

Essas medidas de sobrevivência não comungam com as características de ato discricionário e sim são medidas impositivas e, podemos dizer, vinculadas (aqui na expressão "para zelar pela sobrevivência").

Assim, inaplicável o disposto no art. 486 da CLT para responsabilização do Estado pelos ônus trabalhistas decorrentes das rupturas contratuais em razão das medidas de restrição e isolamento, eis que a situação imposta e observada na realidade mundial (pandemia) transcende os limites de responsabilização impostos ao Estado.

(18) Art. 2º Considera-se empregador a empresa, individual ou coletiva, que, assumindo os riscos da atividade econômica, admite, assalaria e dirige a prestação pessoal de serviço.

Mas poderíamos amenizar o risco empresarial com medidas comunitárias e solidárias (exemplo do consórcio de empregadores), e não somente vendo isoladamente o setor econômico. Sindicatos, Ministério Público do Trabalho, Estado (entes municipais, estaduais e Federal), empregados e empregadores deveriam firmar um pacto coletivo para que fossem mitigados esses prejuízos. Um pacto social.

Para que seja efetivamente superada essa fase pandêmica, há que se unirem forças de todos os entes da sociedade num esforço em comum e sem pitadas de oportunismo e sem desapego aos princípios da razoabilidade e da proporcionalidade. Somente a união dos entes sociais é que levará à superação da crise.

Como bem disse Jean-Jacques Rousseau[(19)], "*como os homens não podem criar novas forças, mas só unir e dirigir as que já existem, o meio que têm para se conservar é formar por agregação uma soma de forças que vença a resistência, com um só móvel pô-las em ação e fazê-las obrar em harmonia*".

E continua: "*essa soma de forças, só pode vir do concurso de muitos; mas como a força e a liberdade de cada homem são os primeiros instrumentos de sua conservação, como há de empenhá-los sem se arruinar, e cuidando como deve de si mesmo? Achar uma forma de sociedade que defenda e proteja com toda a força comum a pessoa e os bens de cada sócio, e pela qual, unindo-se cada um a todos, não obedeça, todavia, senão a si mesmo e fique tão livre como antes*".

Tal é o problema fundamental que resolve o contrato social.

7. *Referências*

CARNELUTTI, Francesco. *Como nasce o direito*. 3. ed. Trad. Ricardo Rodrigues Gama. Campinas: Russel, 2006.

DI PIETRO, Maria Sylvia Zanella. *Direito administrativo*. São Paulo: Atlas, 2010.

JUNIOR, Cesarino. *Consolidação das leis do trabalho*. 4. ed. Rio de Janeiro-São Paulo: Freitas Bastos, 1956. v. II.

MAGANO, Octavio Bueno. *Lineamentos de direito do trabalho*. São Paulo: LTr, 1969.

(19) ROUSSEAU, Jean-Jacques. *Do contrato social*. Trad. Pietro Nassetti. São Paulo: Martin Claret, 2007. p. 29.

PONTES DE MIRANDA, F. C. *Tratado de direito privado*. São Paulo: Revista dos Tribunais, 2012. t. XXV.

ROUSSEAU, Jean-Jacques. *Do contrato social*. Trad. Pietro Nassetti. São Paulo: Martin Claret, 2007.

RUSSOMANO, Mozart Victor. *Noções de direito do trabalho*. Rio de Janeiro: José Konfino, 1971.

SOUTO MAIOR, Jorge Luiz. *Curso de direito do trabalho*: a relação de emprego. São Paulo: LTr, 2008. v. II.

As Alterações das Condições de Trabalho por Acordo Individual, nos Termos do Art. 444 da CLT, Consistem em um Instrumento Legítimo no Enfrentamento da Crise da Covid-19?

Luan Pedro Lima da Conceição[(1)]
Fabíola Marques[(2)]

1. *Introdução*

Em interessante estudo elaborado pela Consultoria especializada em remuneração executiva *Page Executive*, constatou-se que, em 2017, as empresas nacionais que faturaram acima de R$ 1 bilhão de reais tinham como remuneração bruta média de seus diretores o montante de R$ 3 milhões anuais[(3)].

Não fossem apenas os patamares remuneratórios extremamente elevados, os benefícios eram os mais variados possíveis, perpassando pela

(1) Mestre em Direitos Humanos pela Universidade Federal do Pará, Doutorando em Direito do Trabalho pela Pontifícia Universidade Católica de São Paulo. Coordenador do Núcleo de Prática Jurídica da Estácio/SP. Advogado. Luan@oliveirafilhoadvogados.com.br.

(2) Mestre e Doutora em Direito do Trabalho pela PUC/SP. Professora do Curso de Direito na Graduação e Pós-graduação da PUC/SP. Conselheira Seccional da OAB-SP. Advogada. fabiola@abudmarques.com.br.

(3) ROCA, Gabriel. Salário de presidente de empresas cresceu 32% em anos de crise no Brasil. *O Estado de S. Paulo*, 26 de março de 2018. Disponível em: <https://economia.estadao.com.br/noticias/governanca,salario-de-presidentes-de-empresas-cresceu-12-pontos-percentuais-acima-da-inflacao,70002243216>. Acesso em: 16.12.2019.

concessão de automóveis de luxo, com respectiva manutenção e combustível, até benefícios relacionados à saúde, como reembolso total com medicamentos e assistência médica de livre escolha, aluguel residencial, além de muitos outros. A mesma consultoria apurou, já em 2019, que dos executivos de 54 grandes empresas com atuação no Brasil, 57% recebiam automóvel, 75% recebiam assistência médica com livre escolha e reembolso total, além de bônus de 2 a 10 salários mensais por ano.

Verificando esse movimento de alta, a Consultoria Signium fez levantamento em dezembro de 2019 e concluiu que os CEOs e Heads de unidade de negócios, com salários de R$ 1 milhão de reais por ano, subiu 11% em relação a 2018, tendo também averiguado que o percentual de crescimento de executivos com salários de R$ 700 mil reais ano cresceu 35% dentro do período apurado(4).

Isso porque, esses profissionais acabam por ser responsáveis não só por resultados financeiros das empresas em que exercem suas atividades, mas também contribuem significativamente para a construção da moral dos seus liderados, conforme pontuado por Nohria e Khurana(5), o que evidencia a sua gigantesca relevância na busca pelo sucesso organizacional, assim como já demonstra um significativo poder de negociação.

Esses dados nos posicionam diante de um questionamento simples e pontual: como ficam esses contratos neste momento de crise? Tais profissionais teriam condições de igualdade para negociar seus contratos com os respectivos empregadores?

Nesse sentido, a Medida Provisória n. 927 ratificou a equiparação da negociação individual de trabalho com a coletiva enquanto instrumento legítimo para este momento de crise.

Fato é que a temática ganhou novas proporções com o parágrafo único do art. 444 da CLT, trazido pela Reforma Trabalhista, Lei n. 13.467/2017, fortalecendo a negociação individual de empregados que cumprem determinados requisitos.

---

(4) RACY, Sonia. Executivos com salários acima de R$ 1 milhão aumentam 11%. *O Estado de S. Paulo,* 15 dez. 2019. Disponível em: <https://cultura.estadao.com.br/blogs/direto-da-fonte/executivos-com-salarios-acima-de-r-1-milhao-aumentam-11/>. Acesso em: 16.12.2019.

(5) NOHRIA, N.; KHURANA, R. *Handbook of leadership theory and practice*. Boston: Harvard Business, 2010.

Abordagem que ainda tem muito a ganhar com a análise da Teoria Econômica dos Contratos de Hart e Holmstron, vencedores do Prêmio Nobel de Economia de 2016, que acabam por apresentar elementos contratuais que fortalecem o processo negocial nos contratos do tipo "principal-agente", no qual se enquadram a quase totalidade das relações de trabalho.

Em suma, a proposta aqui defendida, muito além de dizer se determinado empregado pode ou não negociar o seu contrato individualmente nos mesmos moldes da negociação coletiva, é de apresentar diretrizes a serem seguidas para que ela tenha maior robustez e, consequentemente, segurança jurídica.

Para fazer frente aos desafios propostos, o trabalho se divide em duas etapas: a primeira trata da Teoria Econômica dos Contratos e suas contribuições para o fortalecimento das negociações individuais nas relações de trabalho, enquanto que a segunda centra suas atenções justamente em tais negociações a partir das mudanças trazidas pela Reforma Trabalhista.

2. *Uma análise da negociação individual nas relações de trabalho a partir da teoria dos contratos*

Em decorrência da grave crise do COVID-19, conforme publicado no portal de notícias Economia UOL em 7 de abril de 2020, a empresa Magazine Luiza informou à Comissão de Valores Mobiliários que reduziu em 80%, por um período de três meses, os salários dos seus dois principais executivos: o CEO e o vice-presidente, destacando, ainda, que os 12 diretores executivos e os sete membros do Conselho de Administração tiveram diminuição de 50% em sua remuneração. Na mesma oportunidade, a empresa ainda informou que todos os demais diretores tiveram redução de 25%.(6)

Da notícia em questão, despontam duas observações: a primeira é de que tais contratos de trabalho admitem uma significativa margem negocial, destacando-se as reduções nos percentuais de 25% a 80%, mas o principal destaque que se faz diz respeito à legitimidade das reduções,

(6) NASCIMENTO, Talita. *Magazine Luiza reduz salários de executivos e renegocia com fornecedores*. Disponível em: <https://economia.uol.com.br/noticias/estadao-conteudo/2020/04/07/magazine-luiza-reduz-de-salarios-de-executivos-e-renegocia-com-fornecedores.htm>. Acesso em: 21.4.2020.

o que se evidencia pela ampla publicidade realizada pela empresa a respeito das mudanças. Em outros termos, as reduções são colocadas como medida legítima perante o mercado financeiro, pois transferem de forma significativa os ônus da crise para os profissionais que estão em melhores condições de suportar tal encargo.

Portanto, tem-se que o poder negocial entre os altos cargos de companhias é fato social usual e de grande incidência prática.

Justamente diante desse posicionamento, questiona-se como a Teoria dos Contratos de Hart e Holmstron pode contribuir para que tais negociações sejam robustas o suficiente para não gerar insegurança jurídica.

Então, o que se coloca neste momento não é uma análise que leve à conclusão de que se pode ou não negociar individualmente. O que se objetiva apresentar aqui são as bases para que tal negociação seja robusta, forte e, consequentemente, válida e legítima.

Neste cenário, desponta a Teoria Econômica dos Contratos, teoria que conferiu, aos economistas Oliver Hart de Harvard e Bengt Homstrom do *Massachuts Institute of Tecnology*, o Prêmio Nobel de Economia de 2016, decorrente das pesquisas iniciadas na década de 1970, que tinham o intuito de apresentar modelos contratuais mais realistas e seguros.

As propostas de Hart e Holmstron[(7)] partem do crescente interesse nas teorias contratuais, que passou a centrar suas atenções também nas imperfeições dos contratos, afastando-se, de certa forma, de um modelo idealizado, porém mais adequado à realidade dos contratantes, fatores bastante valorizados pela nova análise econômica do direito (*Law and Economics*[(8)]). Os autores analisam as relações contratuais de longo prazo, com durações consideráveis entre a celebração e a execução, pois entendem que nestas situações o contrato constitui fator essencial na relação.

Assim, os economistas estudam o processo de contratação para que seja possível entender os seus riscos e desdobramentos, além de suas imperfeições.

---

(7) HART, O.; HOLMSTROM, B. *The theory of contracts*. Massachusetts, 1985. Disponível em: <https://dspace.mit.edu/bitstream/handle/1721.1/64265/theoryofcontract00hart.pdf%3Bjsessionid%3DD2F89D14123801EBB5A616B328AB8 CFC?sequence%3D1>. Acesso em: 3.5.2020.

(8) A principal referência sobre a análise econômica do Direito é a obra *Economic Analysis of Law* de Richard Possner, havendo profundos trabalhos nacionais feitos por Zylbersztajn e Sztajn.

A Teoria Econômica dos Contratos se inicia com o estudo das Teorias das Agências fortes à época, sendo a Parte II direcionada a analisar um contrato de trabalho. Os autores afirmam que: "uma das principais aplicações da Teoria dos Contratos foi em um caso de contratos entre empresas e trabalhadores em trabalhos de Azariadis (1975), Baily (1974) e Gordon (1974)".[(9)]

Trata-se de teoria posterior à *The Nature of the firm*[(10)] de Ronald Coase, que, a partir da ideia de custos de transação, defende a empresa como feixe de contratos (internos e externos), os quais se organizam para a produção e distribuição de bens no mercado, apresentando-se como uma redefinição do conceito de empresa, pois partem do pressuposto da autoridade (poder) do empresário em contraponto aos mecanismos de preços ou de livre negociação. Porém, da teoria de Coase, o que se utiliza para dar seguimento à análise dos contratos é o fato de que a empresa surge para conferir autoridade e poder a uma das partes para organizá-los.

Deste modo, a Teoria dos Contratos decorre de uma nova abordagem dada pela Economia, mas fortemente relacionada com o Direito, e que tem como objeto as relações contratuais existentes na sociedade, colocando-se como uma tentativa de reduzir as incertezas decorrentes dos contratos, muitas vezes influenciadas pelo que os autores denominam como informação assimétrica (*asymetric information),* ou seja, a situação na qual uma das partes do contrato possui mais ou melhores informações do que a outra.

A Teoria também objetiva apresentar novas maneiras, a partir de incentivos, para que as atitudes dos contraentes sejam mais previsíveis e, consequentemente, a relação apresente ganhos de cooperação.

Para tanto, os autores constroem três fortes críticas — ou constatações — aos contratos: (i) incompletude dos contratos; (ii) assimetria informacional; e (iii) incentivos contratuais injustos.

A primeira crítica analisada, embora se enquadre muito mais como uma constatação, é a própria incompletude dos contratos (*incomplete contratcs*[(11)]), fato que evidencia ser impossível que os agentes possam prever todas as eventuais ocorrências, inclusive as derivadas da relação entre em-

(9) *Op. cit.*, p. 53.

(10) COASE, Ronald H. *The nature of the firm:* the firm, the Market and the law. Chicago; London: University of Chicago, p. 1990.

(11) HART, Oliver; MOORE, J. *Incomplete contracts and renegotiation*. Econometria Society, 1988. p. 755-785.

pregado e empregador. Argumento que decorre, primordialmente, dos estudos de Oliver Hart, autor para quem esses modelos contratuais devem prever possíveis resoluções para situações não previstas no contrato.

Do argumento da incompletude dos contratos extraem-se algumas ponderações a respeito do contrato de determinados empregados, sendo a primeira, a necessidade de pactuação por escrito. Isso porque, por incrível que pareça, ainda é bastante usual que os contratos individuais não sejam específicos o suficiente. Dizendo de outro modo, não é nem um pouco incomum que os modelos contratuais utilizados para os contratos normais sejam reproduzidos nos contratos de profissionais que exercem altas funções nas empresas.

Portanto, além da inerente necessidade de se firmar acordos escritos, há também a necessidade de que o acordo seja específico, o que inegavelmente conferirá maior segurança e previsibilidade para a respectiva relação de trabalho.

Outra ponderação diz respeito à necessidade de revisões periódicas do contrato como tentativa de aprimoramento. Isso para além de revisões eminentemente financeiras. Acredita-se que essa periodicidade acarretará não só o aprimoramento, mas a aproximação das partes em relação ao contrato.

Veja-se, por exemplo, que no atual cenário da grave crise ocasionada pela COVID-19, tais revisões passam a ser vistas de forma legítima e se colocam como instrumento de adaptação dos contratantes a situações imprevisíveis, o que se aproxima ao postulado, hoje forte no Direito Civil Brasileiro, da cláusula *rebus sic standibus*.

A segunda crítica — assimetria informacional — decorre da tese de doutorado de Holmstrom, defendida perante a Universidade de Stanford, em 1977, denominada "Incentivos e controle nas organizações" (*On incentives and control in organizations*[12]). Segundo a tese, a eventual simetria informacional na fase pré-contratual e durante sua execução, seria um instrumento para resolver inúmeros problemas inerentes à delegação. O autor ainda apresenta um desdobramento dessa defesa na própria construção de incentivos enquanto uma alternativa que, levando unicamente em consideração o desempenho do agente, pode culminar em resultados justos, alegação a seguir analisada neste trabalho.

(12) HOLMSTROM. *On incentive and control in organizations*. Thesis. Stanford University, 1977. Disponível em: <https://economics.mit.edu/files/3857>. Acesso em: 24.5.2020.

De fato, se uma das partes do contrato possuir alguma informação privilegiada poderá se utilizar dela para benefício próprio, caracterizando o problema da informação assimétrica que, por sua vez, poderá gerar duas consequências: uma exógena, que se exemplifica com a hipótese da seleção adversa caracterizada pela escolha errada baseada em informações equivocadas; e outra endógena, exemplificada pelo "risco moral" — *moral hazard* — em que um dos contratantes leva o outro a erro intencionalmente, em razão de sua detenção exclusiva de determinada informação relevante. São, portanto, fatores que aliados à incompletude do contrato podem suscitar situações de conflito.(13)

Assim, a validade e a própria robustez da negociação individual estão intimamente ligadas a um dever de informação — de trocas eficientes de informação — para que seja possível erradicar ou, ao menos reduzir incertezas de modo a prevenir conflitos e práticas abusivas. É necessário, no entanto, ponderar se tal regra — eventual simetria informacional — não tem o condão de tornar a prática negocial socialmente indesejável. Daí decorre a empírica constatação segundo a qual, para que determinada negociação individual tenha validade, não é necessário que ambas tenham acesso a todas as informações possíveis e imagináveis, contudo, também não há como negar que a omissão de informações relevantes caracteriza uma violação ao princípio da boa-fé objetiva.

Importante observar, contudo, que a questão da informação não constitui um dever na direção principal-agente ou empregador-empregado, valendo o destaque de que tal posicionamento também se aplica às decisões do agente ou empregado, que inegavelmente, possui uma significativa margem para efetivar suas decisões sem depender, necessariamente, da autorização do empregador. É o que se trata, usualmente, como parassubordinação dos altos empregados. Nesse sentido, Holmstron defende que o agente principal (quem delega, contratante, empregador etc.) deve induzir por meio de incentivos, se possível, que o agente preste informações de modo ótimo, ou seja, o máximo na medida do possível.

O terceiro pressuposto diz respeito à construção dos incentivos nas relações contratuais nos modelos "principal-agente" ou de "Delegação Monitorada", que se aplicam, inegavelmente, a todas as relações de trabalho.

---

(13) HART, O. (2003). Incomplete contracts and public ownership: remarks and an application to public-private partnerships. *Economic Journal*, 119(488), 69-76.

Quanto a este item, os autores defendem, por exemplo, que os principais incentivos financeiros não levem unicamente em consideração os resultados a curto prazo do empreendimento e nem estejam vinculados somente a fatores alheios à atuação do agente. Trata--se de uma defesa pela construção de incentivos financeiros a longo prazo.

Em resumo, são essas as críticas-constatações feitas pelos autores na busca por contratos robustos, legítimos e que ofereçam previsibilidade para as partes. Acabam, contudo, sendo apresentadas as bases para que os respectivos contratos sejam fortalecidos.

Feita essa abordagem, inicia-se a próxima etapa do trabalho com a hipótese previamente colocada de que as bases defendidas pela Teoria dos Contratos estão muito mais presentes nos contratos dos altos empregados do que propriamente nos contratos dos chamados empregados hipersuficientes (ou, autossuficientes) — figuras distintas, conforme será defendido abaixo.

3. *Os poderes de negociação nas relações individuais de trabalho*

Com a Reforma Trabalhista, passou-se a admitir que o empregado que possui ensino superior e que recebe salário igual ou superior a duas vezes o limite máximo dos benefícios do Regime Geral da Previdência Social(14), atualmente fixado no valor de R$ 6.101,06, tem a possibilidade

(14) Analisando o critério salarial, concordamos em parte com Homero Batista Mateus da Silva para quem, "dada a natureza excepcional da regra, impõe-se a interpretação restritiva, a saber, o valor de ser o salário-base do empregado". SILVA, Homero Batista Mateus da. *Comentários à Reforma Trabalhista*: análise da Lei n. 13.467/2017 — artigo por artigo. 2. ed. São Paulo: Revista dos Tribunais, p. 77. Imagine-se, por exemplo, o empregado que possui salário variável superior ao limite colocado, mas que, por razões alheias à sua vontade como a crise do Coronavírus, deixe de receber a parte variável e a partir de então passe a auferir salário inferior ao limite. Continuaria ele com os poderes de negociação inerentes à sua situação anterior? Assim, entende-se que é até mais seguro para o contratante estabelecer esse tipo de negociação diante de salários superiores ao patamar estabelecido. Porém, fala-se em concordância parcial, pois o autor se refere a salário-base, argumento com o qual não concordamos. Veja a situação do empregado exercente de cargo de confiança que tenha salário-base de R$ 10.000,00 — montante inferior ao estabelecido no art. 444 da CLT — mas, que receba, habitualmente, a gratificação de 40%. Nessa situação, acredita-se ser inegável que o salário, no qual se inserem as gratificações, conforme estabelecido pelo art. 457, § 1º da CLT, seja superior ao piso legal. Assim, em tal situação não há deixar de enquadrar o referido empregado como hipersuficiente (ou autossuficiente) por conta do seu salário-base.

de negociar seu contrato individual de trabalho nos mesmos moldes de uma negociação coletiva.

Essa negociação se submeterá aos limites dos arts. 611-A e 611-B da CLT, com redação também dada pela Reforma Trabalhista.

O mesmo raciocínio — de pressupor a capacidade de negociação individual com o empregador a partir de sua remuneração — foi repetido no art. 507-A da CLT, ao admitir a arbitragem como solução de conflitos na relação de trabalho individual.

A concessão de novos poderes negociais ao empregado, em razão do salário, provocou grande debate na comunidade jurídica, que, até então, não se ocupava muito do assunto. Aliás, é interessante constatar que as referidas alterações partem do pressuposto de que a disparidade entre as partes não é tão discrepante em todas as relações de emprego. Em outros termos, que em algumas relações de emprego há certa paridade entre as partes. Tanto é que este pressuposto também foi reforçado durante a tramitação da Medida Provisória n. 881 que, por meio da Comissão Mista, aprovou a redação para um novo § 2º do art. 444 da CLT[(15)], estabelecendo que as relações de trabalho com remuneração mensal superior a trinta salários mínimos seria inteiramente regulamentada pelo Código Civil, ressalvadas as garantias mínimas do art. 7º da Constituição Federal. Tal dispositivo não foi aprovado em votação na Câmara dos Deputados, mas reforçou a constatação de que tais contratos de trabalho estão passando por uma importante fase de discussões e modificações[(16)].

Isso se coaduna com o que defendia Alice Monteiro de Barros ao afirmar que "propõe-se para o trabalho parassubordinado uma tutela adequada, sem a intensidade prevista para o trabalho subordinado e

---

(15) "§ 2º Os contratos de trabalho de remuneração mensal acima de 30 (trinta) salários mínimos, cujas partes contratantes tenham sido assistidas por advogados de sua escolha no momento do pacto, serão regidos pelo direito civil, ressalvadas exclusivamente as garantias do art. 7º da Constituição Federal." (NR).

(16) A respeito das modificações legislativas no âmbito trabalhista há críticas contundentes quanto à ausência de diálogo social em sua elaboração. Como exemplo positivo, vale trazer a observação de Amauri Mascaro Nascimento sobre o *Libro Bianco*, documento elaborado por um grupo de trabalho que analisou os aspectos socioeconômicos da Itália e que resultou na *Proposta per uno Statuto dei lavori*, posteriormente utilizado como fonte para a *Lei Biagi*. Segundo o autor, "é um documento extenso. Analisa o mercado de trabalho na Itália e sua proposta central é a de esforços para uma sociedade ativa e por um trabalho de qualidade. É uma interessante experiência de diálogo social". NASCIMENTO, Amauri Mascaro. *Direito contemporâneo do trabalho*. São Paulo: Saraiva, 2011. p. 51.

sem a ausência de tutela eficaz que ainda caracteriza o trabalho autônomo"[17].

Em suma, o assunto tangencia as relações de trabalho de empregados com altas remunerações e que detêm significativo poder de negociação perante o empregador, realidade inerente aos contratos de empregados exercentes de cargos de confiança ou altos empregados, o que pode levar o aplicador do direito a confundir os conceitos.

Confusão bastante possível, pois o fortalecimento da negociação individual nas relações de trabalho envolve, em regra, três situações distintas e autônomas: o trabalhador parassubordinado, o empregado hipersuficiente ou autossuficiente, e o alto empregado.

Figuras distintas que acabam por se aproximar, pois (i) se situam em uma zona dual entre o empregado comum e o próprio empregador, (ii) possuem, em regra, patamar remuneratório elevado e (iii) prestam seus serviços de forma colaborativa e mediante subordinação atenuada ou rarefeita, (iv) o que ainda lhes pode possibilitar maior poder de negociação perante o tomador dos serviços.

Não se deve confundir, portanto, a noção de empregado hipersuficiente ou autossuficiente com a do alto empregado. A primeira modalidade é completamente autônoma da segunda, o que se comprova com o simples fato de que o empregado exercente de cargo de gestão, conforme previsto no art. 62, II, da CLT, ou mesmo o empregado eleito para ser diretor de Sociedade Anônima pode atuar como alto empregado, sem ter ensino superior e, portanto, não se enquadrar no novo dispositivo legal.

Em outros termos, o empregado exercente das funções mais altas na empresa pode não se enquadrar como empregado hipersuficiente, embora isto não seja tão usual.

A eventual ausência de ensino superior não afastaria, porém, a possibilidade de reconhecer o alto empregado como capaz de realizar suas atividades de forma colaborativa ou até parcialmente autônoma, assim como nos casos de trabalhadores parassubordinados, o que, diga-se de passagem, é extremamente comum na prática, haja vista que, usualmente, os altos empregados preenchem os requisitos do art. 444, parágrafo único da CLT.

---

(17) BARROS, Alice Monteiro de. Trabalhadores intelectuais. *Revista do Tribunal Regional do Trabalho 3ª Região*, Belo Horizonte, v. 39, n. 69, p. 147-165, jan./jun. 2004.

Tal compreensão decorre da constatação de que os poderes de negociação e sua respectiva robustez se relacionam muito mais ao elemento confiança, existente na relação, do que à remuneração e à detenção de diploma superior.

Dessa forma, partindo do que se defendeu no primeiro capítulo, ou seja, que a robustez dos contratos está relacionada à capacidade das partes de negociar o seu contrato e poder amenizar o problema da (i) incompletude do contrato; à possibilidade de as partes estarem em condições de (ii) simetria informacional; e que tenham condições de negociar-revisar as contrapartidas de modo a atenuar o problema dos (iii) incentivos injustos; a questão que fica é se tais condições estão mais presentes nos altos empregados, assim considerados como aqueles que exercem cargos de gestão ou direção, ou nos empregados que cumprem os requisitos do art. 444 da CLT.

Há, porém, forte posicionamento da doutrina contra a negociação nas relações individuais de trabalho nos mesmos moldes da negociação coletiva, de modo geral, em face do texto constitucional ou do princípio da norma mais favorável.(18)

No entanto, tangenciando este debate, a proposta aqui defendida é que as bases defendidas por Hart e Holmstron estão muito mais presentes nos contratos dos altos empregados. Afinal, nada impede que um técnico em determinada área de conhecimento seja contratado com remuneração superior a R$ 12.202,12 e detenha ensino superior — enquadrando-se portanto como hipersuficiente — e não esteja em condições de simetria informacional, não tenha condições de "construir" o seu contrato com robustez e que tenha sua remuneração fixada em total dissonância dos resultados a longo prazo decorrentes de sua atuação.

Seria um contrato que observa os requisitos legais, mas que traria todas as condições para ser rescindido de forma não consensual, gerando situações imprevisíveis e, consequentemente, insegurança jurídica.

Em outros termos, não se defende que tal contrato seja nulo. Apenas, pondera-se, que suas bases não fornecerão as condições, previstas na

---

(18) Defendendo a inconstitucionalidade do artigo, podem ser citados os seguintes autores: Vólia Bomfim Cassar (renúncia de direitos e fragilização do princípio da proteção ao trabalhador). A reforma trabalhista e a autonomia da vontade do empregado. *Revista Magister de Direito do Trabalho*. Porto Alegre, v. 79, p. 15, jul./ago. 2017; Gustavo Filipe Barbosa Garcia (natureza cogente das normas trabalhistas e irrenunciabilidade). *Manual de direito do trabalho*. 12. ed. rev. ampl. e atual. Salvador: JusPodivm, 2019. p. 272 e seguintes; Mauricio Godinho Delgado (indisponibilidade dos direitos trabalhistas). *Curso de direito do trabalho*. 17. ed. São Paulo: LTr, 2018. p. 235.

Teoria dos Contratos, para que tal relação seja duradoura, previsível e segura. Situação completamente distinta da dos altos empregados.

Isso porque, tais empregados podem até não ter conhecimento de todas as informações sensíveis do empreendimento, contudo, é inegável que detêm parcela significativa das informações do respectivo empreendimento para iniciar uma negociação.

Não fosse isso, em face de sua posição na empresa, acabam se colocando em condição de construir os seus contratos, o que se reforça com os benefícios contratuais trazidos na introdução deste trabalho.

Portanto, as principais críticas trazidas pela Teoria dos Contratos são significativamente atenuadas nos contratos de trabalho dos altos empregados, de modo que, observados os requisitos do art. 444 da CLT, juntamente com o exercício das funções de gestão e direção, estar-se-ia diante de uma relação jurídica que pode possuir plenas condições de negociação individual.

4. Conclusão

Diferente dos pesquisadores que analisaram a legalidade ou a constitucionalidade dos poderes de negociação previstos no art. 444 da CLT, este trabalho pretendeu analisar, a partir das contribuições da Teoria dos Contratos, quais seriam as bases para que as negociações individuais nas relações de trabalho pudessem se colocar como um importante instrumento de adequação das relações de trabalho, no cenário pós-Covid-19.

Diante disso, analisou-se que as três críticas-constatações apresentadas pela Teoria dos Contratos — (i) incompletude dos contratos; (ii) assimetria informacional; e (iii) incentivos injustos — são significativamente atenuadas nos contratos individuais dos altos empregados.

Assim, foi possível concluir que os poderes negociais conferidos pelo art. 444 da CLT poderão ser exercidos de forma mais segura e satisfatória nos contratos dos altos empregados, observadas as bases apontadas.

5. Referências

BARROS, Alice Monteiro de. Trabalhadores intelectuais. *Revista do Tribunal Regional do Trabalho 3ª Região*, Belo Horizonte, v. 39, n. 69, p. 147-165, jan./jun. 2004.

CASSAR, Vólia Bonfim. A reforma trabalhista e a autonomia da vontade do empregado. *Revista Magister de Direito do Trabalho*, Porto Alegre, v. 79, jul./ago. 2017.

COASE, Ronald H. *The nature of the firm:* the firm, the Market and the law. Chicago; London: University of Chicago, p. 1990.

DELGADO, Mauricio Godinho. *Curso de direito do trabalho.* 17. ed. São Paulo: LTr, 2018.

GARCIA, Gustavo Filipe Barbosa. *Manual de direito do trabalho.* 12. ed. rev. ampl. e atual. Salvador: JusPodivm, 2019.

HART, O. Incomplete contracts and public ownership: remarks and an application to public-private partnerships. *Economic Journal,* 119(488), p. 69-76, 2003.

HART, O.; HOLMSTROM, B. *The theory of contracts.* Massachusetts, 1985. Disponível em: <https://dspace.mit.edu/bitstream/handle/1721.1/64265/theoryofcontract00hart.pdf%3Bjsessionid%3DD2F89D14123801EBB5A616B328AB8 CFC?sequence%3D1>.

HART, Oliver; MOORE, J. Incomplete contracts and renegotiation. *Econometria Society,* 1988.

HOLMSTROM, B. *On incentive and control in organizations.* Thesis. Stanford University, 1977. Disponível em: <https://economics.mit.edu/files/3857>.

KANT, Immanuel. *Metafísica dos costumes.* São Paulo: Martin Claret, 2002.

NASCIMENTO, Amauri Mascaro. *Direito contemporâneo do trabalho.* São Paulo: Saraiva, 2011.

NASCIMENTO, Talita. *Magazine Luiza reduz salários de executivos e renegocia com fornecedores.* Disponível em: <https://economia.uol.com.br/noticias/estadao-conteudo/2020/04/07/magazine-luiza-reduz-de-salarios-de-executivos-e-renegocia-com-fornecedores.htm>. Acesso em: 21.4.2020.

NOHRIA, N.; KHURANA, R. *Handbook of leadership theory and practice.* Boston: Harvard Business, 2010.

RACY, Sonia. Executivos com salários acima de R$ 1 milhão aumentam 11%. *O Estado de S. Paulo,* 15 dez. 2019. Disponível em <https://cultura.estadao.com.br/blogs/direto-da-fonte/executivos-com-salarios-acima-de-r-1-milhao-aumentam-11/>. Acesso em: 16.12.2019.

ROCA, Gabriel. Salário de presidente de empresas cresceu 32% em anos de crise no Brasil. *O Estado de S. Paulo,* 26 de março de 2018. Disponível em: <https://economia.estadao.com.br/noticias/governanca,salario-de-presidentes-de-empresas-cresceu-12-pontos-porcentuais-acima-da-inflacao,70002243216>. Acesso em: 16.12.2019.

SILVA, Homero Batista Mateus da. *Comentários à reforma trabalhista*: análise da Lei n. 13.467/2017 — artigo por artigo. 2. ed. São Paulo: Revista dos Tribunais.

Audiência Trabalhista por Videoconferência Fere os Princípios do Contraditório, da Ampla Defesa e do Devido Processo Legal?

Mario Luiz Ribeiro[1]
Paulo Sergio João[2]

1. *Introdução*

Em que pese as inovações tecnológicas fazerem parte de nosso cotidiano, o Poder Judiciário sempre foi muito refratário à implementação de novidades. Até há muito pouco tempo amarrávamos com barbante os volumes dos processos judiciais em um acervo sem padrão de numeração e com folhas enumeradas de modo manuscrito.

Não obstante, em pleno ano de 2020, já tenhamos atos legislativos prevendo e autorizando a implementação de praticamente todos os atos judiciais em meios digitais, suficientes para colocarmos não apenas documentos e provas escritas, mas como também sons e imagens, uma significativa fração do conjunto vem se colocando avessa a tais implementações, fato que se evidencia não só contraproducente, como

(1) Doutorando em Direito do Trabalho pela PUC/SP. Mestre em Constituição e Processo pela Universidade de Ribeirão Preto-SP. Conselheiro Secional da OAB/SP. Presidente da Comissão Permanente de Exame de Ordem da OAB/SP e Membro da Comissão Nacional de Exame de Ordem.

(2) Doutor em Direito das Relações Sociais pela PUC/SP. Mestre em Direito Social pela Universidade Católica de Louvain — Bélgica e em Direito do Trabalho pela USP. Advogado e Professor de Direito do Trabalho da PUC-SP e FGV Direito SP.

economicamente caro e demorado, violando princípios de celeridade e economia.

A justificativa se dá por confronto a outros princípios, como o da violação aos princípios do contraditório, da ampla defesa e do devido processo legal.

No entanto, esse ambiente manifestamente fechado em si — com parcial justificativa para assim ser, diga-se de passagem —, em especial no primeiro semestre de 2020 encontra-se experimentando um fator externo que, por sua abrangência e magnitude, certamente nos propõe reflexões que podem quebrar os paradigmas históricos de lentidão e encarecimento. Em verdade, esse elemento de fora é a pandemia do denominado "Novo Coronavirus — COVID-19".

Originado, ao que tudo indica, na China, veio contaminando em menos de um semestre a Europa e Américas, deixando um rastro de centenas de milhares de infectados e uma grande população com vidas ceifadas.

Neste momento em específico tem-se que o Novo Coronavírus — COVID-19, seja um vírus de fácil contágio e altamente letal, sendo consabido que uma das mais eficazes maneiras de se evitar a contaminação é por meio do isolamento social.

E é neste momento que muito se tem discutido no Brasil a implementação de mecanismos seguros de manutenção da prática de atos judiciais (em especial realização de audiências e sustentações orais em sessões nos Tribunais), que originariamente eram presenciais, para a experimentação de tais atos por meio de práticas remotas, mediante meios informatizados.

Deste modo, o presente trabalho propõe uma reflexão a respeito da implantação de tais práticas, de modo a se verificar se os atos legislativos que os autorizam encontram-se no sentido de se violar os princípios do contraditório, da ampla defesa e do devido processo legal, em especial na seara do processo do trabalho.

De modo antecedente, a pesquisa explora elementos históricos, principiológicos, e, ainda, a identificação da modalidade do ato que institucionaliza a prática no âmbito do direito administrativo.

Subsequentemente faremos uma análise a partir do prisma do acesso à justiça, a efetiva aplicação das novas previsões, e prognósticos até então inimagináveis.

Deste ponto, sugeriremos conclusões a respeito do tema, passando da simples análise dos pontos positivos e negativos e, efetivamente, se estaremos diante de riscos ou não de violação aos princípios em apreciação, que emerge de tal implementação na esfera *juslaboral*.

2. *Uma singela cronologia das inovações tecnológicas do entorno e no universo jurídico*

Salvo a atual Pandemia de Coronavírus, em um passado recente houve dois grandes movimentos mundiais que foram os propulsores de inovações tecnológicas. Essas molas, especificamente a I e a II Grandes Guerras Mundiais, propuseram expressivo acelerar no processamento e armazenamento de dados, mediante a utilização cada vez menor de espaço físico, e consequentemente o barateamento de tais instrumentos.

Assim é que entre 1920 e 1940 e posteriormente em 1945, ou seja entre e após tais conflitos, houver significativas mudanças sociais, nas pesquisas científicas, e avanços na tecnologia que aceleraram os sentimentos humanos com relação aos saberes, em especial com relação ao acesso e à utilização de novos conhecimentos.

No Brasil, no âmbito do Poder Judiciário, essa aquisição de um movimento mais vivo provocou grandes reflexões e debates, inclusive com relação à celeridade processual.

Imagine que o Código de Processo Penal de 1941 (Decreto-Lei n. 3.689/1941), inovou significativamente trazendo a possibilidade de que a sentença pudesse ser datilografada. Tal novidade fez emergir debates na doutrina, pois as mais conservadoras, à época, se contrapunham, fazendo assim se expressar:

> "A sentença deve ser escrita do próprio punho, datada e assinada por seu prolator. São considerados essenciais estes requisitos, porque servem para fiscalizar a autenticidade da sentença e, ao mesmo tempo, asseguram o sigilo que sobre ela se deve manter até a respectiva publicação."(3)

Não obstante, até hoje, o Código de Processo Penal permanece vigente no art. 388, que tem a seguinte redação:

> Art. 388. A sentença poderá ser datilografada e neste caso o juiz a rubricará em todas as folhas.

(3) LEAL, Antônio Luiz da Câmara. *Comentários ao código de processo penal brasileiro*. Rio de Janeiro: Freitas Bastos, 1942. v. III, p. 21.

Imagine que, se no ambiente da jurisdição foi uma luta evoluirmos da sentença manuscrita para a datilografada, quão maior seja a resistência ao novo, agora, quando partimos para a esfera da tecnologia da informação, que, apesar de já arraigada em parte da população, ainda nos apresenta desafios quanto ao acesso e utilização de formas cotidianas. A esta situação, Miguel Reale, há muito tempo, nos definia como sendo um "*preconceito evolucionista*"(4).

Nesta linha da pesquisa a respeito da possibilidade de videoconferência no âmbito do Poder Judiciário, vale aqui uma digressão para fora do ambiente jurídico relembrando que, no campo *lúdico-ficcional*, a técnica de falar ao telefone e ver a imagem concomitantemente já era objeto de perspectiva lúdica na ficção científica, há cerca de sessenta anos, quando o Almirante Nelson assim o utilizava na "Viagem ao fundo do mar" ou quando o desenho animado "*Os Jetsons*", andando com seus veículos que levitavam no ar na cidade de *Orbit City*, também assim o previam.

Mais antigas ainda eram as previsões da década de 1940, do século XX, em que policial *Dick Tracy* usava um relógio de pulso (Rádio 2-Way Wrist) que tinha funções de telefone, e que na década de 1960 recebeu uma tela de TV.

Afora essa escapada, na experiência jurídica nacional vimos, neste percurso, há cerca de duas décadas, a entrada em vigência da denominada Lei do Fax nos tribunais (Lei n. 9.800/1999) e a Medida Provisória n. 2.200/2001, que tratou a respeito da certificação digital.

No mesmo ano de 2001, a Lei n. 10.259, de 12 de julho de 2001, que dispôs sobre a instituição dos Juizados Especiais Cíveis e Criminais no âmbito da Justiça Federal, trouxe expressamente, no § 3º, do art. 14, a previsão de que:

> § 3º A reunião de juízes domiciliados em cidades diversas será feita pela via eletrônica.

No círculo das relações processuais laborais, entre idas e vindas, entre avanços e resistências, encontramos interessante publicação, há cerca de quinze anos, do artigo de Massoni(5), que já emergia com debates, por exemplo, sobre o peticionamento via fac-símile e via correio ele-

---

(4) REALE. Miguel. *Filosofia do direito*. 20. ed. São Paulo: Saraiva, 2002. p. 498.

(5) MASSONI, Túlio de Oliveira. Novas tecnologias no processo jurisdicional do trabalho. *Revista LTr: legislação do trabalho*, São Paulo, v. 69, n. 10, p. 1212-1228, out. 2005.

trônico, ou outros mais polêmicos como sobre a prova obtida por meio ilícito: a polêmica do *e-mail* monitorado ou da lista discriminatória de reclamantes.

Outra manifesta evidência do ritmo lento com que caminha o Judiciário é notícia que emerge em 2014, quando ainda havia no Superior Tribunal de Justiça — STJ o departamento de taquigrafia — vetusta técnica manuscrita que tem como objetivo melhorar a velocidade da escrita e que sempre foi muito utilizada para registrar manualmente sessões e audiências —, e que estava caminhando no sentido, resistentemente, se permanecer como a técnica utilizada por meio de *tablets*(6), mas que sucumbiu quatro anos após, quando, ao ser extinto o setor de taquigrafia do STJ, recebeu nota de solidariedade do Sindicato dos Servidores do Poder Judiciário e do MPU no DF(7).

Agora, no campo processual foi editada regra trazida na Resolução n. 314, do Conselho Nacional de Justiça — CNJ, em especial de seu art. 3º, § 2º e art. 6º, § 3º, que preveem, respectivamente:

> [...] os atos processuais que eventualmente não puderem ser praticados pelo meio eletrônico ou virtual, por absoluta impossibilidade técnica ou prática a ser apontada por qualquer dos envolvidos no ato, devidamente justificada nos autos, deverão ser adiados e certificados pela serventia, após decisão fundamentada do magistrado.

E que

> [...] as audiências em primeiro grau de jurisdição por meio de videoconferência devem considerar as dificuldades de intimação de partes e testemunhas, realizando-se esses atos somente quando for possível a participação, vedada a atribuição de responsabilidade aos advogados e procuradores em providenciarem o comparecimento de partes e testemunhas a qualquer localidade fora de prédios oficiais do Poder Judiciário para participação em atos virtuais.

Deste modo, emerge o questionamento imediato sobre um possível conflito do sistema normativo, ou realmente uma violação a princípios constitucionais do contraditório, da ampla defesa, do devido processo legal, dentre outros, diante das normas recém-editadas.

---

(6) Disponível em: <https://stj.jusbrasil.com.br/noticias/100654573/25-anos-do-stj-o-futuro-da-taquigrafia-no-tribunal-da-cidadania>. Acesso em: 27.5.2020, as 17h20.

(7) Disponível em: <https://sindjusdf.org.br/2018/09/21/nota-em-solidariedade-apoio-e-defesa-dos-taquigrafos-do-stj/>. Acesso em: 27.5.2020, as 17h25.

3. *Uma antinomia a ser superada*

Em verdade, cabe aqui uma reflexão que, de início, nos coloca diante de uma possível antinomia. Não uma antinomia pura, que no entender de Abbagnano às vezes foram, inclusive, confundidas como dilemas[8]. Seria uma antinomia kantiana[9], quando define esta como sendo:

> "conflito de leis" (QUINTILIANO, Inst. or., VII, 7, 1), mas foi estendida por Kant para indicar o conflito em que a razão se encontra consigo mesma em virtude dos seus próprios procedimentos.

Mas o interessante é a conclusão de que:

> Consiste em ter posto de lado a ideia tradicional do mundo como totalidade absoluta e em ter ensinado o uso crítico do conceito de mundo.

Vale aqui outra digressão, para lembrar que esta forma de superação dos conflitos legais fora criticada por Hegel pois, aos seus olhos, Kant queria, com isso, retirar a contradição do mundo em si mesmo e atribuí-la à razão.

No entanto, independentemente da posição de Hegel, nosso desafio é colocada a dúvida, vamos em busca da solução, pois realmente estamos, com o questionamento se audiência trabalhista por videoconferência fere os princípios do contraditório, da ampla defesa e do devido processo legal.

Para isso, caminhamos, primeiro, no sentido de levantar os elementos de fundo, tais como valores e princípios constitucionais, e indagar, que tipo de modalidade de norma seria esta que nos inseriu a audiência por teleconferência em nosso sistema *juslaboral* e, diante da hierarquia das normas entender se realmente há possíveis violações.

4. *Os Valores e os Princípios Constitucionais*

Em se querendo estabelecer uma ordem de elementos preponderantes na hierarquia constitucional, é sempre importante lembrarmos que os valores devem ser tidos como sendo um conjunto de melhores modelos que a sociedade propõe nas relações sociais, enquanto que os princípios

---

(8) ABBAGNANO, Nicola. *Dicionário de filosofia*. 2. ed. Verbete: Antonimia. Trad. coord. e rev. por Alfredo Bosi, com a colaboração de Maurice Cunio *et al.* São Paulo: Mestre Jou, 1982. p. 63.

(9) O. c., verbete Antinomia Kantiana, p. 65.

são as unidades basilares de um ordenamento, ou seja, o que é devido para que se atinja o pretendido. São eles que conferem suporte ao sistema jurídico, formado por um emaranhado de normas que se intercruzam e conferem coesão a tal sistema. Estão presentes em todas as normas, conferindo-lhes legalidade.

A Constituição da República Federativa do Brasil, em seu preâmbulo coloca-nos a liberdade, a segurança, o bem-estar, o desenvolvimento, a igualdade e a justiça como valores supremos para que possamos nortear a vida em Estado.

Assim, baseados nesta perspectiva, os princípios, são, ou estão, intimamente ligados à preexistência de regras estáveis, não lesivas, de efeitos previsíveis, porém não podem divergir da sua origem norteada pelos suprarreferidos valores.

Robert Alexy faz uma interessante contribuição a respeito do enfoque jurídico de análise dos princípios, asseverando que:

> "los *principios* son normas que ordenan que se realice algo en la mayor medida posible, en relación con las posibilidades jurídicas y fáticas. Los principios son, por consiguiente, mandatos de optimización que se caracterizan porque pueden ser cumplidos en diversos grados y porque la medida ordenada de su cumplimiento no sólo depende de las posibilidades fácticas, sino también de las posibilidades jurídicas está determinado través de principios y reglas que juegan en sentido contrario."[10]

Atienza, que traduziu o texto anteriormente citado para o espanhol[11], fundamentando-se em Alexy, sustenta então que a forma de característica de aplicação dos princípios é a ponderação.

De acordo com aludida visão, o Direito se apresenta em três níveis (o das regras, o dos princípios e o dos procedimentos) não permitindo alcançar sempre uma única resposta correta para cada caso, mas elevando o grau de racionalidade prática e o modelo de racionalidade incorporado

---

(10) ALEXY, Robert. Sistema jurídico, princípios jurídicos y razón jurídica. *Cuadernos de Derecho y Filosofia,* Fundação Miguel de Cervantes, Doxa, n. 5, 1998, dispon. Disponível em: <http://www.cervantesvirtual.com/servlet/SirveObras/12471730982570739687891/cuaderno5/Doxa5_07.pdf>. Acesso em: 31 de maio de 2020, às 18h50min.

(11) ATIENZA, Manuel. *As razões do direito*: teorias da argumentação jurídica. 3. ed. Perelman, Viehweg, Alexy, MacCormick e outros. São Paulo: Landy, 2003. p. 171.

no Direito moderno e, nas palavras dele, em particular no Direito de um Estado democrático e constitucional.(12)

Ora, se o que se busca hodiernamente são a segurança e a confiança no sistema, é sobre os princípios que se deve construir o ordenamento, e estes devem ter a maior abrangência possível, como se fossem o alicerce do prédio. No entanto, uma ofensa a princípios abala toda a estrutura que se encontrar edificada sobre o mesmo.

No que concerne a este tema, preleciona Bandeira de Melo:

> Princípio — já averbamos alhures — é, por definição, mandamento nuclear de um sistema, verdadeiro alicerce dele, disposição fundamental que se irradia sobre diferentes normas compondo-lhes o espírito e servindo para sua exata compreensão e inteligência exatamente por definir a lógica e a racionalidade do sistema normativo, no que lhe confere a tônica e lhe dá sentido harmônico. É conhecimento dos princípios que preside a intelecção das diferentes partes componentes do todo unitário que há por nome sistema jurídico positivo.

Violar um princípio é muito mais grave que transgredir uma norma qualquer. A desatenção ao princípio implica ofensa não apenas a um específico mandamento obrigatório, mas a todo sistema de comandos. É a mais grave forma de ilegalidade ou inconstitucionalidade, conforme o escalão da princípio atingido, porque representa insurgência contra todo o sistema, subversão de seus valores fundamentais, contumélia irremissível a seu arcabouço lógico e corrosão de sua estrutura mestra.(13)

Carrazza aduziu brilhantemente sobre a função dos princípios em nosso ordenamento. São suas palavras:

> O princípio possui, pois, uma função especificadora dentro do ordenamento jurídico; ele é de grande valia, como vimos, para a exegese e perfeita aplicação assim dos simples atos normativos, que dos próprio mandamentos constitucionais. O menoscabo por um princípio importa a quebra de todo o sistema jurídico. (...)(14)

Deste modo partimos no sentido de que a Constituição seja a expressão máxima das diretrizes políticas e jurídicas, e ali residem, em um

---

(12) *Op. cit.*, p. 182.

(13) BANDEIRA DE MELLO. Celso Antônio. *Curso de direito administrativo*. 10. ed. São Paulo: Malheiros, 1998. p. 583-584.

(14) CARRAZZA, Roque Antonio. *Curso de direito constitucional tributário*. 11. ed. São Paulo: Malheiros, 1998. p. 37.

Estado de Direito, direitos e garantias fundamentais eleitas pelos elementos formadores do respectivo Estado.

No entanto, esse abrigo constitucional não precisa ser explícito. Canotilho, neste sentido e com autoridade que lhe é peculiar assegura que "O parâmetro da constitucionalidade não se reduz, do ponto de vista do positivismo, as regras e princípios escritos nas leis constitucionais; alarga-se, também, a outros princípios não expressamente consignados na constituição, desde que tais princípios ainda se possam incluir no âmbito normativo-constitucional".(15)

Nas palavras de Jorge Miranda, os princípios cardeais de cada sistema constitucional repercutem, como não podia deixar de ser, por causa da unidade do ordenamento jurídico positivo, sobre o Direito processual(16).

Dentre nossos doutrinadores, princípio sempre foi um ponto de partida para inúmeras reflexões, especialmente as constitucionais. Celso Ribeiro Bastos, leciona:

> Os princípios constitucionais são aqueles que guardam os valores fundamentais da ordem jurídica. Isto só é possível na medida em que estes não objetivam regular situações específicas, mas sim desejam lançar a sua força sobre todo o mundo jurídico. Alcançam os princípios esta meta à proporção que perdem o seu caráter de precisão de conteúdo, isto é, conforme vão perdendo densidade semântica, eles ascendem a uma posição que lhes permite sobressair, pairando sobre uma área muito mais ampla do que uma norma estabelecedora de preceitos. Portanto, o que o princípio perde em carga normativa ganha como força valorativa a espraiar-se por cima de um sem-número de outros normas.(17)

Cretella Neto(18), seguindo inúmeros outros doutrinadores(19), faz a distinção entre *princípios político-constitucionais*, e os *princípios jurídico-constitucionais*. Os primeiros seriam as opções políticas fundamentais, que moldam toda a Constituição e teriam como manifestos exemplos os princí-

(15) GOMES CANOTILHO, José Joaquim. *Direito constitucional e teoria da Constituição*. 4. ed. Portugal, Coimbra: Almedina, 2000. p. 890.

(16) MIRANDA, Jorge. Constituição e processo civil. *Revista de Processo* n. 98, São Paulo: RT, p. 30 (RePro 98/29-42).

(17) BASTOS, Celso Ribeiro. *Curso de direito constitucional*. 16. ed. São Paulo: Saraiva, 1995. p. 143-4.

(18) CRETELLA NETO, José. *Fundamentos principiológicos do processo civil*. Rio de Janeiro: Forense, 2002. p. 36.

(19) Nesse sentido veja também Canotilho, José Afonso da Silva, Luiz Alberto David Araujo e Vidal Serrano Nunes Júnior.

pios contidos nos arts. 1º a 4º. Já os últimos seriam aqueles que informam toda a ordem jurídica nacional.

No caso do nosso estudo, os princípios de interesse são os jurídico-constitucionais, que têm natureza processual.

Destacamos também as colocações de Sarlet que, escrevendo sobre direitos fundamentais, apresenta-nos sua visão sobre as dimensões dos direitos fundamentais[20]. Salienta também que a Constituição não pode especificar todos os direitos, nem mencionar toda a liberdade. A lei ordinária, a doutrina e a jurisprudência completam a obra. O que não pode haver é antagonismo com a índole do regime.

Segundo Carlos Ari Sundfeld:

> "Os princípios são as ideias centrais de um sistema, ao qual dão sentido lógico, harmonioso, racional, permitindo a compreensão de seu modo de organizar-se. Tomando como exemplo de sistema certa guarnição militar, composta de soldados, suboficiais e oficiais, com facilidade descobrimos a ideia geral que explica seu funcionamento: 'os subordinados devem cumprir as determinações dos superiores'. Sem captar essa ideia, é totalmente impossível entender o que se passa dentro da guarnição, a maneira como funciona."[21]

Dada essa variedade conceitual, José Afonso da Silva destaca que não é fácil fixar uma definição precisa em um enunciado sintético. Porém, sugere uma divisão que torne o tema didaticamente discriminado em princípios relativos a: (i) existência, forma, estrutura e tipo de Estado; (ii) forma de governo e à organização dos poderes; (iii) organização da sociedade; (iv) regime político; (v) prestação positiva do Estado, e; (vi) comunidade internacional.[22]

O estudo aprofundado sobre os princípios do devido processo legal, do contraditório e da ampla defesa, que faremos inicialmente, servirá de premissa maior, sobre a qual assentaremos, em momento posterior, os

(20) SARLET, Ingo Wolfgang. *A eficácia dos direitos fundamentais*. 2. ed. rev. atual. Porto Alegre: Livraria do Advogado, 2001. p. 48 e segs., e que abre os direitos fundamentais em dimensões, sendo os mais tradicionais de primeira dimensão, os direitos econômicos, sociais e culturais em segunda dimensão e os direitos de solidariedade e fraternidade em terceira dimensão.

(21) SUNDFELD, Carlos Ari. *Fundamentos de direito público*. São Paulo: Malheiros, 1992. p. 137.

(22) SILVA José Afonso da. *Curso de direito constitucional positivo*. 10. ed. São Paulo: Malheiros, 1995. p. 96.

conceitos de Direito Processual do Trabalho, que, neste peculiar momento encontra-se ainda em fase de gestação no Direito Pátrio.

Na aula de José Afonso da Silva, nos é ensinado que:

> O princípio do devido processo legal entra agora no Direito Constitucional positivo com um enunciado que vem da Magna Carta inglesa: ninguém será privado da liberdade ou de seus bens sem o devido processo legal (art. 5º, LIV). Combinado com o direito de acesso à Justiça (art. 5º, XXXV) e o contraditório e a plenitude da defesa (art. 5º, LV), fecha-se o ciclo das garantias processuais. Garante-se o processo, e "quando se fala em 'processo', e não em simples procedimento, alude-se, sem dúvida, a formas instrumentais adequadas, a fim de que a prestação jurisdicional, quando entregue pelo Estado, dê a cada um o que é seu, segundo os imperativos da ordem jurídica. E isso envolve a garantia do contraditório, a plenitude do direito de defesa, a isonomia processual e a bilateralidade dos atos procedimentais.[(23)]

Especificamente quanto ao Brasil, assevera o autor que o princípio da ampla defesa, há muito tempo, já se aplica até mesmo aos processos administrativos, lançando mão de exemplos como os julgamentos contidos em diversas revistas brasileiras de jurisprudências.[(24)]

Celso Ribeiro Bastos, com suas duas obras mais conhecidas (*Curso de Direito Constitucional* e os *Comentários à Constituição do Brasil*, em parceira com o prof. Ives Gandra da Silva Martins) são referências para o estudo que nos propusemos.

Destaca o autor que no processo já há algumas diferenças que são naturais. E por isso, a ampla defesa transforma-se em instrumento assegurador de que o processo não se converterá "*em luta desigual em que ao autor cabe a escolha do momento e das armas para travá-la e ao réu só cabe timidamente esboçar negativas... Há que haver um esforço constante no sentido de superar as desigualdades formais em sacrifício de uma igualdade real*".[(25)]

Manoel Gonçalves Ferreira Filho, autor de duas obras sobre a Constituição Federal (*Curso de Direito Constitucional* e os *Comentários à*

---

(23) SILVA José Afonso da. *Curso de direito constitucional positivo*. 10. ed. São Paulo: Malheiros, 1995. p. 96.

(24) FERREIRA, Pinto. *Comentários à Constituição brasileira*. São Paulo: Saraiva, 1989. p. 176-180.

(25) BASTOS, Celso Ribeiro; MARTINS, Ives Gandra da Silva. *Comentários à Constituição do Brasil*. São Paulo: Saraiva, 1989. v. 2, p. 266-7.

Constituição brasileira de 1988), faz expressa apreciação à prescrição do *due process of law* na Legislação Constitucional brasileira.

De modo mais genérico, o autor consigna em seu Curso que essa cláusula impede toda restrição à liberdade ou aos direitos de qualquer homem, sem intervenção do Judiciário.[(26)]

Já nos *Comentários* [(27)] é mais específico, até porque analisa cada um dos elementos da Constituição Federal de 1988. Destacamos os seguintes trechos que comentam o inc. LV, do art. 5º da CF:

> ***Contraditoriedade***. O princípio do contraditório impõe a condução dialética do processo. Em outras palavras, exige que em cada passo do processo cada parte tenha a oportunidade de apresentar suas razões, ou, se for o caso, as suas provas. Implica ele, portanto, o que os processualistas denominam *par conditio* (igualdade entre as partes).

E prossegue, mais adiante

> [...] o direito de defesa é imprescindível para a segurança individual. É um dos meios essenciais para que cada um possa fazer valer sua inocência quando injustamente acusado. Segundo o texto em estudo, se assegura "ampla defesa". Isto significa que o legislador está obrigado, ao regular o processo criminal, a respeitar três pontos: velar para que todo acusado tenha o seu defensor; zelar para que tenha ele pleno conhecimento da acusação e das provas que a alicerçam; e possam ser livremente debatidas essas provas ao mesmo tempo que se ofereçam outras (o contraditório propriamente). O primeiro ponto obriga o Estado a oferecer, ao acusado que não tenha recursos, advogado gratuito e a não permitir que se pratique ato processual sem a assistência de defensor. O segundo proscreve os processos secretos que ensejam arbítrio. O último propicia a crítica dos depoimentos e documentos, bem como dos eventuais exames periciais que apoiam a acusação. Igualmente confere à defesa recursos paralelos aos da acuação para o oferecimento de provas que infirmem o alegado contra o réu.

Pela Constituição, foi o princípio claramente estendido ao processo administrativo, evidentemente de natureza disciplinar. Em face do direito anterior, não era indiscutida essa extensão, todavia, como aponta Ada Pellegrini Grinover, havia jurisprudência que anulava processos

(26) FERREIRA FILHO, Manoel Gonçalves. *Curso de direito constitucional*. 30. ed. rev. e atual. São Paulo: Saraiva, 2003. p. 282.

(27) FERREIRA FILHO, Manoel Gonçalves. *Comentários à Constituição brasileira de 1988*. São Paulo: Saraiva, 1997. p. 66.

administrativos em que não se deram condições de defesa ao acusado (*O processo em sua unidade — II cit.*, p. 64-5)".

André Ramos Tavares[28], ao tratar sobre o assunto busca ser mais didático, chegando a destrinchar os elementos da expressão "devido processo legal". Chama-nos atenção o autor para o fato de que *a paridade de armas tem com destinatário não apenas o Estado, mas também a parte contrária*. E mais, que a plenitude da defesa significa o direito à defesa técnica, à publicidade da decisão, à citação, à produção ampla de provas, ao juiz natural, aos recursos legais e constitucionais, à decisão final imutável, à revisão criminal, ao duplo grau de jurisdição.

Apresentado todo este escorço teórico sobre os princípios que estariam sendo afrontados na sequência temos à observar a Resolução n. 314, do CNJ, e inicialmente sua tipificação como ato administrativo, para após tecermos nossas conclusões a respeito da indagação inicial.

5. A Resolução n. 314 do Conselho Nacional de Justiça — CNJ e sua tipificação como ato administrativo

A Resolução n. 314 do Conselho Nacional de Justiça — CNJ, observando-se a mais apurada doutrina administrativista sobre o tema, nos induz a afirmar que se enquadra entre aquelas tidas como um ato administrativo.

A saber que ato administrativo é toda manifestação unilateral de vontade da Administração Pública que, agindo nessa qualidade, tenha por fim imediato adquirir, resguardar, transferir, modificar, extinguir e declarar direito, ou impor obrigações aos administrados ou a si própria (neste sentido Meirelles)[29], no caso em espécie se evidencia um ato administrativo atípico e reflexo, pois decorrente da produção do ato, não resulta de seu conteúdo específico, pois apesar de advir do Poder Judiciário, lança teor mais próximo à forma do proceder, que tange a ser ato de administração, não de judicação. De outro lado, reflexo, pois alcança a terceiros, ainda que não objetivados pelo ato[30].

---

(28) TAVARES, André Ramos. *Curso de direito constitucional*. 2. ed. rev. e ampl. São Paulo: Saraiva, 2003. p. 507-9.

(29) MEIRELLES, Hely Lopes. *Direito administrativo brasileiro*. 23. ed. São Paulo: Malheiros, 1999. p. 132.

(30) MELLO, Celso A. B. *Curso de direito administrativo*. 9. ed. São Paulo: Malheiros, 1998. p. 234.

Não obstante a Resolução n. 314 do CNJ, se evidencia ato perfeito, válido e eficaz, vez que, do ponto de vista formal, o mesmo encontra-se concluído em seu ciclo de formação, atende plenamente às exigências legais e estaria disponível para a deflagração dos efeitos que lhes são atípicos.

Desse modo, aparentemente, não haveria violação aos princípios do contraditório, da ampla defesa e do devido processo legal, pois a Resolução teria atendido aos elementos da legalidade, da anterioridade, da capacidade técnica do órgão elaborador, se não fosse um detalhe.

Do ponto de vista do enquadramento ao sistema, o ato não consegue romper, diante do contexto em que nos encontramos, possibilidade de implementação vez que elemento fático, a observarmos do ponto de vista da teoria tridimensional do direito, não lhe autoriza prosseguimento.

6. *Do contexto fático emerge uma lacuna que não é de possível transposição: não são todos em nossa sociedade que dispõem de amplo acesso à tecnologia da informação*

Segundo recente notícia publicada pelo jornal *Folha de S. Paulo*, em 16 de maio de 2020, cujo debate emanou por conta da pandemia do Novo Coronavírus, foi revelado que setenta milhões de brasileiros têm acesso precário à internet[(31)]. Segundo a reportagem, 85% dos cidadãos, de classes D e E, estariam conectados de modo extremamente limitado, ou mesmo sem nenhum acesso.

Números muito próximos são apresentados pelo *O Estado de S. Paulo* à entrevista publicada em 31 de maio de 2020, com Demi Getschko, conselheiro do Comitê Gestor da Internet no Brasil e diretor-presidente do Núcleo de Informação e Coordenação do Ponto BR (NIC.br), em que dá conta de que 58% dos brasileiros conectados acessam a rede apenas pelo celular e um quarto do Brasil está desconectado, o que é espelhado pela manchete, que denuncia: "A falta de acesso à internet acaba criando castas".[(32)]

Desse modo, exigir que o cidadão/jurisdicionado, que não esteja de modo uniforme com acesso aos mecanismos para a realização de ato

---

(31) Disponível em: <https://www1.folha.uol.com.br/mercado/2020/05/cerca-de-70-milhoes-no-brasil-tem-acesso-precario-a-internet-na-pandemia.shtml>. Acesso em: 31.5.2020, às 20h00.

(32) *O Estado de S. Paulo*, Economia, Domingo, 31 de maio de 2020, p. B. 8.

processual remoto, apesar de não violar de modo imediato os princípios do contraditório, da ampla defesa e do devido processo legal, é evidente afronta à igualdade, um dos valores supremos contidos em nossa Constituição Federal.

Com efeito, os principais prejudicados nesse cenário são exatamente os mais pobres, que em regra encontram-se como polo ativo nas reclamações trabalhistas, vez que, segundo advindo dos estudos e levantamentos, as classes econômicas D e E são aquelas que encontram-se alijadas do necessário acesso às redes informatizadas.

Jorge Miranda, fazendo lembrar a Declaração Universal dos Direitos do Homem, consignar que:

> O princípio da igualdade das armas significa equilíbrio entre as partes na apresentação das respectivas teses na perspectiva dos meios processuais de que para o efeito dispõem e, sem implicar embora uma identidade formal absoluta de meios, exige que o autor e o réu tenham direitos processuais idênticos e estejam sujeitos também a ónus e cominações idênticos, sempre que a sua posição no processo for equiparável... O princípio impede a introdução de discriminações em função da natureza subjectiva da parte em causa.

Por seu turno, o princípio do contraditório serve de garantia da igualdade. Aflorado a propósito do processo penal, vale também em processo civil e o seu âmbito, quanto aos destinatários, compreende, pelo menos estes dois elementos: dever e direito de o juiz ouvir as razões das partes em relação a assuntos sobre os quais tenha de proferir um a decisão; direito de audiência de todos os sujeitos processuais que possam vir a ser afectados pela decisão, de forma a garantir-lhes uma influência efectiva no desenvolvimento do processo. Simultaneamente, a audição da parte contra a qual é alegado um facto assegura-lhe a possibilidade de defesa contra as pretendidas consequências daquele.(33)

É certo que a implementação plena do sistema de audiências pelo sistema de videoconferência, em uma sociedade igualitária e isonômica, traz efetivos benefícios, tais como a diminuição dos espaços físicos, a celeridade dos atos, a economia dos deslocamentos, benefícios ambientais, dentre outros, como decorrência imediata da supressão da simbólica mesa em formato de T. Por óbvio que precisariam ser ajustadas as coletas

(33) MIRANDA, Jorge. Constituição e processo civil. *Revista de Processo*, São Paulo: RT, n. 98, p. 37 (RePro 98/29-42).

de depoimento por pessoas com capacidades reduzidas, tais como os deficientes auditivos, deficientes visuais, a segurança da informação precisará ter as necessárias fontes de *backup*, criptografias e certificações digitais de modo a garantir a autoria da fonte dos arquivos, em especial porque a originação da prova se dará longe dos olhos do principal destinatário, que é o Juiz.

Porém, ao que emerge deste momento, no Brasil de 2020, por conta da decantada situação de desigualdade de distribuição dos meios digitais, ainda não estamos aptos a optar por esse caminho. Não por estarmos diante de violação principiológica ao contraditório, ampla defesa ou do devido processo legal, mas, exatamente por afronta ao valor supremo da igualdade, que, infelizmente, ainda não nos uniformiza.

7. Síntese conclusiva

Diante das explanações aqui levantadas constatamos que:

> As inovações tecnológicas encontram-se muito presentes na vida cotidiana;
>
> A teletransmissão de imagem e som vem fazendo parte do dia a dia de significativa parte da população;
>
> Com a ocorrência da Pandemia do Novo Coronavírus, COVID-19, emergiu a necessidade de isolamento da população, restringindo o deslocamento de pessoas;
>
> No Brasil, o Conselho Nacional de Justiça editou a Resolução n. 134 que possibilitou a realização de audiências por videoconferência;
>
> O Poder Judiciário sempre se mostrou muito hermético à implantação de inovações tecnológicas, a exemplo da manutenção de sentenças manuscritas e da, até muito recente, utilização da taquigrafia;
>
> Há quase duas décadas já há normas que preveem a realização de atos por via eletrônica, sem que, no entanto, houvesse sua implantação efetiva;
>
> Estaríamos diante de uma antinomia do sistema, vez que, de um lado a novidade da videoconferência e de outro o risco de afronta a princípios constitucionais do contraditório, da ampla defesa e do devido processo legal;

No entanto, doutrinariamente não haveria violação a tais princípios, vez que atendidos os elementos formais e materiais, seja porque a Resolução n. 314 do CNJ atende aos requisitos de ato perfeito, válido e eficaz, tendo concluído seu ciclo de formação, atende às exigências legais e estaria disponível para deflagração;

Porém, o elemento fático de que o acesso à internet não atende a grande percentual da população, em especial aos oriundos das Classes D e E, que representam significativa camada daqueles que figuram no polo ativo das Reclamações Trabalhistas;

Conclui-se que, apesar de não ferir formalmente aos princípios do contraditório, da ampla defesa e do devido processo legal, há manifesta violação ao supremo valor da igualdade, o que impede, por ora, a sua implementação.

8. Referências

ABBAGNANO, Nicola. *Dicionário de filosofia*. 2. ed. Trad. coord. e rev. por Alfredo Bosi, com a colaboração de Maurice Cunio *et al*. São Paulo: Mestre Jou, 1982.

ALEXY, Robert. Sistema jurídico, princípios jurídicos y razón jurídica. Publicado em *Cuadernos de Derecho y Filosofia,* Fundação Miguel de Cervantes, Doxa, n. 5, 1998. Disponível em: <http://www.cervantesvirtual.com/servlet/SirveObras/12471730982570739687891/cuaderno5/Doxa5_07.pdf>. Acesso em: 31.5.2020, às 18h50min.

ATIENZA, Manuel. *As razões do direito:* teorias da argumentação jurídica. 3. ed. Perelman, Viehweg, Alexy, MacCormick e outros. São Paulo: Landy, 2003.

BANDEIRA DE MELLO, Celso Antônio. *Curso de direito administrativo*. 10. ed. São Paulo: Malheiros, 1998.

BASTOS, Celso Ribeiro; MARTINS, Ives Gandra da Silva. *Comentários à Constituição do Brasil.* São Paulo: Saraiva, 1989. v. 2.

BASTOS, Celso Ribeiro. *Curso de direito constitucional.* 16. ed. São Paulo: Saraiva, 1995.

CARRAZZA, Roque Antonio. *Curso de direito constitucional tributário.* 11. ed. São Paulo: Malheiros, 1998.

CRETELLA NETO, José. *Fundamentos principiológicos do processo civil.* Rio de Janeiro: Forense, 2002.

FERREIRA FILHO, Manoel Gonçalves. *Curso de direito constitucional*. 30. ed. rev. e atual. São Paulo: Saraiva, 2003.

FERREIRA, Pinto. *Comentários à Constituição brasileira*. São Paulo: Saraiva, 1989.

GOMES CANOTILHO, José Joaquim. *Direito constitucional e teoria da Constituição*. 4. ed. Coimbra: Almedina, 2000.

______. Disponível em: <https://sindjusdf.org.br/2018/09/21/nota-em-solidariedade-apoio-e-defesa-dos-taquigrafos-do-stj/>. Acesso em: 27.5.2020, as 17h25.

______. Disponível em: <https://stj.jusbrasil.com.br/noticias/100654573/25-anos-do-stj-o-futuro-da-taquigrafia-no-tribunal-da-cidadania>. Acesso em: 27.5.2020, as 17h20.

______. Disponível em: <https://www1.folha.uol.com.br/mercado/2020/05/cerca-de-70-milhoes-no-brasil-tem-acesso-precario-a-internet-na-pandemia.shtml>. Acesso em: 31.5.2020, as 20h00.

LEAL, Antônio Luiz da Câmara. *Comentários ao código de processo penal brasileiro*. Rio de Janeiro: Freitas Bastos, 1942. v. III.

MASSONI, Túlio de Oliveira. Novas tecnologias no processo jurisdicional do trabalho. *Revista LTr: Legislação do Trabalho*, São Paulo, v. 69, n. 10, p. 1212-1228, out. 2005.

MEIRELLES, Hely Lopes. *Direito administrativo brasileiro*. 23. ed. São Paulo: Malheiros, 1999.

MELLO, Celso A. B. *Curso de direito administrativo*. 9. ed. São Paulo: Malheiros, 1998.

MIRANDA, Jorge. Constituição e processo civil. *Revista de Processo*, n. 98, São Paulo: RT, p. 30 (RePro 98/29-42).

______. Constituição e processo civil. *Revista de Processo*, n. 98, São Paulo: RT, p. 37 (RePro 98/29-42).

______. *O Estado de S. Paulo*, Economia, Domingo, 31 de maio de 2020, p. B. 8.

REALE, Miguel. *Filosofia do direito*. 20. ed. São Paulo: Saraiva, 2002.

SARLET, Ingo Wolfgang. *A eficácia dos direitos fundamentais*. 2. ed. rev. atual. Porto Alegre: Livraria do Advogado, 2001.

SILVA, José Afonso da. *Curso de direito constitucional positivo.* 10. ed. São Paulo: Malheiros, 1995.

SUNDFELD, Carlos Ari. *Fundamentos de direito público.* São Paulo: Malheiros, 1992.

TAVARES, André Ramos. *Curso de direito constitucional.* 2. ed. rev. e ampl. São Paulo: Saraiva, 2003.

A Concessão de Férias Durante o Isolamento Social Decretado por Ato de Autoridade Pública Fere a Finalidade da Norma Relativamente ao Descanso e Lazer do Trabalhador?

Nathalia Carolini Mendes dos Santos(1)
Fabiola Marques(2)

1. Notas introdutórias

O ano de 2020 iniciou de modo atípico, com a notícia de um vírus que causa infecções respiratórias, de fácil propagação, com origem no continente asiático, mais precisamente na cidade de Wuhan, na China.

A Organização Mundial da Saúde (OMS), em 30 de janeiro de 2020, declarou o surto pelo novo Coronavírus (COVID-19), que em 11 de março de 2020 foi reconhecido como uma pandemia, o mais alto nível de alerta e Emergência de Saúde Pública, com perspectiva de continuar presente em todo o mundo por período indeterminado.

---

(1) Doutoranda em Direito do Trabalho pela Pontifícia Universidade Católica de São Paulo. Mestra em Direito do Trabalho pela Pontifícia Universidade Católica de São Paulo. Especialista em Direito do Trabalho e Direito Processual do Trabalho pela Escola Paulista de Direito. Graduada pela Universidade Católica de Santos. Advogada. Professora universitária no Centro Universitário Don Domênico e ESAMC.

(2) Doutora em Direito do Trabalho pela Pontifícia Universidade Católica de São Paulo. Mestra em Direito do Trabalho pela Pontifícia Universidade Católica de São Paulo. Advogada. Professora da Graduação e Pós-Graduação (*lato* e *stricto sensu*) em Direito do Trabalho da Pontifícia Universidade Católica de São Paulo.

De forma inesperada a doença se espalhou rapidamente e chegou a todos os continentes atingindo não apenas a área da saúde, mas todas as esferas, principalmente as econômicas e sociais.

No Brasil, os reflexos nas relações trabalhistas foram imediatos, postos de trabalho fechados, funcionários dispensados e incertezas sobre o desfecho do premente quadro.

Como forma de atenuar a situação e evitar prejuízos maiores, o Governo Federal, por meio do Decreto Legislativo n. 6/2020, reconheceu a ocorrência do estado de calamidade pública decorrente da pandemia do COVID-19. Assim, diversas Medidas Provisórias foram editadas, deliberando providências para enfrentamento do conturbado cenário e manutenção do emprego e renda da população.

Dentre as medidas adotadas, com fito de auxiliar à manutenção dos empregos aos trabalhadores e funcionamento das empresas aos empregadores, está a Medida Provisória n. 927/2020, que entre suas disposições apresentou a possibilidade de antecipação das férias individuais e coletivas.

A grande questão em meio às disposições trazidas pela Medida Provisória supramencionada, está na flexibilização dos preceitos consolidados na legislação trabalhista, posto que a finalidade do instituto em questão, as férias, objetiva a fruição com desígnio de lazer, consistindo nessa a sua função social.

Com a antecipação das férias o trabalhador passou a ter cerceado o direito de dispor do seu tempo livre da forma que melhor lhe convier, impedindo o convívio familiar e social, o que desencadeia dano existencial à pessoa.

Importante ter em mente que o direito a férias encontra amparo na Constituição da República e está relacionado como Direito Fundamental, forma de promoção da dignidade humana.

A lamentável situação vivenciada e a supressão de garantias nos impõem análise e discernimento, uma vez que dois direitos passam a colidir. De um lado, o direito de gozo das férias como forma de lazer, que anda lado a lado com o trabalho, pois um empregado apenas desempenha suas funções de forma condizente com o desejável e estabelecido pelo empregador, se o mesmo tem oportunidade de se desconectar por determinado período, livremente das funções habitualmente exercidas. Por outro lado, nos deparamos com uma crise econômica jamais imaginada, decorrente de uma doença de fácil disseminação, que não possui, por enquanto, cura ou imunização, e que pode levar o país ao desemprego em massa, falência do micro e do macro empreendedor e assim desencadear consequências desastrosas em todos os setores que serão implacavelmente atingidos.

Apesar da vigência da Medida Provisória n. 927 ter ocorrido entre 22/03/2020 e 19/07/2020, o presente artigo trata das modificações provisórias referentes às férias durante referido período e se a finalidade do instituto é atingida no período do isolamento. Apesar da perda de sua vigência, será analisado o contexto social das férias, a possibilidade de aplicação das modificações trazidas pela MP n. 927 e necessidade de ponderação em momento atípico.

Assim, o da temática tem como objetivo auxiliar a compreensão do instituto das férias, impactos no cenário atual e a evidente colisão de direitos, sem qualquer pretensão de esgotar o assunto, que ao longo do tempo poderá contar com outros desdobramentos.

2. *O instituto das férias*

A expressão férias vem do latim *feriae*, que significa repouso em honra dos deuses, e daí, dia de descanso, dias feriados, férias, festas. Arnaldo Süssekind explica que decorre de *ferendis epulis*, para quem a história da Roma antiga revela que o povo comemorava, com jogos, sacrifícios e banquetes, o princípio e o fim das colheitas, vindimas, etc., sendo tais festejos denominados de férias pois eram consagrados aos deuses e considerados dias de purificação. Continua esse autor, informando que se chamavam *nundinas* as férias gozadas de nove em nove dias pela gente do campo que ia à Roma para fazer compras e informar-se dos regulamentos públicos. Chamavam-se férias públicas as celebradas às custas do Estado e que podiam ser fixas (marcadas em cada ano) ou extraordinárias (decretadas pelos magistrados). Dentre estas, destacam-se as grandes cerimônias celebradas no monte Albano pelas quarenta e sete cidades da Confederação latina, em honra a *Jupiter Lacial*, as quais foram mantidas até o ano 400 d.C.(3)

As férias surgiram de usos e costumes, sendo que tais descansos tinham, em geral, caráter religioso.

(3) SÜSSEKIND, Arnaldo. *Comentários à nova lei de férias*. São Paulo: LTr, 1977. p. 21.

Informa Osiris Rocha que, na Babilônia, havia o Festival do Ano Novo, que durava 11 dias, e que, na China, havia os Festivais de Estação, tão longos que tinham até que ser restringidos. Para os maometanos, há um mês de meditação (Ramadan) que terminava com demorados festivais públicos.[(4)]

Como registra o estudo preparado para a primeira discussão da convenção sobre férias, que foi adotado pela Conferência Internacional do Trabalho em 1936, citado por Arnaldo Süssekind, os artesãos tinham o costume de suspender seu trabalho em cada ano, além dos domingos, durante um número considerável de dias dedicados a festas religiosas. Assinala que tal costume foi transformado em norma estatutária por Corporações de Ofício durante os séculos XII e XV.[(5)]

Entretanto, com o advento do individualismo da Revolução Francesa, da total liberdade de contratar, da utilização das máquinas, a conquista de novos mercados e a necessidade de produção, o costume das férias anuais foi abandonado, a jornada de trabalho foi aumentada e, ainda, a tradição do repouso semanal desrespeitada.[(6)]

Com o passar do tempo, as férias anuais remuneradas começaram a ser concedidas aos funcionários de serviços administrativos do Estado. Essa prática foi paulatinamente adotada pelas grandes empresas privadas que, no início, só concediam férias aos empregados antigos, ou que ocupassem cargos elevados.

Até quase o final do século XIX, não havia legislação que garantisse a concessão de férias, sendo que estas eram concedidas como uma liberalidade do empregador, sobretudo no comércio. O direito de férias passou a ser regulado, inicialmente, por convenções coletivas e, só mais tarde, foi objeto de leis.[(7)]

Em 1872, a Inglaterra promulgou a primeira lei de férias garantindo o direito de férias a operários de algumas indústrias. Depois disso, por mais de quarenta anos, muitas empresas de diversos países adotaram o regime de férias, concedendo-as a seus empregados, por mera liberalidade, ou por previsão em convenções coletivas de trabalho. Também foram concedidas férias apenas aos trabalhadores de alguns segmentos ou profissões.

---

(4) *Ibidem*, p. 3.

(5) SÜSSEKIND, Arnaldo. *Comentários à nova lei de férias*. São Paulo: LTr, 1977. p. 22.

(6) *Idem*.

(7) GIGLIO, Wagner. *Férias e descansos remunerados*. Curitiba: Genesis, 1998. p. 77.

No Brasil, por exemplo, em 1889, concederam-se férias anuais remuneradas, de 15 dias, a todos os trabalhadores do Ministério da Agricultura, Comércio e Obras Públicas, o que se estendeu aos operários diaristas e aos ferroviários da Estrada de Ferro Central do Brasil em 1890. Também explica Arnaldo Süssekind[(8)] que, graças ao Ministro Demétrio Ribeiro, o Brasil foi o segundo país a conceder férias anuais remuneradas a determinados grupos de trabalhadores.

Finalmente, em 30 de julho de 1919, na Áustria, foi aprovada a primeira lei concedendo o direito a férias remuneradas a todos os trabalhadores assalariados. Aos poucos, mas principalmente após o Tratado de Versalhes, essa prática se generalizou e foi consagrada por inúmeros países. [(9)]

No ordenamento jurídico pátrio, as férias possuem íntima relação com os direitos fundamentais ao lazer, intimidade e vida privada, estando positivado no Título II, Dos Direitos e Garantias Fundamentais e Dos Direitos Sociais, respectivamente nos arts. 5º, X, e 6º, da Constituição Federal da República. Dessa forma, as férias passaram a integrar o ordenamento jurídico nacional como direito fundamental, inerente à pessoa humana, devendo ser assim protegido.

O conjunto dos descansos trabalhistas compreendidos na CLT completa-se com a figura das férias, que podem ser definidas como o lapso temporal remunerado, de frequência anual, constituído de diversos dias sequenciais, em que o empregado pode sustar a prestação de serviços e sua disponibilidade perante o empregador, com objetivo de recuperação, implementação de suas energias e de sua inserção familiar, comunitária e política.

O gozo das férias anuais é direito de todo trabalhador que durante 12 meses consecutivos exerceu o seu mister, não sendo possível falar em dignidade no trabalho sem trazer à baila que o indicado instituto visa à reposição das energias, higidez física e mental, além do direito à desconexão com o trabalho e conexão com o mundo exterior, que perfaz direito irrenunciável.

À guisa de acrescentar, vale mencionar que o referido diploma da Organização Internacional do Trabalho, aprovado na Conferência Internacional de Genebra, em 1970, inspirou a nova redação do capítulo

---

(8) SÜSSEKIND, Arnaldo. *Comentários à nova lei de férias*. São Paulo: LTr, 1977. p. 24.

(9) O exemplo da Áustria foi imediatamente seguido pela Letônia, Polônia, Finlândia e México, em 1922; pelo Chile, em 1924; pelo Brasil e pela antiga Tchecoslováquia, em 1925; por Luxemburgo, em 1926; pela Itália, em 1927; pela Espanha, em 1929; e assim, sucessivamente.

das férias da Consolidação das Leis do Trabalho, que entrou em vigor no ano de 1977. No entanto, a norma consolidada se mostrou mais benéfica à classe trabalhadora do que a própria Convenção n. 132, de tal modo, mesmo que a Convenção tenha sido ratificada, ingressando no ordenamento jurídico brasileiro, não revoga ou altera "qualquer lei, sentença, costume ou acordo que garanta aos trabalhadores condições mais favoráveis", de acordo com o art. 19, § 8º, da Constituição da Organização Internacional do Trabalho.

Contudo, no dia 22 de março de 2020, foi publicada a polêmica Medida Provisória n. 927/2020, que juntamente com a Medida Provisória n. 936/2020, convertida na Lei n. 14.020/2020, têm como finalidade preservar o emprego e a renda da população brasileira diante da atual problemática ocasionada pela pandemia de COVID-19.

Dentre as resoluções trazidas está a possibilidade de concessão antecipada das férias individuais e coletivas pelo empregador aos empregados durante o período de calamidade pública, com o intuito de reduzir os possíveis impactos econômicos ocasionados pela crise desencadeada pela disseminação do vírus.

A grande discussão em torno da Medida Provisória n. 927/2020 (com vigência entre 22/03/2020 e 19/07/2020), se dá pela inobservância de diversas garantias com afronta a direito fundamental encartado na Magna Carta e a forma de concessão e pagamento respectivos às férias durante o período de pandemia instalada no país.

2.1. Férias individuais

Por férias anuais remuneradas entende-se o direito do empregado de interromper o trabalho por iniciativa do empregador, durante um período variável em cada ano, sem perda da remuneração, cumpridas certas condições de tempo no ano anterior, a fim de atender aos deveres de restauração orgânica e de vida social.[10]

É possível analisar as férias anuais por duas vertentes, como direito irrenunciável do empregado, para atendimento da sua finalidade higiênico-social e obrigação de não fazer, deixar de exigir a prestação de serviços por parte do empregador.

(10) GOMES, Orlando; GOTTSCHALK, Elson. *Férias anuais remuneradas*. São Paulo: Max Limonad, 1956, *apud* NASCIMENTO, Amauri Mascaro. *Curso de direito do trabalho*. 27. ed. São Paulo: Saraiva, 2008. p. 995.

Nas palavras de Amauri Mascaro Nascimento, a utilização das férias adquire cada vez mais características de compulsoriedade, e para esse fim, além da proibição do trabalho durante as férias, outras medidas foram instituídas, como o pagamento antecipado da remuneração das férias, acrescidas a sua remuneração de um terço, estabelecido constitucionalmente, destinado a proporcionar condições econômicas para o lazer.(11)

A fruição das férias individuais por parte do empregado pressupõe o preenchimento de requisitos previstos em lei. Da mesma forma, para concessão das férias, o empregador deve observar determinadas condições, quais sejam:

> I) comunicação das férias de forma escrita, mediante recibo, contendo a data de início para fruição e com antecedência mínima de 30 dias (art. 135 da CLT);
>
> II) anotações referentes ao período de concessão das férias na Carteira de Trabalho e Previdência Social do empregado (art. 135, §§ 1º e 2º da CLT);
>
> III) pagamento da remuneração referente às férias anuais, juntamente com o terço constitucional e metade do 13º salário, caso seja requerida de forma prévia, devendo os referidos pagamentos ser efetivados em até 2 dias antecedentes ao início do gozo do benefício.

No tocante ao pagamento das férias, essa ocorrerá de forma dobrada, ainda que fruídas em época própria, caso o pagamento não tenha ocorrido no prazo estabelecido pela norma consolidada (artigos 137, 145). Da mesma forma vem se posicionando a jurisprudência, ao afirmar que há falta cometida pelo empregador no caso de ausência de pagamento das férias até 2 dias antes do afastamento.(12)

---

(11) NASCIMENTO, Amauri Mascaro. *Curso de direito do trabalho*. 27. ed. São Paulo: Saraiva, 2008. p. 996.

(12) E-ED-RR — 280700-13.2001.5.02.0050 — FÉRIAS NÃO REMUNERADAS NA EPÓCA PRÓPRIA. DOBRA DEVIDA. O art. 145 da Consolidação das Leis do Trabalho estabelece que o pagamento da remuneração das férias será efetuado até dois dias antes do início do respectivo período. O art. 7º, XVII, da Constituição da República prevê o pagamento das férias com acréscimo de, no mínimo, um terço a mais do que o salário normal. Resulta daí que o escopo da norma é proporcionar ao empregado o gozo das férias com recursos que viabilizam desfrutar desse período de descanso — o que é possível, pelo menos em tese, com o recebimento antecipado da remuneração das férias. Assim, o pagamento em desacordo com o prazo estipulado no art. 145 da Consolidação das Leis do Trabalho frustrada a finalidade do instituto, afigurando-se correta a aplicação em tal hipótese, da sanção prevista no art. 137 da Consolidação das Leis do Trabalho.

O Tribunal Superior do Trabalho editou súmula para pacificar o assunto com redação no mesmo sentido:

> SÚMULA N. 450 – FÉRIAS. GOZO NA ÉPOCA PRÓPRIA. PAGAMENTO FORA DO PRAZO. DOBRA DEVIDA. ARTS. 137 E 145 DA CLT. É devido o pagamento em dobro da remuneração de férias incluído o terço constitucional, com base no art. 137 da CLT, quando ainda que gozadas na época própria, o empregador tenha descumprido o prazo previsto no art. 145 do mesmo diploma.

2.2. Férias coletivas

As férias coletivas são as que abrangem o conjunto de trabalhadores da empresa, determinados estabelecimentos ou setores da empresa, conferidas unilateralmente pelo empregador ou em decorrência de negociação coletiva. Tal modalidade de concessão de férias possui algumas peculiaridades, se comparadas às férias individuais (art. 139 da CLT):

> I) as férias coletivas poderão ser gozadas em 2 períodos anuais, desde que nenhum deles seja inferior a 10 dias corridos.
>
> II) o empregador deverá comunicar o órgão legal responsável, com antecedência mínima de 15 dias as datas de início e fim das férias sobre os setores atingidos pela medida.
>
> III) deverá ser enviado ao sindicato representativo da categoria profissional, no prazo de 15 dias, cópia do documento enviado ao órgão legal responsável, além da fixação de avisos nos locais de trabalho.
>
> IV) os empregados contratados há menos de 12 meses, gozarão na mesma oportunidade, férias proporcionais, iniciando-se, dessa maneira, novo período aquisitivo.
>
> V) o pagamento da remuneração referentes as férias anuais, juntamente com o terço constitucional e metade do 13º salário, caso seja requerida de forma prévia ao empregador, devendo os referidos pagamentos ser efetivados em até 2 dias antecedentes ao início do gozo do benefício.

Ao contrário das férias individuais, as anotações na Carteira de Trabalho e Previdência Social do obreiro poderão ser realizadas em ocasião da rescisão contratual, visto a quantidade de funcionários que iniciam o gozo das férias coletivas no mesmo momento.

3. *As férias e as alterações temporárias trazidas pela Medida Provisória n. 927/2020, com vigência entre 22/03/2020 e 19/07/2020*

A Medida Provisória n. 927/2020, que dispõe sobre as medidas trabalhistas para enfrentamento do estado de calamidade pública alterou de maneira expressiva o regramento das férias.

É certo que as férias fazem parte das garantias a que faz jus o empregado e devem ser concedidas de forma anual, com o intuito de restabelecer a higidez física e mental, possibilitando o convívio familiar e social que no decorrer da jornada laborativa não se faz possível.

Destarte a medida de curto prazo é uma alternativa para crise, flexibilizando diversos direitos engessados junto a norma Consolidada do Trabalho e garantindo segurança jurídica nesse momento de instabilidade, estando elencadas nos arts. 6º a 12 da MP e que se estenderão até 31 de dezembro de 2020, período que perdura o estado de calamidade pública.

3.1. Antecipação das férias — art. 6º

O art. 6º da Medida Provisória permite a concessão das férias de forma mais maleável à normatizada pela CLT, flexibilizando o gozo no período de pandemia do COVID-19:

> Art. 6º Durante o estado de calamidade pública a que se refere o art. 1º, o empregador informará ao empregado sobre a antecipação de suas férias com antecedência de, no mínimo, quarenta e oito horas, por escrito ou por meio eletrônico, com a indicação do período a ser gozado pelo empregado.
>
> § 1º As férias:
>
> I — não poderão ser gozadas em períodos inferiores a cinco dias corridos; e
>
> II — Poderão ser concedidas por ato do empregador, ainda que o período aquisitivo a elas relativo não tenha transcorrido.
>
> § 2º Adicionalmente, empregado e empregador poderão negociar a antecipação de períodos futuros de férias, mediante acordo individual escrito.
>
> § 3º Os trabalhadores que pertençam ao grupo de risco do coronavírus (covid-19) serão priorizados para o gozo de férias, individuais ou coletivas, nos termos do disposto neste Capítulo e no Capítulo IV.

Através da leitura do presente artigo é possível verificar o poder potestativo do empregador vislumbrando o seu melhor interesse durante a situação emergencial, que poderá conceder férias individuais aos seus empregados, ainda que não observado o período aquisitivo para gozo, não podendo ser essa inferior a 5 dias, com antecedência mínima de 48 horas, priorizando aqueles que se enquadram no grupo de risco, ou seja, idosos, grávidas e portadores de doenças respiratórias.

A grande discussão sobre o artigo fica a cargo da negociação individual de antecipação de períodos futuros de férias. Evidente a excepcionalidade da medida, mas, mesmo que haja a concordância do empregado, longos períodos de trabalho sem descanso e lazer gerarão inúmeros malefícios a saúde física e mental deste, sem contar a renúncia ao direito de férias operado.

3.2. Suspensão das férias — art. 7º

O dispositivo trata da suspensão das férias ou licença dos profissionais da saúde e daqueles que desempenham funções essenciais durante o período em que durar a calamidade pública.

Os mencionados profissionais precisam ser notificados com antecedência de 48 horas e a medida visa, claramente, atender o interesse público que deve prevalecer em contraposição ao interesse individual.

Art. 7º Durante o estado de calamidade pública a que se refere o art. 1º, o empregador poderá suspender as férias ou licenças não remuneradas dos profissionais da área de saúde ou daqueles que desempenhem funções essenciais, mediante comunicação formal da decisão ao trabalhador, por escrito ou por meio eletrônico, preferencialmente com antecedência de quarenta e oito horas.

A situações é crítica, o Ministério da Saúde requisitou o cadastro 14 categorias de profissionais ligados à área da saúde, entre eles psicólogos, fisioterapeutas, assistentes sociais, professores de educação física, dentre outros profissionais que passarão por capacitação, para trabalhar pelo Sistema Único de Saúde (SUS) face a demanda de pessoas doentes e ausência de profissionais para o atendimento.

A gravidade do estado comporta a excepcionalidade da medida, a crise sanitária tomou grandes proporções e todos os hospitais sofrem com a quantidade de pessoas infectadas, ausência de leitos, respiradores e até equipamentos de proteção individual em grande parte do país.

De tal modo, a medida se mostra razoável diante da gravidade e emergência, restando necessária suspensão das férias ou licença de determinados profissionais.

3.3. Prazo para o pagamento do terço constitucional de férias — art. 8º

O art. 8º da Medida Provisória n. 927/2020 estipula que o pagamento do terço constitucional, que encontra previsão no art. 7º, XVII, da Constituição Federal, poderá, durante o cenário atual, ser realizado após a concessão do repouso, até o dia 20 de dezembro de 2020, data prevista para o pagamento da gratificação natalina:

> Art. 8º Para as férias concedidas durante o estado de calamidade pública a que se refere o art. 1º, o empregador poderá optar por efetuar o pagamento do adicional de um terço de férias após sua concessão, até a data em que é devida a gratificação natalina prevista no art. 1º da Lei n. 4.749, de 12 de agosto de 1965.
>
> Parágrafo único. O eventual requerimento por parte do empregado de conversão de um terço de férias em abono pecuniário estará sujeito à concordância do empregador, aplicável o prazo a que se refere o *caput*.

O pagamento da respectiva verba encontra amparo constitucional, mas, visa auxiliar o trabalhador no gozo e fruição das férias, para que esse tenha condições de sair, se divertir, viajar, o objetivo é propiciar o lazer, que no presente momento é inacessível a todos.

Dessa maneira, a medida não causa prejuízo ao trabalhador e auxilia economicamente o empregador, que ao postergar o pagamento dispõe de recursos para manter a empresa em funcionamento ou, ao menos, pagando as despesas geradas no decorrer do mês, possibilitando, assim, a manutenção do emprego.

3.4. Remuneração das férias — arts. 9º e 10º

O art. 9º aborda o pagamento das férias e a possibilidade de remuneração até o 5º dia útil subsequente ao início do gozo das férias.

> Art. 9º O pagamento da remuneração das férias concedidas em razão do estado de calamidade pública a que se refere o art. 1º poderá ser efetuado até o quinto dia útil do mês subsequente ao início do gozo das férias, não aplicável o disposto no art. 145 da Consolidação das Leis do Trabalho, aprovada pelo Decreto-Lei n. 5.452, de 1943.

Possível notar a divergência com a norma consolidada que prevê o pagamento antecipado das férias (art. 145). Nesse sentido, o empregado começará a fruir as férias sem o pagamento da remuneração relativa ao período.

Assim como o pagamento do terço constitucional, o intuito da medida é proporcionar ao empregador oportunidade de organizar suas finanças no decorrer da pandemia possibilitando a manutenção do emprego e renda, impedindo o fechamento da empresa.

O art. 10º está relacionado somente ao pagamento das verbas rescisórias, caso ocorra rescisão contratual sem o adimplemento das férias, dispondo sobre a obrigatoriedade de quitação no ato da dispensa.

> Art. 10. Na hipótese de dispensa do empregado, o empregador pagará, juntamente com o pagamento dos haveres rescisórios, os valores ainda não adimplidos relativos às férias.

Não merece análise pormenorizada, visto não visar a flexibilização e sim o pagamento dos valores remanescentes do contrato de trabalho, o que se faz justo e foi bem observado pela medida emergencial.

3.5. Férias Coletivas — arts. 11 e 12

No que diz respeito as férias coletivas, o empregador poderá, a seu critério, conceder férias coletivas e deverá notificar o conjunto de empregados afetados com antecedência de, no mínimo 48 horas, não aplicáveis o limite máximo de períodos anuais e o limite mínimo de dias corridos previsto na Consolidação das Leis do Trabalho.

> Art. 11. Durante o estado de calamidade pública a que se refere o art. 1º, o empregador poderá, a seu critério, conceder férias coletivas e deverá notificar o conjunto de empregados afetados com antecedência de, no mínimo, quarenta e oito horas, não aplicáveis o limite máximo de períodos anuais e o limite mínimo de dias corridos previstos na Consolidação das Leis do Trabalho, aprovada pelo Decreto-Lei n. 5.452, de 1943.
>
> Art. 12. Ficam dispensadas a comunicação prévia ao órgão local do Ministério da Economia e a comunicação aos sindicatos representativos da categoria profissional, de que trata o art. 139 da Consolidação das Leis do Trabalho, aprovada pelo Decreto-Lei n. 5.452, de 1943.

A finalidade da mudança se mostra aceitável e válida, posto a ausência de urgência na concessão de férias coletivas, sem desvirtuar o instituto, que já é corriqueiramente concedido aos funcionários de acordo com as necessidades patronais.

Assim como ocorre com as férias individuais o dispositivo visa retirar a excessiva burocracia para concessão das férias, devendo o empregador definir o período que melhor se encaixe a sua conveniência.

4. *Finalidade da norma: descanso e lazer do trabalhador e a divergência originada com as deliberações da Medida Provisória n. 927/2020 (vigência entre 22/03/2020 e 19/07/2020)*

A ocorrência periódica do descanso é medida de proteção, recomposição do trabalhador que exerceu sua função incansavelmente por 12 meses seguidos, possibilitando que se torne mais produtivo.

O descanso e lazer previnem a fadiga física e mental, além de efetivamente contribuir para inserção do ser humano no convívio com a sociedade, como ser social, do qual é privado em decorrência de sua jornada de trabalho.

O Direito do Trabalho tem como um de seus elementos essenciais a irrenunciabilidade de direitos, dessa forma, é inadmissível que medidas prejudiciais ao trabalhador sejam imprimidas ao arbítrio do empregador.

Com o advento da Medida Provisória n. 927/2020, violações aos direitos dos trabalhadores, em afronta a Carta Magna, foram permitidas, dentre essas a antecipação das férias do empregado pelo empregador fazendo com que o mesmo, obrigatoriamente, permaneça confinado em casa.

O confinamento, isolamento social compulsório, que para alguns trabalhadores foi intitulado como "férias", pode ser analisado como absoluto paradoxo, visto que impede o pleno gozo do instituto, face à impossibilidade de desfrutar de atividades de lazer, viagens e convívio familiar e social, que na presente circunstância está inteiramente restringido.

A Medida Provisória ainda fala na antecipação de períodos vincendos de férias, o que pode acarretar anos consecutivos de trabalho sem gozo do descanso anual pelo empregado, passíveis de gerar diversos riscos à saúde física e mental, além da privação do convivo familiar e social por parte do laborista, que ficaria limitado a somente labutar por longos períodos.

O cerceamento à liberdade de programação da vida causa prejuízo à sua dimensão essencial e ao verdadeiro sentido de liberdade latente em cada indivíduo, com reflexo direto na dignidade da pessoa humana. Esse dano ao plano de vida ocasiona vazio existencial em decorrência da renúncia forçada ao seu direito de escolha. Esse acontecimento fere intensamente o indivíduo, com reflexos e prejuízos psicológicos, evidenciando, com considerável frequência, a constatação de elevado grau de baixa estima pessoal, e, por esse motivo, passou a ser aceito pela doutrina e jurisprudência como dano existencial.(13)

Segundo Jorge Cavalcanti Boucinhas Filho, o dano existencial ou dano à existência do trabalhador, também assim chamado, decorre da conduta patronal que impossibilita o empregado de relacionar-se e de conviver em sociedade por meio de atividades recreativas, afetivas, espirituais, culturais, esportivas, sociais e de descanso, que lhe trarão bem-estar físico e psíquico e, por consequência, felicidade; ou que impede de executar, de prosseguir ou mesmo de recomeçar os seus projetos de vida, que serão, por sua vez, responsáveis pelo seu crescimento ou realização profissional, social e pessoal.(14)

Nas palavras de Júlio César Bebber, o impacto gerado pela privação do direito fundamental do ser humano de dispor do seu tempo livre fazendo ou deixando de fazer o que melhor lhe convier provoca um vazio existencial que faz a pessoa perder a fonte de gratificação vital.(15)

A dúvida que nos cerca é se esse fato causa na esfera do direito do trabalho, dano ao direito existencial da pessoa humana? Haveria aviltamento do instituto das férias com a sua concessão de forma que impossibilite o trabalhador a frui-la da forma que assim desejar?

Nas relações atuais, o direito ao descanso e lazer do trabalhador, por meio das férias, é considerado inteiramente legítimo, não havendo objeções, é inerente à dignidade humana.

---

(13) CARDOSO, Jair Aparecido. *Revista de Informação Legislativa,* v. 52, n. 207, p. 15, jul./set. 2015. Disponível em: <https://www12.senado.leg.br/ril/edicoes/52/207/ril_v52_n207_p7.pdf>.

(14) ALVARENGA, Rúbia Zanotelli; BOUCINHAS FILHO, Jorge Calvacanti. O dano existencial e o direito do trabalho. *Rev. TST,* Brasília, v. 79, n. 2, p. 243, abr./jun. 2013.

(15) BEBBER, Júlio César. Danos extrapatrimoniais (estético, biológico e existencial): breves considerações. *Revista LTr,* São Paulo, v.73, n. 1, p. 28, jan. 2009.

Não é possível falar em trabalho digno sem trazer à baila o direito a reposição das energias mentais e físicas do trabalhador, mas o momento atual mostra tal reposição inatingível. O gozo do instituto não se concretiza, pelo contrário, o trabalhador se encontra em casa, sem fazer absolutamente nada, além da preocupação diária com o esgotamento desse período e a incerteza de retorno e manutenção do emprego, face a árdua realidade enfrentada por diversos setores da economia, empresas com funcionamento em número reduzido, impossibilidade de projeção para os meses subsequentes e até fechamento de empreendimentos em diversos setores.

Indubitavelmente censurável a não fruição das férias no período correto. O empregado será obrigado a exercer sua função incansavelmente por 12 meses seguidos, sem possibilidade de recomposição física e mental. As férias anuais remuneradas têm caráter imperativo e devem ser fruídas no correto período.

A Consolidação das Leis do Trabalho traz à disposição de tal afirmativa em seu bojo normativo limitando o prazo de labor para fruição do instituto. Alterar tal formatação, por ato do poder público, desvirtua o instituto e gera incalculáveis prejuízo a higidez do trabalhador.

O gozo das férias é obrigatório e não pode ser negociado em detrimento do trabalhador por vontade das partes, não podendo ser ceifada, aviltando a Consolidação das Leis do Trabalho e a própria Constituição da República, que trata o instituto como norma fundamental necessária ao desenvolvimento da dignidade humana.

Dentre as obrigações do empregador ainda está o pagamento antecipado do salário correspondente ao período de férias e esse direito também foi flexibilizado pela Medida Provisória n. 927/2020, que possibilitou a dilação do prazo para pagamento das férias até 20 de dezembro de 2020 e da mesma forma permitiu a procrastinação do pagamento do adicional de 1/3 sobre as férias.

É necessário levar em consideração outros aspectos pertinentes a antecipação de férias, visto que o empregado pode ter programado uma viagem, planejando um momento de distração, felicidade, lazer, devendo alterar ou até mesmo cancelar em decorrência das disposições permissivas da medida provisória em análise.

Por vezes, férias futuras já foram notificadas pelo empregador, o que despertou no empregado uma série de perspectivas frustradas, podendo causar, até mesmo, eventuais danos materiais.

O trabalhador ainda enfrenta o grave problema da antecipação de forma ilimitada das férias e o não pagamento antecipado ou imediato dos haveres referentes ao período, causando prejuízos de ordem moral e possibilitando perdas materiais, nenhumas dessas considerações foram ressalvadas. O dano existencial causado é difuso e pode causar lesão a sociedade, a toda ordem democrática.

Contudo, o momento anormal requer preocupação e equilíbrio devendo ser analisado diversos aspectos de ordem coletiva, sopesando valores, visto que todos serão atingidos, direta ou indiretamente, mas é preciso analisar qual forma trará menor impacto a toda população.

No presente caso temos a colisão do direito do empregado a plena fruição das férias e do outro lado um país em estado de calamidade pública, decorrente de uma doença que afeta o mundo inteiro e pode ter repercussões impossíveis de serem quantificadas.

Manter o direito de determinada parcela da população em detrimento das demais, causando sérios prejuízos é incoerente. No mais, o trabalhador, no gozo das férias deixará de prestar serviços, estará descansado em seu lar e receberá os valores devidos, que apenas serão pagos em data diversa a estipulada em lei.

Dessa forma, imperioso analisar a situação fática, caso o empregador seja obrigado a cumprir o determinado na Consolidação das Leis do Trabalho, trará prejuízos maiores a toda sociedade, pois o fechamento de postos de trabalho e o desemprego massificados deixarão a população em condição de miserabilidade.

5. *Conclusão*

O vírus que se tornou temido em todo o globo vem provocando crises em diversos setores, o momento é atípico, jamais imaginado.

O Brasil ultrapassou a marca de mil óbitos em 24 horas decorrentes da doença e alguns estudiosos já falam que o país pode ter se tornado o epicentro do COVID-19.

A pandemia do coronavírus está suscitando uma catástrofe sanitária com proporções incomensuráveis em diversos aspectos do cenário mundial, como o político, econômico, social, intervindo diretamente no comportamento dos seres humanos.

A economia global a cada dia é mais impactada com as medidas de isolamento horizontal, vertical e medidas extremas, como o *lockdown*, implantadas com o intuito de achatar a curva de crescimento da doença para posterior declínio.

O período vivenciado traz vulnerabilidade as relações empregatícias. Empregados e empregadores se afligem com a possibilidade dos desempregos em massa e a dura realidade das portas fechadas, com a não sobrevivência das atividades.

O Brasil não foge à regra e a maioria esmagadora dos setores de produtividade sofreram mudanças e estão adaptando a forma de prestação de serviços, seja o modo de execução das atividades ou diminuição da carga de trabalho, chegando a concessão de férias fora do período aquisitivo e até a suspensão das atividades e redução de salários.

A Medida Provisória n. 927/2020 flexibiliza a legislação trabalhista durante o período de calamidade pública reconhecida pelo Decreto n. 6/2020 e trouxe diversas polêmicas ao propiciar a negociação entre empregado e empregador sem a delimitação de matérias, excluindo o sindicato das respectivas categorias, assim reduzindo a formalidade e ampliando a autonomia de vontade.

A antecipação das férias, analisando o panorama da preocupante situação instalada, tornou-se medida inteiramente viável, a flexibilização de algumas normas é medida que visa evitar um mal maior, o desemprego. E pensando pelo lado positivo, ainda colabora com o isolamento social, medida defendida pela Organização Mundial de Saúde (OMS) e recomendada a todos aos países no combate à doença.

O arcabouço legal, diante da situação atualmente vivenciada, merece ser ponderado para controle da crise e garantia do bem-estar social. E aqui encontramos a colisão entre o direito fundamental de lazer do trabalhador e a preservação de milhares de empregos e empresas que sequer conseguem estruturar uma prospecção para as próximas semanas, meses, anos ou para o dia de amanhã.

Dessa forma, nos deparamos como as incertezas do futuro, que ainda não se sabe ser próximo ou longínquo.

A importância dos direitos sociais é inquestionável, a concretização da dignidade da pessoa humana e sua incansável busca devem ser preservadas, sempre. Mas, o momento atual enfrentado merece reflexão, solidariedade entre as partes, conscientização, sensatez e ponderação do

Poder Judiciário que está dirimindo e assim continuará, por muito tempo, as questões relacionadas ao delicado período experimentado por toda a população.

Assim as deliberações da Medida Provisória n. 927/2020 se apresentam como alternativas razoáveis e oportunas para o desenvolvimento e manutenção das relações trabalhistas durante o período de enfrentamento da pandemia, e, por consequência a concessão das férias no momento do isolamento social não fere a norma relativa ao descanso e lazer do trabalhador por não olvidar um bem maior, o de toda a coletividade e o futuro das relações de trabalho de milhares de pessoas e empresas.

6. *Referências*

ALEXY, Robert. *Teoria dos direitos fundamentais*. 2. ed. 4. tir. São Paulo: Malheiros, 2015.

ALVARENGA, Rúbia Zanotelli; BOUCINHAS FILHO, Jorge Calvacanti. O dano existencial e o direito do trabalho. *Rev. TST*, Brasília, v. 79, n. 2, abr./jun. 2013.

AMARAL, Julio Ricardo de Paula. *Eficácia dos direitos fundamentais nas relações trabalhistas*. 2. ed. São Paulo: LTr, 2014.

ANDRADE, Adriano; MSSON, Cleber; ANDRADE, Landolfo. *Interesses difusos e coletivos*. 7. ed. rev. e amp. São Pulo: Método, 2017.

BEBBER, Júlio César. Danos extrapatrimoniais (estético, biológico e existencial): breves considerações. *Revista LTr*, São Paulo, v. 73, n. 1, jan.2009.

BRITO FILHO, José Claudio Monteiro de. *Trabalho decente* — análise jurídica da exploração do trabalho — trabalho escravo e outras formas de trabalho indigno. 2. ed. São Paulo: LTr, 2010.

CAIRO JR. *Curso de direito do trabalho* — direito individual e coletivo. 11. ed. Salvador: Juspodvim, 2016.

CARDOSO, Jair Aparecido. *Revista de Informação Legislativa*, v. 52, n. 207, p. 15, jul./set. 2015. Disponível em: <https://www12.senado.leg.br/ril/edicoes/52/207/ril_v52_n207_p7.pdf>.

DELGADO, Mauricio Godinho. *Curso de direito do trabalho*. 18. ed. São Paulo: LTr, 2019.

GIGLIO, Wagner. *Férias e descansos remunerados*. Curitiba: Genesis, 1998.

GOMES Orlando, GOTTSCHALK. *Férias anuais remuneradas*. São Paulo: Max Limonad, 1956.

NASCIMENTO, Amauri Mascaro. *Curso de direito do trabalho*. 27. ed. São Paulo: Saraiva, 2008.

SARLET, Ingo Wolfgang. *Dignidade (da pessoa) humana e direitos fundamentais na Constituição de 1988*. 10. ed. Porto Alegre: Livraria do Advogado, 2015.

SÜSSEKIND, Arnaldo. *Comentários à nova lei de férias*. São Paulo: LTr, 1977.

______. *Direito constitucional do trabalho*. 4. ed. Rio de Janeiro: Renovar, 2009.

______. *Instituições de direito do trabalho*. 11. ed. São Paulo: LTr, 1999.

Como Compatibilizar a Redução Proporcional de Salário e de Jornada Prevista na Medida Provisória n. 936/20, convertida na Lei n. 14.020/2020, e sua Implementação em Contratos de Externos, Teletrabalhadores e Exercentes de Cargos de Gestão?

Raphael Lima Lemes Cornélio[1]
Suely Ester Gitelman[2]

1. *Introdução*

Este trabalho expõe que o tempo é utilizado como meio de controle do empregado e métrica para aferição do valor da remuneração. A jornada como existe hoje passou por transformações, pois a liberdade contratual existente nos primórdios permitia aos empregadores exigir que o empregado ficasse a disposição por longos períodos.

A dificuldade ou impossibilidade de controle da jornada não pode ser usada como razão para exclusão destes empregados dos efeitos da MP n. 936/20 convertida na Lei n. 14.020/2020, e possibilidade de recebimento do Benefício Emergencial, pois isto criaria uma distinção negativa que lançaria uma gama de trabalhadores à própria sorte em momento tão desesperador.

---

(1) Professor assistente da graduação da Faculdade de Direito da PUC-SP. Mestre e Doutorando em Direito do Trabalho pela PUC-SP, Advogado militante.

(2) Professora da graduação e pós-graduação *sctricto sensu* da Faculdade de Direito da PUC-SP. Mestre e Doutora em Direito das Relações Sociais pela PUC-SP, Advogada militante.

A tecnologia é um meio hábil de utilização para controle de jornada, quando possível, em alguns contratos de trabalho, até mesmo substituindo as antigas papeletas de controle manual e escrito, por serem mais seguras e baratas.

A Medida Provisória n. 936/20 convertida na Lei n. 14.020/2020, tem como objetivos a preservação do emprego e da renda, garantia da continuidade das atividades laborais e empresariais e redução do impacto social decorrente das consequências do estado de calamidade pública e de emergência de saúde pública que assona nosso país (art. 1º).

Para se concretizar tais ideais foram criadas medidas emergenciais, tais como: a redução proporcional de jornada e de salário e a suspensão contratual. Mas neste momento levanta-se uma questão primordial: como reduzir a jornada do empregado que não tem controle da mesma, seja pelo local em que a exerce (teletrabalhador e externo) ou pela atividade que exerce (cargo de gestão)?

Somente em casos de impossibilidade de controle, no caso dos cargos de confiança, é que deve se usar métrica alternativa para a redução da carga de trabalho em detrimento do computo de horas. Para isso, serão expostos quais são estas alternativas, de modo a compatibilizar o uso da MP n. 936 (Lei n. 14.020/2020) com todos os contratos previstos no art. 62 da CLT.

2. *O tempo como métrica do trabalho*

Toda relação contratual de emprego, mediante justa remuneração, necessita de uma métrica. Existem diversos métodos de se apurar a remuneração do empregado: a) por unidade de tempo; b) por unidade de obra, e c) por salário por tarefa.

A remuneração por unidade de tempo compreende métrica simples do tempo que o empregado permaneceu à disposição do empregador ou executando tarefas[3]. De um lado, o salário, que é o preço atribuído à força de trabalho alienada, enquanto do outro encontra-se a jornada, que é o meio que se mede esta força[4]. Assim, remunera-se a pessoa através do tempo.

---

(3) CALVO, Adriana. *Manual de direito do trabalho*. 4. ed. São Paulo: Saraiva Educação, 2019. p. 554.

(4) MARANHÃO, Délio. *Direito do trabalho*. 14. ed. Rio de Janeiro: Getúlio Vargas, 1987. p. 83.

Trata-se do valor determinado segundo a duração do trabalho, não se alterando pela produtividade ou rendimento apresentado pelo empregado, muito menos pelo resultado lucrativo do empregador.

A métrica do tempo para cálculo da remuneração sempre sofreu duras batalhas no campo laboral[(5)], em especial durante a Revolução Industrial quando não se tinha regulamentação precisa, permitindo aos empregadores firmarem contratos sob o prisma da liberdade contratual civilista. Carlos Garcia Ovieda ilustra muito bem a situação vivida pelos trabalhadores:

> Las consecuencias de la aplicación de la libertad contractual a la jornada de trabajo no pudieron ser más sensibles y dolorosas para el obrero. En situación notoriamente inferior a la del patrono en el contrato de trabajo, estaba obligado, casi siempre, a pasar por lo que aquél decidiera. Y el espíritu de intenso lucro que animaba a la economía liberal llevaba al patrono a imponer jornadas agotadoras. Fue corriente al iniciarse, en el primer tercio de la pasada centuria, la gran industria, jornadas de catorce y quince horas[(6)].

Para se combater a servidão urbana que se instaurava com as jornadas exaustivas e a remuneração precária, foram criados direitos que resguardavam a vida do empregado, garantindo-lhe condições mínimas. Dentre estes direitos encontra-se a limitação da jornada como forma de assegurar o direito ao repouso e ao lazer, que encarta a Declaração Universal de Direitos do Homem em seu artigo XXIV, além de outros documentos internacionais como a Convenção n. 1 da OIT. A legislação nacional também cumpriu seu papel e absorveu a ideia de limitação de jornada como corolário da proteção ao empregado, na relação díspar que se coloca frente ao empregador, que pode ser visto no art. 7º, XIII da Constituição Federal, limitando a jornada diária e semanal.

Trata-se do método mais simples de auferir a remuneração do empregado. Sua simplicidade, porém, traz consigo vários problemas, pois sua imprecisão remunera igualmente o trabalho, independentemente de o trabalhador ser mais ativo e hábil que os demais. Também não desperta no empregado interesse superior para aumento do rendimento, haja visto que a maior ou menor produção em nada influenciará o valor da contraprestação[(7)].

---

(5) GALLART FOLCH, Alejandro. *Derecho español del trabajo*. Barcelona: Labor, 1936. p. 240-246.

(6) GARCIA OVIEDO, Carlos. *Tratado elemental de derecho social*. 2. ed. Madrid: Librería General de Victoriano Suarez, 1946. p. 470.

(7) PLÁ RODRIGUEZ, Américo. *El salário en Uruguay*. Montevidéo: Facultad de Derecho, 1956, p. 298.

Em nosso entendimento "a relação entre tempo e trabalho é a chave de compreensão do atual mercado de trabalho, daí porque constitui problema dos mais relevantes e merecedor do necessário debate público"(8).

Já o salário calculado pela unidade de obra adota como parâmetro a ausência de controle de jornada do empregado, como nos casos do trabalhador externo. O salário-tarefa é calculado através de uma combinação do tempo e da obra, tratando-se de meta que deverá ser cumprida em determinado período de tempo.

Por fim, o salário por tarefa, na lição de Carla Teresa Martins Romar, é aquele fixado levando-se em conta tanto o critério tempo, como o critério quantidade de produção, sendo determinada pelo empregador uma tarefa mínima que deve ser cumprida pelo empregado em um determinado período de tempo.(9)

3. *As atividades distintas no art. 62 da CLT e o controle à distância.*

Em nosso ordenamento ainda existe exceção ao controle de jornada, que pode ser encontrado no art. 62 da CLT, que apresenta rol taxativo de empregados que são exceção quanto às disposições comuns sobre duração da jornada de trabalho. Este artigo retira os empregados externos, os ocupantes de cargo de gestão e aqueles que exercem teletrabalho do controle de jornada, fato que até gerou a alegação de sua inconstitucionalidade, pois em tese, impediria a limitação da jornada conforme parâmetros constitucionais.

A alegação de inconstitucionalidade do art. 62 já foi alvo de julgamento no TST, que diz ter sido o mesmo recepcionado pela Constituição Federal de 1988, assim como sua plena aplicabilidade(10).

---

(8) COLUMBU, Francesca; MASSONI, Túlio de Oliveira. Tempo de trabalho e teletrabalho. *Revista de Direito do Trabalho*, São Paulo, v. 41, n. 161, p. 65-85, jan./fev. 2015.

(9) LENZA, Pedro (coord.). *Direito do trabalho*. 6. ed. São Paulo: Saraiva Educação, 2019. Coleção esquematizado, p. 395.

(10) AGRAVO DE INSTRUMENTO EM RECURSO DE REVISTA — HORAS EXTRAORDINÁRIAS — CARGO COMISSIONADO — EMPRESA PÚBLICA FEDERAL — RECEPÇÃO DO ART. 62 DA CLT PELA CONSTITUIÇÃO FEDERAL DE 1988. A análise do art. 7º, XVI, da Constituição Federal, em relação às exceções previstas no art. 62 da CLT, deve ser feita em conjunto com o inciso XIII do mesmo artigo constitucional. Com efeito, o art. 7º, XIII, da Constituição Federal é norma constitucional de eficácia contida, que pode ser mitigada pela legislação comum especial, respeitando-se o princípio da proporcionalidade. O citado preceito constitucional não afastou a vigência das regras especiais

Após a Reforma Trabalhista de 2017, com a entrada em vigor da Lei n. 13.467/17, foi ampliado o rol do art. 62, incluindo-se o teletrabalhador através do inciso III, assim como regulamentada sua atividade nos arts. 75-A em diante (Capítulo II-A do teletrabalho)(11).

Os empregados que exercem atividade externa ou em teletrabalho têm contra si a presunção de que, por laborarem fora dos domínios da empresa, não se submetem a controle de jornada eficiente. É bem verdade que isto retira dos externos e teletrabalhadores as limitações inseridas no regime comum de duração de jornada, mas isto somente ocorrerá quando não for possível o controle de jornada pelo empregador.

Significa dizer que a exclusão do regime de duração do trabalho somente perdurará, enquanto ausente o controle de jornada, pois caso contrário todas as regras inerentes ao regime, em especial a noção de tempo à disposição, o regime de horas extras e os regimes de horas de prontidão e sobreaviso deverão ser levados em conta normalmente.

Atualmente existem diversas ferramentas de controle virtual da jornada, como *e-mails*, *log-in* e *log-out* de sistemas, marcações biométricas, entre outras. Fato é que os meios de comunicação evoluíram tanto que é mais fácil e cômodo para um gestor fiscalizar seus comandados a distância, seja por uma *webcam* ou apenas visualizando no sistema se está *online*. Em alguns casos até se permite detectar a inatividade dentro do sistema, ou seja, há quanto tempo o empregado está sem utilizar os *softwares* da empresa.

Levando-se em conta que "os meios telemáticos e informatizados de comando, controle e supervisão se equiparam, para fins de subordinação jurídica, aos meios pessoais e diretos de comando, controle e supervisão do trabalho" (art. 6º, parágrafo único da CLT), logo, independentemente de

---

ou de exceção já existentes sobre a duração do trabalho nas situações não sujeitas ou incompatíveis com o controle e a fiscalização de jornada laboral. Logo, o art. 62 da CLT foi recepcionado pela Constituição da Federal de 1988 e é plenamente aplicável. Agravo de instrumento desprovido" (AIRR-108640-39.2009.5.10.0015, 7ª Turma, Relator Ministro Luiz Philippe Vieira de Mello Filho, DEJT 12.8.2016). Disponível em <https://jurisprudencia-backend.tst.jus.br/rest/documentos/6f7704405c4fdbdbc9042ec6f0f49c00,>. Acesso em: 31.5.2020.

(11) Existe diferença entre *home-office*, trabalho à distância e teletrabalho. De forma sumária, o trabalho realizado fora das dependências físicas do empregador é considerado à distância. Se realizado em casa, será chamado de *home-office*. Conforme art. 75-B da CLT para caracterização do teletrabalho se faz necessário o uso da tecnologia. Cf . PESSOA, André; MIZIARA, Raphael. Teletrabalho à luz da Medida Provisória n. 927, de 2020 (COVID-19): um breve guia para empresários, trabalhadores e profissionais. *Revista dos Tribunais online*, v. 1017, jul. 2020.

previsão contratual ou norma coletiva, o tempo de trabalho deve ser sempre assim considerado, não podendo livrar o empregador da obrigação ao pagamento de horas extras pelos excessos impostos aos empregados remotos, pois "o teletrabalho somente retira o direito às horas extras e congêneres se for incompatível com o controle de jornada"[(12)], e o mesmo pode-se dizer do trabalho externo.

A controle de jornada telemático criou um problema na vida do empregado, que passa a ter o controle mais próximo, ao contrário de mais distante. Os *smartphones*, uso de *GPS* em veículos da empresa e demais meios telemáticos criam um completo controle de onde o empregado se encontra e quando se encontra, além de ter força para impactar no direito à privacidade, constitucionalmente previsto. Túlio de Oliveira Massoni e Francesca Columbu conjecturam sobre as dificuldades de diferenciar tempo à disposição e tempo de lazer quando da realização de jornadas fora do local da empresa:

> O teletrabalho põe em evidência dificuldades práticas de tais conceitos tradicionais de disponibilidade, trabalho efeito e situações similares, por vezes ambíguas, nem sempre de fácil equacionamento, mas de suma importância, dado a estreita relação com a vida privada do trabalhador e o seu tempo de lazer[(13)].

Mesmo que seja uma ferramenta que ainda precisa ser mais bem debatida sobre sua forma de utilização e os impactos que podem ocasionar, o alto controle a distância como a invasão à privacidade do empregado, além de impedir que o mesmo se desligue da empresa e frua efetivamente de seu tempo de descanso e lazer, com relação a ausência de controle e seus efeitos no contrato de trabalho, já temos como mensurá-la.

O risco da não realização do controle de jornada do empregado externo ou que atuam pelo teletrabalho é o de, em eventual ação futura, presumir-se verdadeira a jornada alegada pelo empregado, sendo a empresa condenada ao pagamento de horas extras, se não houver prova em sentido contrário (Súmula n. 338 do TST), conforme já decidido pelo TST em casos de empregados presentes no rol de art. 62 da CLT[(14)].

(12) SILVA, Homero Batista da. *Comentários à reforma trabalhista*. São Paulo: Revista dos Tribunais, 2017. p. 54.

(13) COLUMBU, Francesca; MASSONI, Túlio de Oliveira. Tempo de trabalho e teletrabalho. *Revista de Direito do Trabalho*, São Paulo, v. 41, n. 161, p. 65-85, jan./fev. 2015.

(14) (...) 2. HORAS EXTRAS. ATIVIDADE EXTERNA. *HOME OFFICE*. POSSIBILIDADE DE CONTROLE DA JORNADA. O Regional foi categórico no sentido de que o contrato de

4. O Benefício Emergencial previsto na Medida Provisória n. 936/20, convertida na Lei n. 14.020/2020 e a vedação à distinção relativa à espécie de emprego e à condição de trabalhador

A Medida Provisória n. 936, convertida na Lei n. 14.020, em 6 de julho de 2020 veio para auxiliar empregados e empregadores no momento de crise do Coronavírus. Para isto, instituiu o Programa Emergencial de Manutenção do Emprego e da Renda permitindo aos atores da relação empregatícia formalizarem via acordo individual ou coletivo a redução proporcional de salário e de jornada e a suspensão do contrato de trabalho (art. 3º, II e III).

Quando das discussões que se apresentaram na operacionalização desta MP n. 936 convertida na Lei n. 14.020/2020 e suas medidas surgiram diversos temas e, em especial, citamos a problemática de se reduzir a jornada de empregados com cargo de gestão, enquadrados no art. 62 da CLT.

Ao contrário dos empregados externos, ou em teletrabalho, cujo entendimento é pela dificuldade na marcação de ponto, mas não sua impossibilidade, os empregados em cargos de confiança não registram seu horário de trabalho.

Suas atribuições são incompatíveis com o controle de jornada, já que em muitas vezes até mesmo substituem a figura do empregador. Assim, a possibilidade da atribuição de substituto do empregador (exercício de cargo de direção gerencial, fiscalização e chefia) com sua consequente ausência de controle de frequência, gerou o entendimento pela impossibilidade da pactuação da redução proporcional da jornada e do salário dos empregados exercentes de altos cargos.

Contudo, esta afirmação não pode prosperar. A CLT afirma que "não haverá distinções relativas à espécie de emprego e à condição de trabalhador, nem entre o trabalho intelectual, técnico e manual" (art. 3º, parágrafo único), o que nos permite concluir que o texto da MP n. 936 (Lei n. 14.020/2020) não poderia aplicar este Benefício a apenas uma classe de empregados, excluindo outra.

---

trabalho da reclamante, além de não fazer nenhuma alusão ao art. 62, I, da CLT, estabeleceu, em sua cláusula 5ª, a obrigatoriedade de horário, além de haver ficha de registro fixando jornada a ser cumprida. Ressaltou, ainda, que a prova dos autos demostrou a possibilidade do controle da jornada na modalidade de trabalho *home office*, razão pela qual afastou o enquadramento na exceção do art. 62, I, da CLT. TST — ARR: 15996720125010044, Relator: Dora Maria da Costa, 8ª Turma, Data de Publicação: DEJT 23.6.2017). Disponível em <https://jurisprudencia-backend.tst.jus.br/rest/documentos/90750ca4542c8d71241978f915a81293>. Acesso em: 31.5.2020.

O Princípio da Igualdade é constituído por normas em que criamos destinatários com deveres de agir em certos moldes[15]. Pelo Princípio da Não Discriminação se especifica o da Igualdade. É ele o aspecto negativo do Princípio da Igualdade. Aduz que a ideia de não discriminação se radicou como um postulado fundamentalmente proibitivo, através do qual foram inicialmente visadas as diversas formas de tratamento diminuído, desvantajoso ou preferente para "grupos particulares de trabalhadores"[16].

Entendimento diferente seria totalmente contrário ao espírito dessa normatização especial que visa regular situações excepcionais com o objetivo primordial de preservação dos empregos e das empresas. Especificamente em relação aos empregados exercentes de cargo de confiança que, em geral, são os que recebem maiores salários: seria um contrassenso em relação aos objetivos e finalidades da norma.

Vólia Bonfim Cassar comunga do mesmo entendimento por nós aqui defendido, vale dizer, sobre a possibilidade de aplicação da redução salarial e de jornada aos trabalhadores regidos pelo art. 62 da CLT, *in verbis*:

> Mesmo excluídos do Capítulo "Da Duração do Trabalho", os empregados de confiança, os externos e os teletrabalhadores podem firmar termo de compromisso de redução do trabalho proporcional à redução do trabalho. Aliás, o parágrafo único do art. 75-E da CLT transfere para o teletrabalhador o ônus de fiscalizar seu meio ambiente de trabalho e de cumprir as medidas de segurança e medicina de trabalho. Ora, se o teletrabalhador pode, para questões da saúde ocupacional (direito de indisponibilidade absoluta) firmar termo de responsabilidade de cumprimento das regras de segurança e medicina do trabalho, por que os demais trabalhadores abrangidos pelo art. 62 da CLT não podem fazer o menos, isto é, autodeclarar seu compromisso em reduzir seu trabalho? Negar a estes trabalhadores o direito de manutenção de seus empregos pelo ajuste de redução salarial é empurrá-los para a despedida imotivada, principalmente os gestores, que têm salários mais altos[17].

Assim, mesmo que o dirigismo contratual seja atenuado pela existência de alto cargo, não se pode permitir a interpretação existente

(15) SILVA, Luiz de Pinho Pedreira da. *Principiologia do direito do trabalho*. 2. ed. São Paulo: LTr, 1999. p. 171.

(16) *Idem*.

(17) CASSAR. Vólia Bonfim. Comentários à Medida Provisória n. 936/20. Disponível em: <http://genjuridico.com.br/2020/05/04/comentarios-medida-provisoria-936-20/>. Acesso em: 31.5.2020.

pela exclusão dos empregados em altos cargos da percepção do Benefício Emergencial, sob pena de relegá-los a própria sorte em época de crise. E como bem diz Sergio Pinto Martins:

> O dirigismo contratual sempre existiu, com maior ou menor grau de intensidade. As leis passam a interferir no conteúdo dos contratos. O contrato de trabalho não desaparece, mas é adaptado às crises, à globalização, à informatização, tendo novas características, como a telessubordinação.[(18)]

A existência de alto cargo e a consequente subordinação rarefeita, o que lhe retira o controle da frequência, não lhe retira o *status* de empregado. A vulnerabilidade é uma questão objetiva, e confirmada pela simples existência da relação díspar entre empregado e empregador, como bem cita Carmem Camino:

> A premência do emprego, a necessidade de prover a subsistência, a disputa no mercado de trabalho, a desinformação, a própria vulnerabilidade decorrente da inferioridade hierárquica em relação ao empregador tornariam o trabalhador alvo fácil de avenças lesivas. Daí a natureza publicista das normas que tutelam a relação de emprego, consubstanciadas no contrato mínimo legal, indisponível, portanto, irrenunciável[(19)].

Assim, sendo possível a pactuação entre empregado de cargo de confiança e empregador, para redução proporcional de salário e de jornada, persistindo, ainda, a métrica a ser utilizada para efetiva redução do trabalho, já que não se utiliza o tempo para este fim.

5. *Métodos alternativos à contagem do tempo para a redução da carga de trabalho dos exercentes de cargos de gestão*

Por oportuno, ressaltamos que se a atividade externa e o teletrabalho forem acompanhados da redução salarial e de jornada, o controle de frequência será um grande auxílio na prova de efetiva redução, evitando-se alegações futuras de fraude ou deturpação do Benefício Emergencial, mas fato é que as empresas enfrentam um problema maior com relação aos cargos de gestão, que nunca tiveram sua jornada controlada.

---

(18) MARTINS, Sergio Pinto. *Direito do trabalho*. 19. ed. São Paulo: Atlas, 2004. p. 124.

(19) CAMINO, Carmem. *Direito individual do trabalho*. Porto Alegre: Síntese, 1999. p. 57.

Não se pode neste momento cobrar que o empregado com cargo de confiança, o gestor, o gerente, passe a anotar sua jornada sob pena de descaracterizar sua exceção contida no art. 62 da CLT, pelo cargo de confiança.

Assim, caso submeta-se a controle diário de horário e de jornada, "enquadra-se tal empregado nas fronteiras da duração padrão de trabalho de sua categoria profissional, sendo credor de horas extras efetivamente prestadas por além dessa duração padrão[(20)]". Assim, a dúvida que fica é como reduzir o trabalho de um empregado que não utiliza a métrica do tempo, pois conforme extrai-se da MP n. 936 convertida na Lei n. 14.020/2020 a redução proporcional de salário deve vir acompanhada da redução proporcional da jornada?

Esta dúvida persistiu até a regulamentação da MP n. 936 pela Portaria n. 10.486, de 2020 que apresentou um requisito importante para sua validade com relação aos empregados que exercem cargo de confiança e excetuam-se, via de regra, da marcação de jornada:

> Art. 4º (...) § 3º O Bem não será devido caso verificada a manutenção do mesmo nível de exigência de produtividade ou de efetivo desempenho do trabalho existente durante a prestação de serviço em período anterior à redução proporcional de jornada de trabalho e de salário para os seguintes trabalhadores: I — os empregados não sujeitos a controle de jornada.

Os empregados exercentes de cargo de confiança, embora não estejam sujeitos a um controle e, como consequência, a um limite de horas de trabalho computável dentro dos módulos diário e semanal que se aplicam aos demais empregados, têm uma "carga de trabalho" cumprida ao longo dos dias trabalhados.

Embora a MP n. 936 (Lei n. 14.020/2020) fale em redução de "jornada", não contém qualquer previsão impeditiva da aplicação da autorização de redução aos empregados não sujeitos a controle de "jornada", o que, de plano, permite que se entenda que o intuito da redução é efetivamente do "volume de trabalho", computado tipicamente em horas para aqueles que têm controle de jornada, ou em dias de trabalho, para aqueles não sujeitos a esse controle.

A nosso ver a edição da Portaria n. 10.486/2020 rechaçou qualquer dúvida que pudesse remanescer sobre ser aplicável ou não a redução de

---

(20) DELGADO, Mauricio Godinho. *Curso de direito do trabalho*. 12. ed. São Paulo: LTr, 2013. p. 922.

"jornada" e de salário prevista na MP n. 936 aos empregados que não têm controle de jornada (cargos de confiança e teletrabalho).

No entanto, a referida Portaria utiliza-se da expressão "nível de exigência de produtividade ou efetivo desempenho do trabalho" (§ 3º do art. 4º), afirmando haver a necessidade de sua redução para que o empregado seja elegível ao Benefício Emergencial.

Assim, parece-nos perfeitamente viável a celebração de acordo de redução de jornada e de salário com empregados não sujeitos a controle de jornada, respeitadas as faixas salariais previstas no art. 12 da MP n. 936, fixando-se uma redução dos dias de trabalho na semana, o que leva consequentemente a uma redução da exigência de produtividade ou de efetivo desempenho do trabalho. Ou seja, a carga de trabalho será efetivamente reduzida, se reduzidos os dias de trabalho na semana.

Assim, parece-nos perfeitamente viável a celebração de acordo de redução de jornada e de salário com empregados não sujeitos a controle de jornada, respeitadas as faixas salariais previstas no art. 12 da MP n. 936 (Lei n. 14.020/2020), fixando-se uma redução dos dias de trabalho na semana, o que leva consequentemente a uma redução da exigência de produtividade ou de efetivo desempenho do trabalho. Ou seja, a carga de trabalho será efetivamente reduzida, se reduzidos os dias de trabalho na semana.

Adotando-se essa modalidade de redução, no acordo celebrado com o empregado deve ficar expresso que, considerando a redução (do tempo de trabalho e do salário), o trabalhador está ciente e concorda em não executar qualquer tipo de atividade para o empregador nesse período.

Ressaltamos, no entanto, que em especial para o externo e o teletrabalhador, a utilização de *e-mails* e mensagens para resolução de questões de trabalho é muito comum, sendo conveniente cuidar para que nos dias previstos para não haver trabalho realmente não haja troca ou envio de mensagens desse tipo entre empregado e empregador, sob pena de se poder descaracterizar o acordo e ser reconhecida a fraude para o recebimento do Benefício Emergencial.

6. *Conclusão*

A utilização de contagem de horas para aferição do valor da remuneração é o método mais comum e simples para direção do contrato de trabalho. Não há necessidade de avaliação de qualidade do produto/serviço, ou quantidade feita, apenas controle da jornada, com entrada, intervalo e saída.

Algumas atividades têm dificuldade neste controle, pois o empregado encontra-se fora dos domínios da empresa (teletrabalho e externo), mas isto não torna impossível o controle tendo em vista a eficiência dos meios telemáticos existentes e a diversidade de programas.

O controle de jornada do empregado externo ou do teletrabalhador, quando possível, é recomendável, pois reduz o risco futuro de condenação em horas extras, sendo que o método de controle da jornada é uma faculdade do empregador. A utilização da redução salarial para percepção do BEm em conjunto com a atividade externa e o teletrabalho deve ser acompanhada da proporcional redução de jornada, assim o controle da frequência auxiliará à empresa na prova da efetiva redução, prevenindo alegações de fraude por deturpação do instituto do Bem.

Os empregados que não registram sua jornada (cargos de confiança como gestores, coordenadores, etc.) podem utilizar-se da MP n. 936/20 (Lei n. 14.020/2020) para redução proporcional de salário e de jornada, conforme previsão na Portaria n. 10.486/20, desde que acompanhado da redução da produtividade ou desempenho, e tendo em vista a impossibilidade de "marcação de frequência".

Nestes casos, recomenda-se a redução de dias de trabalho, ou redução das atividades antes exercidas, caso estas tenham sido delimitadas previamente.

7. Referências

CALVO, Adriana. *Manual de direito do trabalho*. 4. ed. São Paulo: Saraiva Educação, 2019.

CAMINO, Carmem. *Direito individual do trabalho*. Porto Alegre: Síntese, 1999.

CASSAR, Vólia Bonfim. *Comentários à Medida Provisória n. 936/20.* Disponível em: <http://genjuridico.com.br/2020/05/04/comentarios-medida-provisoria-936-20/>. Acesso em: 31.5.2020.

COLUMBU, Francesca; MASSONI, Túlio de Oliveira. Tempo de trabalho e teletrabalho. *Revista de Direito do Trabalho,* São Paulo, v. 41, n. 161, p. 65-85, jan./fev. 2015.

DELGADO, Mauricio Godinho. *Curso de direito do trabalho.* 12. ed. São Paulo: LTr, 2013.

GALLART FOLCH, Alejandro. *Derecho español del trabajo*. Barcelona: Labo, 1936.

GARCIA OVIEDO, Carlos. *Tratado elemental de derecho social*. 2. ed. Madrid: Librería General de Victoriano Suarez, 1946.

MARANHÃO, Délio. *Direito do trabalho*. 14. ed. Rio de Janeiro: Getúlio Vargas, 1987.

MARTINS, Sergio Pinto. *Direito do trabalho*. 19. ed. São Paulo: Atlas, 2004.

PESSOA, André. MIZIARA, Raphael. Teletrabalho à luz da Medida Provisória n. 927, de 2020 (COVID-19): um breve guia para empresários, trabalhadores e profissionais. *Revista dos Tribunais online*, v. 1017, jul. 2020.

PLÁ RODRIGUEZ, Américo. *El salário en Uruguay*. Montevidéo: Facultad de Derecho, 1956.

ROMAR, Carla Teresa Martins. *Direito do trabalho*. 6. ed. Coordenador Pedro Lenza. São Paulo: Saraiva Educação, 2019 (Coleção esquematizado).

SILVA, Homero Batista da. *Comentários à reforma trabalhista*. São Paulo: Revista dos Tribunais, 2017.

SILVA, Luiz de Pinho Pedreira da. *Principiologia do direito do trabalho*. 2. ed. São Paulo: LTr, 1999.

TST — AIRR-108640-39.2009.5.10.0015, 7ª Turma, Relator Ministro Luiz Philippe Vieira De Mello Filho, DEJT 12.8.2016. Disponível em: <https://jurisprudencia-backend.tst.jus.br/rest/documentos/6f7704405c4fdbdb-c9042ec6f0f49c00,>. Acesso em: 31.5.2020.

______ . ARR-15996720125010044, Relator: Dora Maria da Costa, 8ª Turma, Data de Publicação: DEJT 23.6.2017. Disponível em: <https://jurisprudencia-backend.tst.jus.br/rest/documentos/90750ca4542c8d712 41978f915a81293>. Acesso em: 31.5.2020.